14 juin 01

Ferney-Voltaire

UNE AUTRE HISTOIRE
DES RELIGIONS

Avant-Propos

Qu'est-ce qu'une religion présente? Le mot et le concept de religion s'expriment de manières très différentes selon les langues et les peuples. Les Grecs utilisaient le terme «thérapie» (*therapeia*), c'est-à-dire soin accordé aux autels, entretien des lieux et des ministres du culte. Les langues latines et germaniques ont choisi d'exprimer l'idée de religion par un terme dérivé du latin *religio* (issu du verbe *relegere* : recueillir), qui signifiait «scrupule», crainte pieuse, sentiment de respect à l'égard du sacré... Mais les auteurs chrétiens ont fait dériver *religio* de *religare* (relier). Et les deux sens se rejoignent souvent car la religion recueille des traditions et relie des hommes. Quand les chrétiens sont arrivés en Chine, au début du XVIIe siècle, les Chinois ont traduit «religion» par les deux idéogrammes *zong* et *jiao* signifiant «l'enseignement des ancêtres» : l'accent est mis sur la transmission d'un savoir et surtout de rites (*li*). De même, au XIXe siècle, les Japonais ont forgé le mot de *shûkyô*, signifiant «l'enseignement de l'essentiel». Là encore, prime la notion de catéchisme, c'est-à-dire d'instruction. La mondialisation des échanges et le brassage des croyances ont, au cours des derniers siècles, condamné d'innombrables religions locales que l'on pensait solidement implantées ou promises à un grand avenir. À l'inverse, des cultes très minoritaires, qu'on nommerait aujourd'hui «sectes», ont rayonné ultérieurement sur toute la terre. Le culte de Mithra a disparu et celui de Jésus a prospéré alors que le Nouveau Testament appelait la petite troupe des amis de Jésus la «secte» ou l'«hérésie» (*hairèsis*). Les dieux de l'Égypte n'ont pas survécu à la conquête musulmane mais le Dieu d'Israël a traversé toutes les persécutions. Brahma n'a plus qu'un seul temple dans toute l'Inde alors que Shiva et Vishnou en ont des milliers Dans cette «Autre histoire des Religions», on a privilégié l'approche comparatiste (et, donc, non syncrétique) dans l'espace et le temps : quelles sont les ressemblances et les différences entre les grandes religions, dont les fidèles se réclament aujourd'hui? En quoi celles-ci actualisent-elles des croyances antérieures ou renouvellent-elles le message religieux? Demeurent solidement implantées les religions issues du Croissant fertile (judaïsme, christianisme, islam), les spiritualités indiennes (jaïnisme, bouddhisme, hindouisme, sikhisme) et les religions extrême-orientales (taoïsme, confucianisme, shintoïsme). Regroupant les neuf dixièmes des croyants du monde entier, elles ont en commun d'être nées sur un même continent : l'Asie.

Odon Vallet

UNE AUTRE HISTOIRE
DES RELIGIONS

ODON VALLET

GALLIMARD

Sommaire

Les pays du Croissant fertile (du Nil à l'Euphrate) sont ceux des plus vieilles (agri)cultures, des premières villes et des plus anciennes écritures qui ont permis de graver les lois sur la pierre ou l'argile. Du code d'Hammourabi à la Torah biblique et à la *charia* islamique, s'observe une grande continuité des formes juridiques et une profonde transformation théologique de ces textes que des hommes de loi disent d'inspiration divine.

Du Dieu solaire d'Akhnaton au monothéisme de Moïse et au «Seigneur Sage» (Ahura Mazda) de Zoroastre, le Proche-Orient antique a vu «naître» le Dieu unique dont l'idée la plus achevée se trouve dans la foi d'Abraham. Le Dieu unique, c'est aussi un sanctuaire unique (Jérusalem) disputé depuis trois mille ans, la centralisation du culte n'ayant pas su assurer la communion des croyants.

À partir des conquêtes d'Alexandre, la Palestine est confrontée à l'irruption de la civilisation hellénistique puis de la colonisation romaine. Le peuple juif va développer son esprit de résistance et d'espérance par la foi en un Messie qui, pour ses disciples, sera incarné par Jésus, à la fois Christ de Dieu et Fils de l'Homme, mort et ressuscité pour tous les pécheurs. C'est ainsi que la libération du peuple d'Israël s'est transformée en rédemption du genre humain.

À mesure qu'il se répand dans le bassin méditerranéen, le christianisme hellénise sa doctrine et romanise ses règles. Quand les empereurs se convertissent aux IVe et Ve siècles, ils convoquent des conciles pour fixer le dogme et ce Credo ne variera plus jusqu'à nos jours, malgré le schisme Orient/Occident et la Réforme protestante.

5   Le dernier des prophètes

L'Arabie était la seule région du Proche-Orient demeurée
hors de la culture grecque et du pouvoir romain. C'est d'Arabie
que viendra Mahomet qui reprendra la tradition des
prophètes de la Bible sans concession aux modes de pensée
hellénistiques ou aux influences «occidentales». C'est l'arabe,
langue sémitique comme l'hébreu, qui transmettra le message
de l'islam, unique religion née dans le désert mais ultime
production du Croissant fertile.

6   Les mystiques de l'Occident

Si, vues d'Europe de l'Ouest, toutes les religions semblent
venir d'Orient, pour les pays situés à l'est du fleuve Indus
les influences religieuses viennent de l'Occident. L'Inde
antique a ainsi reçu les apports mésopotamiens qui ont forgé
la civilisation de l'Indus et les apports «indo-européens»
qui ont marqué la religion védique, ancêtre de toutes
les religions nées sur le sol de l'Inde.

7   La spirale des existences

Vers le VIIe siècle av. J.-C., se développe, en Inde, la croyance
en une spirale ascendante ou descendante d'existences plus
ou moins heureuses ou pénibles des êtres vivants en fonction
de leurs mérites ou démérites. Cette suite de réincarnations
ou de renaissances formera le fonds commun des croyances
dans les religions indiennes, notamment le *nirvana*
bouddhique et le *moksha* hindouiste.

8   La morale des guerriers

Vers le VIe siècle av. J.-C., deux membres de l'ordre (*Varna*)
des guerriers (*Kshatriya*), le Jina et le Bouddha, se dressent
contre l'ordre des brahmanes et ses cérémonies payantes.
Ils prêcheront une morale du renoncement au désir (*Kama*)
se substituant aux sacrifices rituels, et leurs disciples fonderont
le jaïnisme et le bouddhisme. Ces guerriers auront pour
méthode la non-nuisance (*ahimsa*) ou non-violence, doctrine
qui a fortement marqué l'histoire de l'Inde, traversée
par de nombreux et sanglants conflits religieux.

9   L'ordre des prêtres 170

Le rapide succès du jaïnisme et, surtout, du bouddhisme, entraîne une vive réaction des brahmanes qui parviennent à contenir la première religion et à presque éliminer la seconde du sol de l'Inde. Cette réaction passe par la transformation de la vieille religion védique en une nouvelle religion «hindoue» fondée sur le double culte de Shiva et de Vishnou. Parallèlement, la société est solidifiée et rigidifiée par le développement du système des castes qui détermine le rôle et les devoirs (*dharma*) de chacun par sa naissance. Ce système socio-religieux est confronté à l'irruption de l'islam qui professe l'unicité de Dieu et de la communauté (*oumma*) des croyants tandis que les sikhs tentent une synthèse entre Islam et hindouisme et que le christianisme, monophysite ou «nicéen», essaie de devenir un recours ou un secours contre les castes, notamment en faveur des plus basses d'entre elles.

10   La prière des corps   192

À partir du début de l'ère chrétienne, les religions indiennes développent deux pratiques psychosomatiques originales. L'une, le yoga, se veut un «joug» ou un lien entre le corps et l'âme, tandis que l'autre, le tantrisme, est un «tissu» qui noue des fils entre énergie (*shakti*) divine et puissance sexuelle. Ces deux méthodes, aux multiples variantes, visent à une rencontre entre harmonie du corps et sérénité de l'âme, plaisir sensuel et plénitude spirituelle.

11   Les véhicules du bouddhisme   204

Avant de disparaître quasiment de l'Inde (vers le VIIIe siècle apr. J.-C.), le bouddhisme s'était déjà scindé en plusieurs écoles de pensée : *Himayâna* (Petit Véhicule), *Mahâyâna* (Grand Véhicule) et *Vajrayâna* (Véhicule de Diamant). C'est donc divisé par ses querelles mais adouci par ses réformes que le bouddhisme va pénétrer dans toute l'Asie du Sud-Est où les théologies indiennes vont coexister avec les religions locales. Car le bouddhisme s'ajoutera aux cultes autochtones sans les supplanter ni les pourchasser avant d'exercer son attrait dans les sociétés occidentales.

12 La Voie de l'immortalité 234

À partir du VIe siècle av. J.-C. se développent en Chine
des philosophies et des mystiques fondées sur la recherche
de la Voie (*Tao*) de l'immortalité. Ce taoïsme est une médecine
corporelle et spirituelle visant à maintenir ou à améliorer
les grands équilibres organiques du masculin et du féminin
(*yang* et *yin*) et à promouvoir la santé physique et psychique ainsi
que la prospérité matérielle par l'alchimie, la pharmacopée,
la gymnastique, les postures de méditation ou les techniques
sexuelles. Fortement ébranlé par les révolutions chinoises
du XXe siècle, le taoïsme retrouve un certain prestige,
notamment en Occident.

13 L'harmonie confucéenne 252

Parallèlement au taoïsme, religion du développement
personnel et du bien-être individuel, s'est développé
le confucianisme, culte de l'harmonie familiale et de
la cohésion sociale dont l'empereur est le garant suprême.
Le confucianisme a profondément influencé les sociétés
d'Asie de l'Est et l'institution du mandarinat dont les grandes
écoles françaises se sont parfois inspirées.

14 La Voie des dieux 266

Le shintoïsme ou Voie (*Tô*) des dieux est la religion
spécifiquement japonaise, d'inspiration animiste et
de tradition nationale même si elle a subi l'influence des
philosophies chinoises. Si le bouddhisme apprivoise la mort,
le shintoïsme sacralise la vie et ses positions sur la contraception,
souvent proches de celles du Pape ont fait une religion
de l'enfant à naître et de la nature à respecter.

15 Les mystiques de combat 282

Venus peut-être de l'Inde, les arts martiaux de la Chine et
du Japon cherchent à marier maîtrise de soi et victoire sur
l'autre. Des moines bouddhistes de Shaolin aux *samouraï*
japonais d'Okinawa, s'observe une même référence spirituelle
visant à discipliner des forces pour libérer des énergies.
En devenant disciplines olympiques, les arts martiaux rejoignent
la vieille religion olympienne du corps athlétique et cet
œcuménisme sportif illustre la mondialisation des idéaux.

Annexes 298

1 Le culte de la Loi

PREMIÈRE RÉGION DU MONDE À AVOIR «INVENTÉ» L'AGRICULTURE
ET L'ÉLEVAGE, LES VILLES ET L'ÉCRITURE, LE PROCHE-ORIENT ÉTAIT AUSSI
UN PIONNIER DE L'ÉTAT DE DROIT DIVIN ET DE LA LOI VENUE DU CIEL.
CETTE TERRE FERTILE EN INVENTIONS FUT LE BERCEAU DE L'ÉTERNEL
ET LE FOYER DU DIEU UNIQUE.

Double page précédente :
Scribe restaurant un rouleau
de la Torah, Tel-Aviv, Israël.

Rabbin priant devant le mur
des Lamentations, Jérusalem.

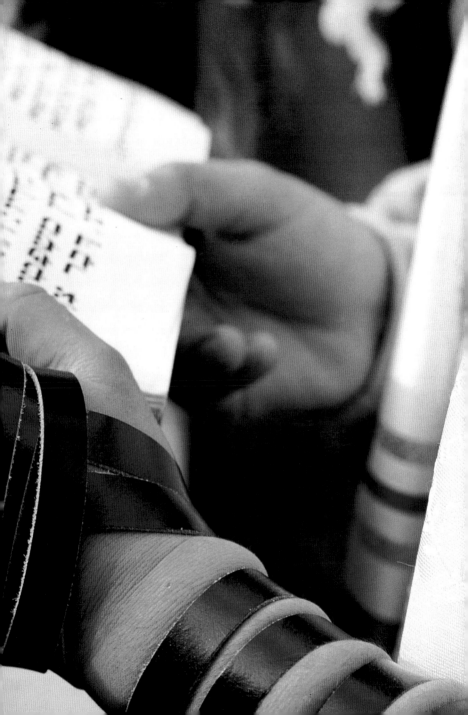

Le culte
de la Loi

Vers 12 000 av. J.-C., un réchauffement du climat
modifia les écosystèmes du Proche-Orient : le grand
gibier migra vers l'Europe et le nord-ouest de l'Asie
pour y trouver sa nourriture
tandis que le nouvel
environnement favorisa
les plantes céréalières.
À cette époque, dite
natoufienne, les habitants
se groupèrent en villages
pour récolter ces céréales
sauvages. Puis, à partir
de 9000 av. J.-C.,
ils sélectionnèrent des
semences pour les replanter
au lieu de les consommer,
créant ainsi l'agriculture.
De même, ils mirent à l'abri
des animaux pour qu'ils
se reproduisent au lieu
d'être chassés, créant ainsi
l'élevage.

Ce foyer néolithique ne fut
pas le seul dans le monde :
il y en eut d'autres,
notamment en Amérique
centrale et en Chine. Mais
le foyer proche-oriental fut

probablement le plus ancien et certainement le plus étendu : il progressa vers l'est et l'ouest d'environ un kilomètre par an et atteignit, au Ve millénaire av. J.-C., son extension maximale, de l'Europe occidentale à l'Inde orientale. Du Bassin parisien à la vallée du Gange, la révolution culturale et culturelle provenait d'une étroite bande verte entre Égypte et Mésopotamie : le Croissant fertile, une expression inventée au début du XXe siècle par l'archéologue américain Breasted.

Cette étape majeure dans l'histoire de l'humanité naquit d'une longue réflexion collective et non de l'invention d'un génie. Son interprétation est particulièrement délicate. Ce réchauffement de la planète constitue, en Europe, la fin de la «dernière» glaciation quaternaire (du moins jusqu'à présent) et le recul des glaciers facilita la vie humaine et animale en installant le climat «tempéré» qui est encore le

nôtre sur une grande partie du continent. Au Proche-Orient, comme en Afrique du Nord, l'élévation des températures provoqua (en général et à l'exception notable de la région de la mer Morte) une humidification progressive : l'actuel désert égyptien était encore couvert d'arbustes voici dix mille ans et le Sahara peuplé de mammifères comme l'attestent les gravures rupestres du Tassili. En ces régions, l'eau ne manquait pas encore.

L'«invention» de l'agriculture fut-elle donc le produit d'un milieu favorable ou l'adaptation à un nouvel environnement? L'innovation culturale et culturelle fut-elle le fruit d'une nature généreuse (en céréales) ou celui de l'intelligence humaine? De même que l'automatisation du monde moderne peut être attribuée à la fois à un environnement économique plus prospère et à un effort technologique plus intense, la néolithisation du Proche-Orient a pu procéder de facteurs naturels et culturels, l'homme apprenant à tirer un meilleur parti d'une terre renouvelée.

«Yahvé», inscription sur un sarcophage du Ier siècle. Vue satellite de la mer Morte et des côtes qui la longent. Peinture rupestre, VIe-IIe millénaire av. J.-C., Tassili.

Des vaches au Sahara, des sangliers dans le Néguev : les déserts étaient peuplés en des temps protohistoriques qui virent le climat progressivement changer et la faune se modifier. L'eau se fit plus rare et plus précieuse : au point le plus bas de la planète, lieu de Sodome et de toutes les «bassesses», la dépression de la mer Morte accumule des eaux qui s'évaporent et dont la concentration en sel augmente. Les corps sont insubmersibles dans cette eau lourde où l'on peut lire la Bible en prenant son bain.

Nature et culture

Les récits bibliques de la Création peuvent correspondre à ces deux interprétations. D'un côté, ils décrivent une nature gratuite : «tout arbre dont le fruit porte sa semence, ce sera votre nourriture» (Genèse, 1, 29). Cette nature est créée par Dieu avec toutes sortes d'arbres dans le «jardin d'Éden» : l'homme n'a qu'à tendre le bras pour en manger les fruits mais, à cause de son péché, ce cueilleur devra se faire agriculteur et mangera son pain, «à la sueur de son front». Mais l'agriculture est aussi présentée comme antérieure au mal et à la souffrance : «Le Seigneur Dieu prit l'homme et l'établit dans le jardin d'Éden pour cultiver le sol et le garder» (Genèse, 2, 15). La culture est ainsi le complément de la nature, associant le travail de l'homme au don de Dieu, transformant le milieu de vie par un effort récompensé que Freud, tout imprégné de culture biblique, appelait le «refoulement civilisateur».

La version grecque de ce texte hébreu accentue cette ambivalence puisque le jardin d'Éden devient paradis (*paradeisos*), un mot issu du persan (*paradeiza*) et désignant un jardin clos de murs contenant à la fois des plantes cultivées et des bêtes sauvages. Ces parcs de riches seigneurs (encore visibles en Iran) symbolisaient la nature luxuriante et la culture raffinée, la fantaisie sauvage et l'ordre civilisé : ils réunissaient en un seul lieu les qualités contraires aujourd'hui figurées par les jardins à l'anglaise et à la française. Car la nature est bonne et la culture aussi, dit la Bible : à chaque étape de la Création, «Dieu vit que cela était bon» mais il demande à l'homme de «dominer» la nature et de la «soumettre». Cette

Comme un mirage dans le désert, la verdure fascine les hommes des pays secs. Les jardins persans ont légué leurs noms au paradis biblique et le Coran promet aux fidèles vertueux des jardins d'Allah tout aussi luxuriants. Il ne tient qu'à Dieu de faire refleurir le désert par des pluies de printemps pour donner, l'espace de quelques jours, un avant-goût du paradis.

soumission du milieu naturel à l'action répétée
des humains constitue l'innovation majeure du Proche-
Orient néolithique, berceau de l'agriculture intensive.

La même alliance entre culture et nature se retrouve
dans les «jardins d'Allah», ce paradis que le Coran
promet aux vertueux et qui comportera des dons
de la nature et des fruits du travail : tapis de branches

Jardin persan,
miniature, XIVᵉ siècle.
Jardins et sanctuaire
bahaïs à Haïfa,
au pied du mont Carmel.

Le mont Carmel est
un étonnant concentré
d'histoire et de
géographie religieuses.
D'après la Bible, Élie
y vainquit les prophètes
des baals, divinités
cananéennes; les Grecs
firent de Zeus le dieu
du Carmel. Les Druzes,
communauté d'origine
musulmane aux
dogmes syncrétiques,
ont plusieurs villages
sur les flancs de cette
montagne. Les religieux
catholiques carmes
et carmélites vénèrent
le monastère de Notre-
Dame du Carmel où
leur ordre fut fondé à
l'époque des croisades.
Et les bahaïs, dont
la foi syncrétique
s'inspire de toutes
les religions nées
au Proche-Orient,
ont aménagé, au pied
du Carmel, d'importants
sanctuaires entourés
de somptueux jardins
persans, référence à
l'origine iranienne
du bahaïsme.

et coussins de brocart, ombrages de feuilles et
vêtements de soie, sources d'eau et coupes d'or,
rivières de miel et jolies maisons, etc.

La nature propose et la vertu dispose : de même
que l'agriculture est un renoncement à la cueillette
immédiate au profit de récoltes tardives, le culte
religieux exalte les béatitudes de la vie éternelle et
non les proches plaisirs du jour actuel (*carpe diem*).
Et tout l'effort millénaire de l'agriculture du Croissant
fertile se trouve résumé par un Psaume (126) de
David, toujours chanté dans les églises et synagogues
du monde entier :

«Qui sème dans les larmes moissonne dans la joie
il s'en va, il s'en va en pleurant, il jette la semence.
il s'en vient, il s'en vient avec joie, il rapporte les gerbes.»

L'ermite et le désert

Le même texte demande à Dieu de ramener «nos captifs comme les torrents du désert» (qui ramènent la fertilité). Car la topographie du Proche-Orient posait de difficiles problèmes agronomiques aux peuples de la région, cantonnés dans d'étroites vallées alluviales qui, du Nil au Jourdain et de l'Oronte au Tigre, ne représentaient qu'une infime partie du territoire.

Mais ce désert n'était pas totalement dénué de vie : sur les cinq mots hébreux traduits par «désert», un seul décrit un espace purement minéral. Les autres s'appliquent à une étendue aride dont les touffes d'herbe peuvent nourrir les maigres troupeaux de nomades et dont la terre reverdit lors de rares pluies. L'homme attend alors du Ciel cette humidité bienfaisante et prie, selon la formule biblique, pour que «le désert refleurisse».

Faut-il associer la rareté de la végétation à l'unicité de Dieu? Ernest Renan l'affirma, au XIXe siècle, dans une célèbre formule : «Le désert est monothéiste; sublime dans son immense uniformité, il révèle tout d'abord à l'homme l'idée de l'infini, mais non le sentiment de cette vie incessamment créatrice qu'une nature plus féconde a inspiré à d'autres races. Voilà pourquoi l'Arabie a toujours été le boulevard du monothéisme le plus exalté.»

On serait aujourd'hui très réservé à l'égard d'un parallélisme si étroit entre théologie et géographie, d'autant que le premier pays musulman du monde est actuellement l'Indonésie, qui bat des records mondiaux de pluviosité. Mais il est indéniable que le désert a joué un rôle important dans l'histoire religieuse du Proche-Orient en servant de retraite naturelle aux contemplatifs et de refuge temporaire aux hérétiques.

C'est au désert que Dieu révèle sa Loi à Moïse et que l'Esprit pousse Jésus pour y être tenté par Satan. C'est là aussi qu'habitent les dissidents de la religion juive (comme la secte des esséniens, productrice des manuscrits de la mer Morte) et les ascètes du

Prolongement du Sinaï, le Néguev («pays sec») était, d'après la Bible, le «pays de la détresse, de l'angoisse et de l'aridité, du lion et de la lionne, de la vipère et du dragon volant» (Isaïe, 30, 6). Mais ce fut aussi un désert fécond grâce à des puits profonds et à d'astucieux systèmes de culture profitant des phénomènes nocturnes de condensation d'eau autour des pierres. C'est aussi le lieu d'étonnants phénomènes d'érosion naturelle due au vent de sable, que l'on prenait pour une colère de Dieu.

christianisme primitif, ces «Pères du désert». Le désert (en grec *érémos*) donne alors son nom aux ermites, ces hommes de Dieu qui fuient la compagnie des hommes et les séductions de la ville.

La ville et le temple

Car les révolutions spirituelles du Proche-Orient s'opposent souvent aux pouvoirs urbains. Quand, au XIVe siècle av. J.-C., le pharaon Akhnaton décide d'instaurer le culte unique du Soleil et de renoncer aux multiples dieux locaux, il doit quitter la métropole de Thèbes et son puissant clergé pour fonder sa capitale éphémère, Amarna, en plein désert égyptien. Deux millénaires plus tard, c'est encore un homme du désert, le conducteur de caravanes Mahomet, qui entendra

«Le Seigneur appela Moïse de la montagne et lui dit : Fixe des limites pour le peuple [...]. Délimite la montagne et tiens-la pour sacrée» (Exode, 19, 12-23). La montagne est défendue au peuple comme le fruit de l'arbre à Adam. D'après la tradition biblique mais en l'absence de preuves archéologiques, cette montagne sainte est le désert du Sinaï où Moïse sert d'intermédiaire entre les hommes et Dieu en gravissant et descendant le domaine interdit. C'est «du haut des cieux» que Dieu parle et du mont Sinaï qu'il promulgue le Code de l'Alliance et grave les Tables de la Loi.

Rocher dans le désert du Néguev. Du mont Sinaï, Dieu appelle Moïse, miniature.

la Révélation coranique sur la colline désolée
de Hira avant de se heurter aux citadins matérialistes
de La Mecque.

Temple Blanc d'Uruk,
fin du IVᵉ millénaire
av. J.-C.
Ziggourat d'Ur.
L'Arche d'Alliance,
vitrail (détail).

L'opposition religieuse entre le désert, habité par
des esprits immatériels, bons ou mauvais, et la ville,
peuplée d'idoles en pierre et de prêtres,
est fréquente en cette région des
premières villes du monde. Car, dès
le IVᵉ millénaire av. J.-C., en Égypte et
en Mésopotamie, ce pays «au milieu
des fleuves» (le Tigre et l'Euphrate),
se développe une culture par irrigation
qui permet une forte croissance de
la production et, donc, de la population.
À proximité du désert, des mégalopoles
apparaissent : au début du IIIᵉ millénaire
av. J.-C., Uruk, sur la rive droite
de l'Euphrate, possède une enceinte
de dix kilomètres de long avec un mur de
cinq mètres d'épaisseur. Car la convoitise
des ruraux et des étrangers menace
les richesses des villes, notamment celles
des temples et palais, véritables villes dans

la ville, eux-mêmes entourés de leur propre muraille.
Ce double système défensif existe dans la plupart
des cités, notamment à Ur, la ville mésopotamienne
d'où, selon la tradition biblique (non attestée par
l'archéologie), serait parti Abraham pour une lente
migration vers le pays de Canaan, la future Palestine.

Et les successeurs d'Abraham, bergers semi-nomades,
auront à affronter militairement de redoutables
murailles, celles de Jéricho pour Josué ou de Jérusalem
pour David : ruraux fascinés par l'urbanité
de mœurs ou déroutés par les usages
cosmopolites, ils évolueront du statut
de pasteur semi-nomade vers celui de
citadin installé. Le Psaume 50 traduit
cette mutation qui fait d'une colline
inspirée (Sion) une ville sainte
(Jérusalem). Car David demande
à Dieu, dans une supplication
(*miserere*) :
«Veuille accorder à Sion le bonheur
Et rebâtir Jérusalem en ses murailles.»
L'évolution du nomadisme vers la sédentarité
est illustrée par l'objet le plus sacré des descendants
d'Abraham : l'Arche d'Alliance. Celle-ci était
primitivement un sanctuaire portatif contenu dans une
tente et porté de bivouac en bivouac. À la construction
du Temple de Salomon (vers 950 av. J.-C.), l'Arche
fut déposée au cœur de l'enceinte fortifiée, seul lieu
de culte autorisé. Ce passage du portable au fixe dans
la communication religieuse fut d'une immense
portée historique puisqu'il fit de la ville du Temple,
Jérusalem, le site le plus vénéré et le plus convoité
par tous les croyants, un lieu saint «pétrifié».

Entre villes et désert,
entre murailles
de pierre et barrières
de la soif, le Proche-
Orient a vu coexister,
souvent de façon
conflictuelle, sédentaires
et semi-nomades.

Les portes de la ville
et les puits du désert
furent les principaux
lieux d'animation
d'espaces convoités
où l'homme dispute
à l'homme les bienfaits
de la nature et
les richesses de la cité.
L'Arche d'Alliance suit
les Hébreux dans
le désert et leurs soldats
dans les batailles
avant de trouver un
sanctuaire urbain dans
les murs de Jérusalem.

Le culte et ses servants

La cité antique était indissociable de son temple
(ou de ses temples) comme le bourg moyenâgeux le
fut de sa cathédrale. Au Proche-Orient, l'urbanisation
suscitait de gigantesques ensembles cultuels : jusqu'à
500 hectares, soit dix fois la superficie de la cité du

Vatican, pour l'enceinte du temple égyptien de Karnak. Chaque cité avait ses dieux et ses temples, rivaux de ceux de sa voisine, le polythéisme favorisant cette émulation spirituelle et cette concurrence économique. Les sacrifices offerts par les fidèles constituaient une source de revenus considérable car les temples entretenaient un immense cheptel (jusqu'à 420 000 têtes de bétail à Karnak), recevaient de nombreux bijoux et métaux précieux et employaient un clergé pléthorique (81 322 prêtres et servants à Karnak sous Ramsès III).

L'originalité du peuple hébreu est d'avoir voulu construire un seul sanctuaire en une ville unique : le Temple de Jérusalem devint ainsi le lieu de toutes les prières et de toutes les offrandes. Incendié une première fois en 586 av. J.-C., par le roi de Babylone Nabuchodonosor II, il fut rebâti en plus petit un demi-siècle plus tard et reconstruit en plus grand en 19 av. J.-C. par Hérode, roi de Judée, avant d'être définitivement détruit par les Romains en 70 apr. J.-C. Près de deux mille ans plus tard, les Juifs du monde entier se lamentent encore devant ses ruines en priant devant le mur des Lamentations et, pour les plus orthodoxes d'entre eux, en espérant sa reconstruction.

Mais cette fidélité a longtemps masqué les rivalités engendrées par le Temple et la ville de Jérusalem :

Les prêtres entourent le roi au risque d'étouffer son pouvoir. À Thèbes, des temples surgissent partout en hommage aux monarques que les foules vénèrent sous la conduite du clergé. Mais les thuriféraires se font envahissants et savent se rendre indispensables : garants de l'ordre social et de la prospérité économique, ils préviennent le chômage grâce à des milliers de servants et d'auxiliaires. L'autel soutient le trône dans sa politique de conservation des emplois et des idées. Akhnaton voudra s'émanciper des clercs en changeant de dieu et de ville pour instaurer le culte d'Aton à Amarna. Bien vite l'ordre ancien reprendra le dessus : les prêtres retrouveront leur travail et l'Égypte ses dieux.

Le Ramesseum,
temple de Ramsès II,
à Thèbes.
Temple de Salomon
à Jérusalem, miniature.

Une ville dans la ville, tel est l'immense Temple de Salomon construit, d'après la Bible, par 153 600 ouvriers, durant sept ans. Un seul temple pour un seul Dieu : les anciens sanctuaires ruraux sont interdits. Mais des autels officieux vont subsister : la centralisation du culte suscite des

le «Dieu jaloux», au lieu de culte exclusif, a suscité la rancœur de villes qui voulaient soit un autre temple pour le même dieu soit un autre temple pour un autre dieu. Le premier cas correspond à la ville d'Arad, dans le Néguev, où des fouilles récentes ont mis au jour un sanctuaire contemporain du Temple de Salomon et voué au même culte, celui de Yahvé. Le second cas est celui de Samarie où les fouilles ont montré l'existence d'un culte de Baal, le dieu cananéen ennemi de Yahvé. De plus, la présence de fidèles en pays étranger justifiait la construction de sanctuaires

exotiques, tel le temple yahviste d'Éléphantine (Assouan) édifié, vers le VIIe siècle av. J.-C. par des mercenaires d'Israël servant dans l'armée égyptienne.

Ces rivalités économiques et théologiques montrent la complexité de l'histoire du Dieu unique : si une ville sans temple n'est pas tout à fait une ville, comment concilier la pluralité urbaine et l'unité religieuse sur une terre, celle d'Israël, qui connaît la même urbanisation que les pays polythéistes du Proche-Orient? Peut-on dissocier foi monothéiste et culte

jalousies provinciales. Elle a des objectifs politiques car, à côté de la «Maison du Seigneur», Salomon construit la «maison du roi» et «Salomon devint le plus grand de tous les rois de la terre, en richesse et en sagesse» (I Rois, 10, 23).

en un seul lieu? Et comment partager équitablement les charges et les profits d'une activité spirituelle créatrice d'emplois, ceux des milliers de prêtres et d'assistants, les lévites, sans lesquels il n'y aurait ni sacrifices ni pèlerinages? Les lévites étaient d'anciens «prêtres des hauts lieux» (2 Rois, 23, 9) : autrefois servants de cultes ruraux rendus sur les montagnes, ils devinrent progressivement les auxiliaires des prêtres du Temple, formant un bas clergé, modeste par le statut mais puissant par le nombre, qui n'avait d'autre outil de travail que le Temple de Dieu.

Roi-prêtre et pharaon

La centralisation du culte à Jérusalem ne fut pas seulement un problème de sociologie urbaine. Elle soulevait aussi des questions politiques et philosophiques majeures quant à l'autorité suprême qui règne dans les cieux et commande à tous les hommes : comment unifier les pouvoirs locaux, dépositaires des puissances célestes, et transmettre leurs ordres, expression d'une volonté divine? Et ces questions se posaient dans une région, le Proche-Orient, qui connut les premières cités-États puis

Contrairement à l'Inde védique qui sépara les fonctions de roi-guerrier et de prêtre-lettré, la civilisation mésopotamienne (et son équivalent dans la vallée de l'Indus) faisait du roi-prêtre la figure suprême de la société. Tel l'empereur de Chine rendant le culte du ciel, le monarque pontife assurait la liaison entre ses sujets et les puissances d'en haut. Mais ce monarque était largement secondé par un clergé spécialisé, et sa fonction cultuelle devint progressivement honorifique.

les premiers empires du monde, et eut donc à réfléchir sur l'essence du pouvoir.

Deux modèles presque identiques s'offraient aux Hébreux : ceux du roi-prêtre mésopotamien et du pharaon égyptien. Le premier était le vicaire d'un dieu auxiliaire, vénéré mais non adoré, premier serviteur de la divinité : auréolé de ce prestige, il commande à ses sujets. Le second était le chef d'une «grande maison» (c'est le sens égyptien, du mot *per-aâ* que la Bible a transcrit en hébreu puis en grec et qui a donné le mot français *pharaon*), un peu comme, deux mille ans plus tard, on parlera de la Sublime Porte pour désigner l'empereur et l'empire ottomans. Ce chef de palais était, comme le roi-prêtre mésopotamien, le mandataire des divinités sans être, pour autant, leur égal. Il servait d'intermédiaire entre les hommes et les dieux, de souverain pontife faisant le lien entre la terre et le ciel.

La monarchie étant, par définition, le «pouvoir d'un seul», le roi-prêtre et le pharaon étaient, paradoxalement, des pouvoirs solitaires au service des puissances multiples, sortes de représentants «multicartes» des dieux du polythéisme. Mais comme le pouvoir, surtout monarchique, n'aime guère les dissonances, une certaine harmonie s'installa dans le concert des dieux dirigés par l'un d'entre eux : en Assyrie, Assur fut désigné comme le «roi des dieux»; en Égypte, Amon, petit dieu local, fut promu divinité suprême quand les princes de sa ville, Thèbes, devinrent pharaons. Le Proche-Orient s'orientait, sinon vers un monothéisme, du moins vers

Modeste divinité de la région de Thèbes, Amon devient le principal dieu égyptien lorsque, au Nouvel Empire, la dynastie thébaine monte sur le trône pharaonique, gouvernant ainsi la Haute et la Basse Égypte. Le protecteur divin, alors aussi puissant que son royal protégé, absorbe les pouvoirs solaires du dieu Rê et la puissance ithyphallique du dieu Min. À défaut d'être Dieu unique, il est quasi universel.

Les dieux égyptiens Rê, Anubis et Thot. Prêtre priant, sceau babylonien, VIIe-VIe siècle av. J.-C. Amon protégeant Toutânkhamon, Nouvel Empire, fin XVIIIe dynastie.

un hénothéisme, c'est-à-dire un panthéon unifié dans lequel la prééminence d'un dieu rassembleur confortait le pouvoir du roi et l'unité du pays.

Pour atténuer ce centralisme du pouvoir spirituel et temporel, les divinités locales gardaient leur sanctuaire et le pouvoir égyptien organisa une décentralisation des cultes équilibrant l'unité et la diversité. Puisque toutes les provinces (*nomes*) étaient baignées par le Nil, elles furent placées sous la protection de Hâpi, dieu du Nil et de sa crue bienfaisante. Mais chaque province ou chaque ville privilégia un dieu-animal : Sobek, le dieu-crocodile, était adoré à Kôm Ombo; Khoum, le dieu-bélier, à Esna; Opet, la déesse-hippopotame, à Louxor, etc. Ce système assez souple conciliait un culte commun de l'essentiel (le Nil) avec des cultes locaux différenciés : un animal pouvait être sacré dans une région et profane dans les autres, cette «vedette» régionale ne contestant pas la suprématie des dieux nationaux.

Le sceptre et la tribu

Ce système politico-religieux de cités-États puis d'empires, s'appuyant sur des divinités secondaires et des dieux suprêmes, était général au Proche-Orient et s'appliquait aux plus proches voisins des Hébreux comme les Phéniciens, occupant la région de l'actuel Liban, ou les Philistins tenant les villes côtières situées plus au sud. Pourquoi les Hébreux ne l'ont-ils pas adopté et lui ont-ils préféré le culte unique et abstrait d'un Dieu dont, en principe, on ne fait pas d'image et on ne prononce pas le nom, celui de Yahvé? Pourquoi, au lieu de pratiquer un polythéisme éprouvé, ont-ils couru le risque de la révolution monothéiste?

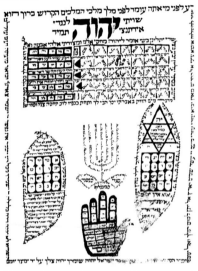

Formules apotropaïques fondées sur le tétragramme divin.
Vitrail de la grande synagogue de Jérusalem.
Table généalogique acrostiche (détail), XIᵉ siècle.

Cette question complexe, et toujours débattue, ne peut engendrer une seule réponse et doit faire une large part aux arguments négatifs : les Hébreux ont d'abord refusé les théocraties voisines avant de fonder leur propre organisation collective, et cette mutation fut l'objet de vifs conflits intérieurs et extérieurs dont on trouve une trace dans les deux étymologies possibles du mot Israël : «Que Dieu combatte pour nous» ou «fort contre Dieu». La guerre contre autrui et le combat contre soi-même sont indissociables de la référence à un protecteur exigeant.

Pour les Hébreux, ce protecteur était le Dieu de leurs pères, qui associait puissance tutélaire et victoire sur la mort en donnant à ses fidèles l'appui de sa force et la promesse d'une descendance. Ces Hébreux semi-nomades étaient groupés en tribus, un mot qui, en hébreu (*shevèt*), désigne d'abord le sceptre, c'est-à-dire le bâton de commandement derrière lequel se regroupent tous les membres de la tribu. Le nom de chaque homme fait référence à l'ancêtre supposé de sa tribu : il est *ben* («fils de») Joseph, Lévi, Siméon, etc., c'est-à-dire descendant d'un des douze (chiffre idéal) fils de Jacob, lui-même petit-fils d'Abraham.

Ce système n'a, en soi, rien d'original : un Arabe s'appelle «fils de Saoud» (Ibn Saoud), un Suédois «fils d'Eric» (Ericsson), un Russe «fils de Sergueï» (Sergueïevitch), sans que ce nom ait une signification religieuse. Mais les Hébreux se firent aussi appeler «fils d'Israël» (Benéi Israël), Israël étant le nom donné par Dieu à Jacob luttant avec un ange pour obtenir sa bénédiction : «On ne t'appellera plus Jacob, mais Israël car tu as lutté avec Dieu et avec les hommes et tu l'as emporté» (Genèse, 32, 29). C'est le combat d'un ancêtre qui donne au peuple son nom et le corps à corps avec un pur esprit qui forge son unité.

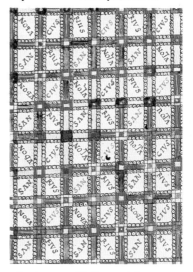

Lettres magiques, Verbe divin, mots croisés : étrange usage des termes sacrés, en cette écriture sémitique, celle de l'hébreu, où l'on ne note que les consonnes et où la lecture est une petite devinette. Des formules kabbalistiques «détournent les mots» (apotropaïques). Les vitraux de la grande synagogue de Jérusalem ne montrent qu'une partie du corps humain : la main qui grave les lettres, les doigts qui lisent les mots. Et l'acrostiche des noms d'ancêtres souligne l'énigme éternelle d'une lignée sans fin.

Les Juges et la Loi

Cette référence à la victoire n'est pas unique dans l'histoire des religions : les Grecs personnifièrent aussi la Victoire (*Nikê*) qui devint un surnom d'Athéna, la déesse protectrice d'Athènes. Mais outre qu'Israël ne devait adorer qu'un seul Dieu (alors qu'Athéna faisait partie d'un panthéon), il n'était pas lui-même divinisé et devait, au contraire, se mettre à l'école d'un enseignement écrit d'origine divine, la Torah, que la Bible grecque appellera Loi (*nomos*).

Car les Hébreux ont utilisé deux innovations majeures du Proche-Orient : l'écriture (complétant la tradition orale) et le droit écrit (se substituant à la coutume). Les besoins de l'économie urbaine et de l'agriculture intensive suscitèrent de nouveaux procédés de conservation de la mémoire et de formulation des règles. En Mésopotamie et en Égypte, les mots se fixèrent et les lois se gravèrent, formant ainsi des «codes» composés de lois assez disparates : les plus anciennes sont, dans l'état actuel de l'archéologie, les lois d'Ur Nammu (vers 2111-2046 av. J.-C.), le fondateur de la IIIe dynastie d'Ur, la ville d'où, selon la tradition biblique, Abraham serait parti quelques siècles plus tard vers la Terre promise.

Cette longue tradition du droit proche-oriental s'est

La Loi est dure : l'empreinte des clous sur la pierre noire donne à ces signes cunéiformes valeur d'avertissement car le «code» d'Hammourabi, comme les grandes lois mésopotamiennes, se dresse – tel un signal – en plusieurs exemplaires en divers lieux stratégiques du pays. Comme les édits d'Ashoka (rédigés avec des écritures issues du Proche-Orient) répartis sur l'Inde du Nord, le code babylonien avait des variantes, témoignant du caractère composite de l'œuvre : cette liste des délits et des peines est caractéristique des débuts de l'écriture où l'on empile les données sans toujours les coordonner. La Bible aussi recourt à ces énumérations qui diffèrent parfois d'un manuscrit à l'autre.

transmise en Israël par l'intermédiaire des Juges et
de la Loi. Vers le XIIe siècle av. J.-C., les Hébreux
se dotèrent de chefs appelés *shophetim* ou Juges tels
Samson, Gédéon ou Abimélek. Ces Juges étaient
des dirigeants de l'exécutif (comme les «magistrats»
romains, tels les consuls) en une époque où, nulle part
au monde on ne connaissait la séparation des pouvoirs
telle que la conçut Montesquieu au XVIIIe siècle.

«Code» d'Hammourabi,
trouvé à Suse,
Ire dynastie de Babylone.
Fidèles devant le mur
des Lamentations
à Jérusalem.

Comme un ordinateur
de poche qu'on
emporte en voyage,
les rouleaux de la Loi
accompagnaient le
peuple hébreu
nomadisant et
stockaient l'essentiel
dans leur mémoire :
la volonté de Dieu
se déroule sous les yeux
du lecteur. Ici, devant
le mur des Lamentations
de Jérusalem, les
pèlerins juifs du monde
entier retrouvent le
texte fondateur qui fait
de la Loi un outil
des légistes contre
les écarts de conduite
et de l'Écriture
un «pense-bête» contre
les oublis des hommes.

Cette sorte de «gouvernement des Juges» avait pour double fonction de sanctionner les hommes et de diriger le peuple selon la Loi de Dieu. Car chaque fois que les fils d'Israël font «ce qui est mal aux yeux du Seigneur», ils sont battus par un pays voisin et Dieu leur envoie un «Sauveur chargé de les remettre dans le droit chemin». Ce magistrat charismatique doit juger au double sens de sauver (le peuple fidèle) et de punir (les adorateurs d'idoles). La force qui l'habite est d'origine divine : Samson «déchire en deux un lion», «frappe mille hommes avec une mâchoire d'âne» et «fait s'écrouler un temple à la force des bras». Car le Juge est tantôt faible (Otniel est cadet, Ehoud gaucher), tantôt puissant (Yaïr a trente fils qui possèdent trente villes, Avdôn quarante fils et trente petits-fils). La primauté du droit sur la force vient d'une puissance surnaturelle : non un texte voté mais une Loi révélée.

Ce lien entre droit et religion était la règle au Proche-Orient : le «code» d'Hammourabi était ainsi promulgué par le roi au nom de «Shamas, le grand juge des cieux et de la terre». La Bible va encore plus loin en présentant les ordres divins (les 10 commandements majeurs et les 613 commandements [*mitzvoth*] divers) comme venus directement du Ciel : Dieu les formule oralement à Moïse sur le mont Sinaï (il «dit» le droit) puis les fixe sur la pierre pour qu'ils se gravent dans les cœurs. C'est pourquoi les adolescents juifs du monde entier, à l'âge où l'on est supposé responsable de ses actes (vers 13 ans), font leur Bar Mitsvah (Bat Mitsvah pour les filles). Ils deviennent ainsi «fils du commandement» (ou «filles du commandement») et peuvent lire, à la synagogue, les versets de la Loi.

Le juge Samson est fort contre le lion mais faible avec la femme. Il déchire le fauve en deux «comme on déchire un chevreau» (Juges, 14, 6) mais succombe aux charmes de Dalila qui fait raser ses cheveux par l'ennemi philistin et le prive ainsi de sa force. Aux magistrats faillibles, Israël préférera des monarques tout-puissants au pouvoir incontestable : il rétablira la royauté en mettant fin au gouvernement des «Juges».

La dette et la faute

Parmi les multiples dispositions de cette Loi (qui connaissent plusieurs versions rédactionnelles d'époques différentes), nombreuses sont celles qui s'inspirent des codes de peuples voisins : la peine de lapidation est ainsi commune à la plupart des droits proche-orientaux et a survécu jusqu'à nos jours dans la loi musulmane. D'autres obligations portent la marque de leur lieu et de leur époque : tous les sept ans, une «année sabbatique pour la terre» (Lévitique, 25, 5) devait être proclamée (au risque de créer la disette) afin de la laisser se reposer en cette région de très ancienne agriculture et de sols surexploités. Le livre de l'Exode (23, 10) donne d'ailleurs

Faut-il préférer l'esprit ou la lettre de la Loi? Contre les orthodoxes, le judaïsme libéral admet des femmes au rabbinat : ces «maîtresses-femmes» (*rabbi* signifie «maître») étaient impensables aux temps bibliques où il n'y avait de vertu que virile. L'observance du sabbat a aussi divisé les communautés juives tant ses rites minutieux sont difficiles à pratiquer dans une société laïque ou plurielle. C'est en guérissant un homme à la main paralysée un jour de sabbat, dans la Palestine hellénisée et romanisée, que Jésus s'attirera les foudres des docteurs de la Loi.

Samson et le lion, chapiteau de la cathédrale d'Augsbourg, Bavière. Pauline Bebe, première et seule femme rabbin. Repas le jour du sabbat, miniature.

une version plus sociale (et, semble-t-il, peu suivie) de cette pratique en précisant qu'on a le droit de semer mais pas de récolter afin que les pauvres puissent se servir dans les champs.

La Loi du Seigneur, comme les «codes» mésopotamiens, couvre à peu près tous les domaines du droit et comporte des dispositions toujours actuelles. Ainsi, l'imposition de la dîme (Lévitique, 27, 30), soit 10 % des revenus (mais parfois plus) consacrés aux frais du culte, se maintiendra en Europe jusqu'au XVIIIᵉ siècle et survit de nos jours dans l'impôt ecclésiastique allemand. L'interdiction du prêt à intérêt (Exode, 22, 24) s'est perpétuée dans de nombreux pays chrétiens jusqu'au Moyen Âge et dans les pays islamiques jusqu'à aujourd'hui. L'extension de l'année sabbatique au domaine du crédit (Deutéronome, 15) et au droit du travail (libération des esclaves) créait, du moins si la Loi était respectée (ce qui semble douteux), un moratoire qui est à l'origine de la prescription civile et pénale, principe juridique essentiel : un droit ne s'exerce que pour un temps donné, une faute n'est punissable que dans un certain délai. Paradoxalement, c'est à propos d'un crime dont les Juifs seront victimes (la Shoah) que le droit moderne élaborera, à la suite du procès de Nuremberg, la notion inverse de la prescription :

Un peuple décapité, une victime lapidée. Corps sans tête privé de ses élites, corps sans jambes, prisonnier de l'Europe hitlérienne, le peuple juif semble pétrifié dans le malheur. Ce monument du Yad Vashem, dominant la «ville de la paix», illustre l'horreur qui précède l'espoir. Juste à côté, sur l'avenue des «Justes des Nations», de petits arbres rendent hommage aux «gentils» qui ont sauvé des Juifs. Et juste en contre-bas, les nombreuses constructions modernes de la ville témoignent de la vitalité d'un peuple qui, au terme d'un nouvel Exode, a retrouvé la Terre promise.

Sculpture du Mémorial de Yad Vashem à Jérusalem. *Jérémie pleurant sur la destruction de Jérusalem*, par Rembrandt, 1630.

l'imprescriptibilité (des crimes contre l'humanité). Entre-temps, Jésus aura donné une interprétation religieuse de ce moratoire en s'adressant ainsi à Dieu dans la prière du Notre Père : «Remets-nous nos dettes comme nous les avons remises à nos débiteurs» (Matthieu, 6, 12).

La Loi du Seigneur n'est pas intangible, contrairement à ce que pourrait laisser penser l'image d'un texte gravé par l'Éternel. Elle connut même une évolution majeure d'une immense portée juridique. Sur le Sinaï, Dieu dit à Moïse : «C'est moi le Seigneur ton Dieu, un Dieu jaloux, poursuivant les fautes des pères chez les fils sur trois ou quatre générations, s'ils me haïssent, mais prouvant sa fidélité à des milliers de générations, si elles m'aiment et gardent mes commandements» (Exode, 20, 5-6). La récompense des justes est donc transmissible par héritage mais la punition des fautifs est, elle aussi, héréditaire : «C'est à cause des fautes de leurs pères, en plus des leurs, qu'ils dépériront» (Lévitique, 26, 39).

Mais les dispositions de la Torah furent contredites par les prophètes qui élaborèrent la notion de responsabilité personnelle, fondement du droit moderne : «Celui qui pèche, c'est lui qui mourra; le fils ne portera pas la faute du père ni le père la faute du fils» (Ézéchiel, 18, 20). Et Jérémie (31, 29-30) se montre encore plus explicite : «En ce temps-là, on ne dira plus : les pères ont mangé du raisin vert et les enfants ont eu les dents agacées. Non, chacun mourra pour son propre péché et si quelqu'un mange

Les «jérémiades» du prophète sont des lamentations sur les déportations des Juifs à Babylone (VIe siècle av. J.-C.). L'auteur (collectif) du livre de Jérémie prêche la résignation à la volonté divine et la soumission à la loi du vainqueur : Israël et Juda ont péché et ont perdu. Mais ce fatalisme est soit une prise en compte réaliste du rapport des forces du moment, soit une justification ultérieure de la docilité passée. Et Dieu promet à ses fidèles : «Je les ramènerai sur le sol que j'ai donné à leur père.»

du raisin vert, ses propres dents en seront agacées.»
Cette évolution vers la responsabilité individuelle,
également perceptible dans les lois assyriennes
de l'époque (les injures proférées par une femme
n'entraînent pas la punition de son mari ni de
ses enfants) met fin, en principe, à la punition et à
la malédiction de la famille entière même si, de fait,
chacun souffre de la condamnation d'un proche.

Le droit et le tordu

La Loi du Seigneur privilégie l'individu comme sujet
du droit et modèle de droiture. Sur ce point, la Bible
s'inspire des «codes» proche-orientaux qui opposent
le droit et le tordu. Le justiciable mésopotamien
demandait au roi Assurbanipal, représentant sur terre
du dieu Nabû : «Rends favorable ma voie, rends ma

Deux prostituées
se disputent un enfant
que Salomon se
propose de couper
en deux. La vraie mère
supplie qu'on épargne
le bébé, quitte à le
donner à sa rivale
(I Rois, 3). La justice
est ici mélange d'astuce
et d'équité, sagesse
divine et bon sens
populaire. Salomon
sur son trône, comme
plus tard Saint Louis
sous son chêne, est
l'incarnation du roi
juste, inspiré par Dieu
et accessible à tous.

route droite, place un chemin droit sous mes pas.»
De la même façon, la Bible fait l'éloge des paroles
droites des justes face au «langage tortueux» des sots,
et le soldat David «marche droit dans les voies
du Seigneur» qui «redresse ceux qui fléchissent»
tout en condamnant les difformités de la nature :
«Pourquoi loucher, montagnes bossues?» (Psaume
68, 17). Un corps droit dans une âme droite, tel est
l'idéal du redresseur de torts.

Dans des pays situés plus au nord, les langues indo-
européennes tiraient d'une même racine (*reg*)
les mots «droit» et «roi». Le *rex* romain, le *rix* gaulois,
le *raja* indien étaient ainsi des chefs qui marchaient
droit (sur l'ennemi) et traçaient droit des frontières
entre la patrie et l'étranger comme entre le permis
et le défendu. Israël qui, dans l'Antiquité comme à
l'époque moderne, a toujours souffert de frontières
démesurément longues par rapport à sa superficie,
opta, lui aussi, au Xe siècle av. J.-C., pour des rois-juges
(remplaçant les anciens «Juges») en confiant
les tâches exécutives et
juridictionnelles à un
monarque tantôt doté
de vertus guerrières (comme
David), tantôt doué d'un bon
jugement (comme Salomon).
«Notre roi nous jugera,
il sortira à notre tête et
combattra nos combats»
(I Samuel, 8, 20) dit le
peuple au vieux juge Samuel
qui le met en garde contre
les risques d'absolutisme.
Le peuple veut s'offrir un roi
pour être dirigé «comme
toutes les nations» mais son
destin sera pourtant singulier
car, au travers de ses
épreuves, Israël va inaugurer
le Dieu de l'Histoire.

Le Jugement de Salomon,
capsule de S. Mazzaro,
370-397 apr. J.-C.
«Monsieur Mayeux, bossu
doté de tous les vices»,
par Grandville.

Quels coups tordus
prépare le bossu?
Dans les civilisations
proche-orientales,
la difformité physique
symbolisait un manque
de droiture. À l'inverse,
le roi ou le Messie était
comme un redresseur
de torts. D'un côté,
le corps sinueux
d'un esprit retors,
habité par un démon.
De l'autre, la figure
droite d'un homme
rigoureux qui refuse
les entorses au droit et
les compromis boiteux.

2 Le Dieu de l'Histoire

EXODE D'ÉGYPTE ET GUERRE CONTRE LES PHILISTINS, EXIL À BABYLONE
ET RÉVOLTE DES MACCABÉES, LES ÉPREUVES SE SONT SUCCÉDÉ
POUR LES HÉBREUX. C'EST PAR UNE LUTTE POUR L'IDENTITÉ NATIONALE
QUE SE FORGEA L'UNION SACRÉE DU PEUPLE ÉLU ET DANS LA CHRONIQUE
DES COMBATS QU'EST NÉ LE DIEU DE L'HISTOIRE.

Double page précédente
La Création d'Adam,
par Michel-Ange, 1510,
chapelle Sixtine, Rome.

*La Construction du Temple
de Jérusalem*,
par Jean Fouquet,
(XVᵉ siècle).
Le Sacrifice d'Abraham,
par Titien, 1542.

Le Dieu de l'Histoire

L'Histoire est née au Proche-Orient avec les premières écritures qui enregistrent les événements. Les Hébreux vivant à mi-chemin des grands empires d'Égypte et de Mésopotamie, ils étaient au cœur de cette Histoire et au centre des débats politiques de l'époque. Leur livre sacré s'appelle d'ailleurs la Bible, c'est-à-dire les Livres (*ta biblia* en grec) et, logiquement, cette religion des Livres devrait constituer un document historique irréfutable.

Mais il n'y a d'histoire objective que par la pluralité des sources qui permet à l'historien de confronter les versions. Ainsi, la première bataille certaine de l'Histoire est celle de Qadesh (vers 1300 av. J.-C.), opposant Ramsès II aux Hittites, dont on possède des récits en provenance des deux camps : chaque protagoniste en fait une victoire d'où l'historien conclut qu'il y eut probablement match nul.

Or les Hébreux, petit peuple habitant un territoire moins grand que la Belgique, apparaissent si rarement dans les archives des puissants États voisins qu'il est souvent impossible de soumettre à un examen contradictoire les récits bibliques. Ainsi, aucun écrit mésopotamien ne mentionne le nom d'Abraham ni aucun écrit égyptien celui de Moïse. La filiation d'Abraham, à laquelle se réfèrent le judaïsme, le christianisme et l'islam, est donc d'ordre symbolique plus qu'historique. De même, la vie de Moïse appartient au genre héroïque : rien de certain n'en est

Le Festin de Balthazar (détail), par Rembrandt, 1635. Fresque de l'ancienne synagogue de Doura-Europos, Syrie, IIe siècle.

connu et quand Freud écrivit un essai sur *Moïse et le monothéisme* (1939), il prit soin de préciser qu'il s'agissait d'un «roman historique».

Dieu singulier et masculin

Faut-il donc faire de l'«invention» du monothéisme le roman d'un petit peuple et d'un grand mythe? La réalité est plus complexe car la Bible se réfère aussi à des événements et l'un de ses ouvrages, assez tardif, se nomme même «livre des Chroniques» : il y a une correspondance entre l'intervention de l'Éternel et le déroulement du temps, l'action de Dieu et le progrès de l'homme, ce qui est révolu et ce qui reste à faire, l'«accompli» et l'«inaccompli», c'est-à-dire les deux temps du verbe en hébreu. Il s'agit là d'une innovation par rapport aux religions des peuples voisins : quand les pharaons ou les rois-prêtres partent en guerre, ils invoquent leurs dieux mais ils n'auraient pas l'idée de faire de leurs campagnes militaires une Histoire sainte. Celle des Hébreux se déroule sur une Terre sainte, le territoire promis par Dieu à Abraham et à Moïse, dans le pays de Canaan. Dieu s'inscrit donc

Adonis, Zeus, Mithra, Jupiter, Artémis, Yahvé et Jésus-Christ : toutes les divinités méditerranéennes avaient leur lieu de culte à Doura-Europos, dans la vallée de l'Euphrate où voisinent temples, chapelle et synagogue. La religion divise mais l'art unit car des fresques de même style ornent des édifices rivaux : l'art figuratif donne visage humain aux principes abstraits des théologies adverses. Une vingtaine de cultes cohabitent en cette ville de commerce et d'invasions. Les soldats et les marchands ont importé leur foi et transformé leurs dieux au contact de cette civilisation cosmopolite. «Tu ne feras pas d'image», dit à l'homme le dieu de la Bible. Mais l'homme en fera, comme ses voisins : l'Histoire mixe les peuples et brouille leurs visions. Aux fidèles de peindre ce qu'ils voient ici et maintenant.

dans le temps et l'espace. La Bible affirme tantôt qu'il n'y a qu'un seul Dieu dans le monde (Isaïe, 45, 7), tantôt qu'il n'y a qu'un seul Dieu pour Israël (Exode, 20, 3) : libre alors aux autres nations d'adorer d'autres divinités si elles existent, mais le peuple choisi pour la Terre promise ne doit adorer que son Seigneur, celui qui l'a fait sortir de la servitude pour lui donner l'indépendance. Il y a là une différence par rapport aux autres peuples de la région qui assimilaient les dieux de leurs voisins ou, du moins leurs qualités : la déesse de la fécondité s'appelait Innana à Sumer, Ishtar à Babylone, Aphrodite en Grèce et Vénus à Rome comme le dieu de la fertilité se nommait Tammuz à Babylone, Adonis en Phénicie et en Grèce ou Attis en Phrygie.

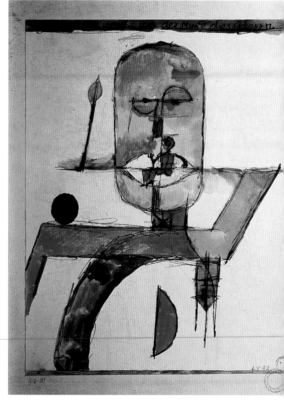

L'Homme est la bouche de Dieu, par Paul Klee, 1918.

Le polythéisme favorise la concurrence des dieux locaux qui sont moins attachés à un peuple qu'à un rôle : on peut être dieu de l'amour, de la guerre ou de la médecine partout dans le monde à condition d'adapter son nom à la langue de chaque pays, et cette naturalisation des dieux étrangers a suivi les courants du commerce dans le bassin méditerranéen : le progrès des échanges a favorisé le brassage des croyances.

Les Hébreux choisirent la voie inverse : au culte universel des idoles spécialisées, ils préférèrent la religion nationale du Dieu unique. Cette exaltation identitaire fut le fruit de la longue conquête d'un pays puis d'une résistance millénaire à ses voisins. Car, si «les peuples heureux n'ont pas d'Histoire», les nombreux malheurs des Hébreux les dotèrent d'une riche Histoire. Et si l'Histoire privilégie, selon la formule d'Oscar Wilde, «le récit de massacres sanglants et d'échauffourées barbares», celle des Hébreux fut féconde en conflits meurtriers, où se fortifia la religion d'un peuple choisi dans une guerre sacrée. Car l'Éternel dit : «Écoute, Israël! Que ton courage ne faiblisse pas [...] car c'est le Seigneur ton Dieu qui marche avec toi» (Deutéronome, 20, 3-4).

En optant pour un Dieu unique, les Hébreux mettaient fin au culte des déesses comme le feront deux mille ans plus tard les Arabes en adorant le dieu Allah et non la déesse Allat. Même si Yahvé peut, selon le prophète Isaïe, faire preuve d'une tendresse maternelle, ses appellations et ses qualités sont principalement masculines. Le monothéisme est une affaire de genre autant que de nombre. Ainsi, alors que les Grecs ont pour divinité de la guerre une déesse, Athéna, c'est avec un «Seigneur des armées» que les Hébreux vont vivre une longue histoire militaire.

Expulsion ou évasion

Du premier de ces épisodes guerriers, l'Exode, on ne connaît exactement ni la date ni les lieux. Le terme même d'exode (un mot grec, *exodos*, signifiant «sortie») autorise deux interprétations : les Hébreux auraient été soit des immigrés mal intégrés expulsés par le Pharaon soit des populations rebelles qui se seraient libérées elles-mêmes. L'Exode fut-il ou non volontaire? Expulsion ou évasion, il a été interprété par la Bible comme une libération. Moïse entend ces paroles : «C'est moi le Seigneur, ton Dieu, qui t'ai fait sortir du pays d'Égypte, de la maison de servitude» (Exode, 20, 2).

Plusieurs itinéraires à travers le désert du Sinaï ont été proposés et, peut-être, suivis simultanément, car les Hébreux ont pu constituer plusieurs caravanes. La Bible évoque un séjour de quarante ans dans le désert,

«Mets une garde à ma bouche, veille sur l'entrée de mes lèvres», dit le Psaume (141, 3) qui «engueule» l'homme : «Tu livres ta bouche au mal et ta langue est trompeuse» (49, 19). «Ils dardent leur langue comme un serpent, il y a du venin sous leurs lèvres» (140, 4), dit David de ses ennemis. Bonne ou mauvaise, la parole est le vecteur essentiel du message biblique qui est «audio» mais pas visuel. Les images sont dans les métaphores d'une langue colorée : le fils aîné est le «premier fendeur de matrice» et l'autel du sacrifice «lieu d'égorgement». Pourquoi en faire une image? Dieu joue des mots pour se faire entendre. Encore faut-il connaître son vocabulaire car si l'on peut adorer la statue d'un dieu étranger, on ne saurait comprendre que la parole d'un dieu de même langue : une religion centrée sur l'oral et non sur le visuel invite à la traduction du message.

qui peut correspondre à plusieurs vagues d'émigration
de tribus diverses qui auraient forgé leur unité
dans cette épreuve en adorant le Dieu unique, Yahvé,
au nom intraduisible (c'est un mot composite issu
du verbe «être») et imprononçable (il devint
progressivement tabou pour mieux marquer la distance
entre l'homme et Dieu).

Si l'Exode se situe au XVe siècle av. J.-C.
(la «datation haute» traditionnelle); l'adoration de
Yahvé aurait précédé le culte d'Aton, le dieu solaire
unique du pharaon Akhnaton. Mais si l'Exode se situe
au XIIIe siècle av. J.-C. (la «datation basse» retenue
par la majorité des exégètes), l'influence de la réforme
religieuse égyptienne sur la théologie des Hébreux
est possible quoique difficilement mesurable puisque
le Soleil Aton, véritable étoile filante dans l'histoire
des religions (et dont le culte fut
principalement rendu dans la seule
capitale d'Amarna), n'était plus
adoré depuis longtemps.

L'Alliance et le Dieu de la victoire

Le deuxième épisode guerrier
se situe en Terre promise, l'actuel
territoire d'Israël et de la Cisjordanie,
entre le XIIe et le Xe siècle av. J.-C.,

Israël aurait dû
s'entendre avec les
Philistins, adversaires
de ses ennemis
Égyptiens. Mais le peuple
qui a fait alliance avec
Dieu devait se montrer
prudent dans son
alliance avec les
hommes : la sauvegarde
de son identité rendait
difficile les compromis
diplomatiques. «Tes
ennemis t'environneront
de machines de
guerre», dit la Bible.
En signant aujourd'hui
des traités de paix
avec ses voisins, Israël
suscite parfois les
réactions négatives des
orthodoxes.

*La Traversée
de la mer Rouge,*
par Tamas Galambos.
*Samson détruisant
le temple*, par Tintoret,
XVIe siècle.
Tombeau de David
sur le mont Sion,
Jérusalem.

à l'époque des Juges. Les Hébreux, progressivement sédentarisés, durent lutter contre les peuples environnants, Cananéens et Philistins. Ces derniers, d'origine probablement indo-européenne, possédaient la supériorité technologique grâce aux armes de fer et au char. Les Hébreux firent bloc pour vaincre sous la direction de Yahvé Sabaoth, Dieu de la «multitude organisée», en l'occurrence des armées. Les tribus firent alliance entre elles et avec Dieu dont l'Arche (d'Alliance), contenant les rouleaux de la Loi, accompagnait les combattants.

Le «tombeau» de David est aussi apocryphe que ceux de Rachel à Bethléem ou des Patriarches à Hébron : il n'y a probablement

Cette union sacrée fut efficace puisque les Philistins disparurent rapidement de l'Histoire (ils se sont peut-être fondus dans les populations avoisinantes) alors que les Hébreux étendirent leur territoire jusqu'aux portes de Damas : c'est l'origine du «Grand Israël» auquel se réfèrent encore certains Juifs orthodoxes. Le peuple congédia les Juges car «dévoyés par le lucre, acceptant des cadeaux, ils firent dévier le droit» (I Samuel 8, 3). Il les remplaça par des rois dont le premier fut Saül, un «beau garçon», fils d'un «vaillant homme». Puis David et Salomon montèrent sur le trône et, pendant à peine un siècle, il n'y eut qu'un seul État centralisé sur la Terre promise. Il fallut attendre près de trois mille ans, jusqu'à la création de l'État d'Israël, en 1948, pour retrouver cette unité politique et cette efficacité militaire.

pas un ossement authentique sous ces pierres. Mais elles gardent la mémoire d'une histoire glorieuse. Pour la bonne cause lorsque, à côté des restes du monarque, a été ouverte une chambre des martyrs en hommage aux six millions de Juifs de la Shoah. Pour des motifs plus discutables quand le souvenir du roi-berger s'estompe derrière celui du chef de guerre dont le règne belliqueux inspire les tenants du Grand Israël.

Ce Dieu de l'Alliance distingue le monothéisme des Hébreux de celui d'Akhnaton. En effet, celui-ci fut l'un des rares pharaons de l'Histoire à se désintéresser de la politique étrangère et à ne pas «offrir» de prisonniers aux dieux : le culte du Soleil unique fut plus mystique que stratégique et le refus de conquérir de nouvelles terres comme de défendre les territoires acquis provoqua le désarroi des alliés de l'Égypte, notamment en Palestine. Ceux-ci supplièrent en vain leur «Seigneur et Dieu-Soleil» de lui envoyer des troupes en renfort alors que le Dieu unique des Hébreux marchait droit sur l'ennemi avec son Arche d'Alliance qui doit sauver le peuple «de la main des ennemis» (I Samuel, 4, 3). Le Dieu unique d'Akhnaton est pacifiste, celui des Hébreux stratège.

Salomon et la reine de Saba, d'après une peinture abyssine.

Mais après la guerre vient la paix. Si l'Alliance de Dieu fut surtout militaire voire agressive au temps du roi David, elle fut politique et diplomatique pour son successeur, Salomon. Riche et puissant, celui-ci devint le gendre idéal pour tous les rois du Proche-Orient (y compris le pharaon) dont il épousa les filles (entre autres la mystérieuse «reine de Saba»). Salomon, à qui Dieu «donne un cœur sage et perspicace» (le fameux «jugement de Salomon») a aussi le cœur large puisqu'il eut «sept cents femmes de rang princier et trois cents concubines» (I Rois, 11, 3). Ces chiffres (sans doute gonflés) illustrent la politique d'alliance du monarque qui, en épousant de multiples femmes, obtint l'amitié de leurs pays et de leurs dieux car chaque nouvelle épouse importait ses divinités. Ce jeu complexe d'alliances peut embrouiller les horizons diplomatiques et théologiques : les liens avec l'Égypte, la Phénicie et le royaume de Damas se relâchent au moment où Dieu reproche à Salomon d'aimer

«de nombreuses femmes étrangères» (I Rois, 11, 1)
et de détourner son cœur vers leurs dieux.

En politique intérieure, l'alliance entre tribus fit
aussi problème. La construction du Temple et
du palais exigeait une augmentation des impôts et
des corvées qui parut insupportable et inéquitable.
Les servants du Temple (prêtres et lévites) étaient
ainsi dispensés de corvées (et de service militaire) car
ils devaient à l'État le «service du sanctuaire» : trois
mille ans plus tard, les Juifs orthodoxes se réclament
d'ailleurs de ce précédent pour refuser la longue
conscription et la forte imposition que subissent
tous les autres citoyens d'Israël.

Pour traiter avec
les hommes, il faut
s'allier avec les femmes.
Tel était le principe
de Salomon, connu de
nombreux monarques,
mais poussé par lui
à son extrême :
mille épouses (chiffre
sans doute exagéré),
richement dotées,
ce sont aussi mille
familles amies parmi
les plus puissantes
de la région. Comme
la reine Victoria fut
«la grand-mère de toute
l'Europe» (princière),
le roi Salomon fut
le gendre de tout
le Proche-Orient. Mais
quels dangers dans
ces amours! Alors que
le judaïsme se transmet
par les femmes,
mille épouses non
juives et leurs enfants
prennent possession
de Jérusalem. Et «au
temps de la vieillesse de
Salomon, ses femmes
détournèrent son cœur
vers d'autres dieux»
(I Rois, 11, 4).
Le démon de midi
avait frappé.
Et s'il avait vraiment
mille femmes dans
son harem, Salomon
condamnait neuf cent
quatre-vingt-dix-neuf
Hébreux au célibat.

Au mécontentement fiscal s'ajoutèrent des rivalités
de villes et de régions qui brisèrent l'unité nationale.
Les tribus du Sud formèrent le royaume de Juda
(capitale Jérusalem) et les tribus du Nord le royaume
d'Israël (capitale Samarie) : le nom même d'Israël
devint signe de division. Israël fut conquis (721 av. J.-C.)

par les Assyriens et Juda (597 av. J.-C.) par les Babyloniens qui détruisirent Jérusalem et son Temple tout en déportant l'élite des habitants. On les appellera désormais Juifs, même si cette judéité est moins géographique (la résidence dans la région de Juda) que théologique (la référence au Dieu unique).

L'Exil et le Dieu universel

Le troisième épisode guerrier est donc celui d'une défaite suivie d'une déportation. Cet Exil fut, pour les Juifs, l'occasion de combiner métissage culturel et affirmation d'identité. D'un côté, ils s'ouvrirent aux idées babyloniennes, adoptant la semaine de sept jours et s'inspirant des récits mésopotamiens de la Création et du Déluge pour écrire la Genèse de la Bible. D'un autre côté, ils restaurèrent leurs propres coutumes, en rétablissant les règles d'hygiène alimentaire (la nourriture casher) ou sexuelle (la circoncision).

En l'absence du Temple détruit, les Juifs inventent la synagogue, un «lieu de réunion» qui est une maison de prière. On remplace le sacrifice (impossible hors du Temple) par la lecture (de textes sacrés) et le prêtre (*cohen*) cède le pas au rabbin, ce «maître» à penser, docteur de la Loi. Faute de territoire indépendant, Yahvé n'est plus un dieu national : n'ayant pas d'intérêt politique à défendre, il devient le dieu de «tous les êtres de chair ensemble» (Isaïe, 40, 5), le salut de toutes les nations. N'ayant plus d'État à lui, le judaïsme devient une religion universelle.

Cyrus et le bon Dieu

En 539 av. J.-C., Cyrus, roi des Perses, s'empare de Babylone et libère les Juifs dont une grande partie rentrent dans leur patrie où ils reconstruisent le Temple de Jérusalem. Le monarque perse deviendra l'archétype du libérateur dans le monde juif puis chrétien. C'est en souvenir de lui que le gouvernement israélien entretiendra de bons rapports avec le dernier shah d'Iran et que les évêques de France traiteront Bonaparte de «nouveau Cyrus» pour avoir «libéré»

Pizzeria casher.
Fresque de l'ancienne synagogue de Doura-Europos.

l'Église de France de la Révolution
et mis fin à l'exil des nobles et
de prêtres.

Vers 400 av. J.-C., Artaxerxès,
l'un des successeurs de Cyrus,
donne à Esdras «un scribe expert
dans la Loi de Moïse» (Esdras, 7, 6)
de larges pouvoirs et d'importants
crédits pour restaurer le culte et
unifier le judaïsme afin de faire
taire les dissensions religieuses
(notamment celle des Samaritains)
et les dissidences politiques.
Comme l'empereur Ashoka
essayant d'unifier le bouddhisme,
et l'empereur Constantin
le christianisme, Artaxerxès lutte
contre les schismes afin de faire
coïncider, dit-il à Esdras, «la Loi
de ton Dieu et la loi du roi»
(Esdras, 7, 26).

Différentes traditions bibliques
sont donc compilées pour former
un texte unique qui porte
la marque de ces origines diverses :
Dieu s'appelle tantôt Yahvé tantôt
Elohim, un nom pluriel (pour un
Dieu unique) issu de El, la divinité
suprême du panthéon cananéen.
Les influences étrangères
sont à la fois géographiques et
théologiques : les sagesses
égyptiennes, le prophétisme
d'Ugarit (ville de la côte syrienne)
sont réinterprétés par les
compilateurs bibliques et traduits en hébreu, langue
«morte» et sacrée (puisque le peuple parle désormais
l'araméen, un idiome ouest-sémitique très voisin).
Il faudra attendre 1948 et la fondation de l'État d'Israël
pour que l'hébreu redevienne une langue vivante.

De petites trahisons
pour une grande
Tradition : les croyants
émigrent, la foi
demeure, les rites
s'adaptent. Les Juifs
étaient aussi nombreux
dans le monde grec
qu'en Palestine et ils
peignirent des fresques
hellénistiques figuratives
dans leurs synagogues.
Mais ils représentent
le chandelier à sept
branches, symbole
de l'espérance d'Israël
et de la Terre sainte
puisqu'il était conservé
dans le Temple de
Jérusalem. Aujourd'hui
encore, les rites juifs
s'adaptent aux
mutations du monde :
il y a des pizzerias
et des restaurants
chinois casher. Les nids
d'hirondelles et
les œufs de cent ans
donnent une touche
exotique aux règles
bibliques et une
dimension planétaire à
la Loi d'un petit
peuple.

La domination perse met en contact les Juifs avec la religion iranienne dont plusieurs grands thèmes sont proches de ceux de la Bible : le souffle de Mazda, l'Esprit créateur, correspond à l'haleine de Yahvé, le paradis au jardin d'Éden, le feu sacré des temples perses au buisson ardent où Yahvé apparaît, les génies célestes de Mazda aux anges du Seigneur (comme Michel, Gabriel ou Raphaël).

Et, surtout, les Perses ont un bon Dieu, Ohrmazd (nom contracté d'Ahura Mazda dans le mazdéisme tardif), dont le frère jumeau, Ahriman, est le démon suprême. De même, le Dieu des Juifs se «bonifie» progressivement (il est «lent à la colère» et de moins en moins «jaloux») pour mieux s'opposer à Satan, la personnification du Mal. Les démons, des êtres divins puissants et cachés, tantôt protecteurs tantôt destructeurs, deviennent alors des esprits exclusivement malfaisants. Il y a là, dans les religions perse et juive, une rupture avec l'ambivalence des dieux grecs, romains ou indiens, à la fois bons et mauvais comme les humains. S'il n'est jamais facile de mesurer l'influence réciproque du judaïsme et du mazdéisme (les emprunts peuvent se faire dans les deux sens), il y a trop de ressemblances entre les deux religions pour y voir de simples coïncidences. Cette remarque vaudra aussi pour le christianisme avec ses «rois» mages (des prêtres iraniens) et son cierge pascal (un feu sacré). En voulant opposer le judéo-christianisme au mazdéisme dans son essai *Ainsi parlait Zarathoustra* (le prophète iranien), Nietzsche écrivit donc un livre aussi beau dans la forme que faux sur le fond.

Les Maccabées et la Résurrection

Le quatrième épisode guerrier de l'Histoire des Hébreux est né de la défaite des Perses devant Alexandre le Grand (332 av. J.-C.) dont les lieutenants se partagèrent l'empire après sa mort prématurée, en se faisant appeler «sauveurs». Tout le Proche-Orient est alors influencé par la civilisation hellénistique, et le grec devient la langue de l'élite. La Bible hébraïque

Gerasa, l'une des villes grecques situées au sud de la mer de Galilée, début de l'ère chrétienne. Apothéose d'Alexandre le Grand, miniature.

est traduite en grec à Alexandrie (283-247 av. J.-C.) par soixante-dix (ou soixante-douze) lettrés d'où son nom de Septante. Dans la même ville, un philosophe juif, Philon (vers 13-54), tentera une synthèse entre la foi monothéiste et les idées grecques. Les Grecs exportent au Proche-Orient leurs modes de vie et de croyance et, sur le Temple de Jérusalem, on construit un autel à Zeus et un gymnase où les hommes s'exercent nus à la grande honte des Juifs qui voient dans la nudité une impudeur et un signe de misère alors que, pour les Grecs, elle symbolise la beauté du corps. Pire, le pouvoir hellénistique interdit aux mères juives de faire circoncire leurs nouveau-nés, la circoncision étant considérée comme choquante : l'obscénité résidait, pour les Juifs dans un corps nu et, pour les Grecs, dans un gland découvert.

La Décapole est un défi au Décalogue car, pour les fils d'Israël, ces villes grecques sont un scandale, ces cités un non-sens. Un Juif traditionnel refuse les temples païens, les thermes et les gymnases où s'étalent les corps, les stades aux athlètes nus, les hippodromes et leurs paris. Il ne comprend rien au théâtre, spectacle inconnu en Israël. Mais les Juifs hellénisés adoptent ce nouveau mode de vie au point de se faire «refaire un prépuce». Jésus le circoncis, pharisien dissident et légiste controversé, reste fidèle à la Loi et se méfie de la Décapole qu'il ne fréquente guère (ou dont les Évangiles parlent peu). Mais la ville grecque, démocratique, a une assemblée, l'*ecclesia*, qui donnera son nom à l'assemblée chrétienne : l'Église.

Une partie des Juifs s'urbanise et s'hellénise au contact des cités de civilisation grecque. Une autre partie, surtout en milieu rural, défend les coutumes locales et, en 167 av. J.-C., se révolte contre le roi Antiochos IV qui a confié la charge de grand-prêtre à un Juif hellénisé, Jason : celui-ci a obtenu ce poste envié en augmentant les impôts au profit du trésor royal. Cette révolte, religieuse et fiscale, est menée par des «Juifs pieux», les frères Maccabées. Elle fut si meurtrière que, dans l'argot des étudiants en médecine du XIXe siècle, un maccabée est devenu synonyme de cadavre, c'est-à-dire de corps exposé pour la dissection dans un amphithéâtre, édifice d'origine grecque.

Les Maccabées durent donc affronter une guerre cruelle : leurs compagnons puisèrent dans la foi le courage du martyre et opposèrent à la religion de l'adversaire une théologie renforcée «car la victoire au combat ne tient pas à l'importance de l'armée, mais à la force qui vient du Ciel» (I Maccabées, 3, 19). À l'un de ses sept fils torturés à mort, une mère dit : «Regarde le ciel et la terre, contemple tout ce qui est en eux et reconnais que Dieu les a créés de rien […] Ne crains pas le bourreau» (II Maccabées, 7, 28-29). C'est la première affirmation biblique de la Création *ex nihilo* et, donc, de la toute-puissance créatrice de Dieu. L'un de ces frères héroïques, à qui le tortionnaire

Un paradis pour les martyrs : telle est la leçon biblique de la guerre des Maccabées. De courageux citoyens accèdent aux béatitudes sans fin et cette démocratisation de la vie éternelle est aussi une interprétation théologique de l'actualité politique, marquée par l'occupation étrangère et l'aliénation culturelle. Puisqu'il n'y a plus d'Espoir, choisissons l'Espérance, disent les torturés à leurs bourreaux. Ils seront trompés par leurs chefs, puisque la famille des Maccabées finira par se rallier à la puissance occupante, grecque puis romaine.

propose la vie sauve s'il mange du porc, refuse en disant : «Scélérat, tu nous exclus de la vie présente, mais le roi du monde, parce que nous serons morts pour ses lois, nous ressuscitera pour une vie éternelle» (II Maccabées, 7, 9). C'est, après la vision des ossements desséchés et réanimés du prophète Ézéchiel, la première mention explicite de la croyance en la Résurrection : auparavant, les Juifs pensaient généralement que l'homme se survit grâce à sa descendance et qu'après son décès il n'avait accès qu'à un assez vague «séjour des morts» (*shéol*).

Face aux rois grecs «sauveurs», le judaïsme propose désormais un éternel salut pour les fidèles et une damnation pour les infidèles : «Beaucoup de ceux qui dorment dans la poussière se réveilleront, ceux-ci pour la vie éternelle, ceux-là pour l'opprobre, pour la damnation éternelle» (Daniel, 12, 2). Certains Juifs, les pharisiens, adhèrent à cette nouvelle foi, d'autres, les sadducéens, ne mettent leur espérance que dans une libération terrestre du joug étranger grâce à un Messie («oint» du Seigneur), un mot que le grec traduit par *Christos* (Christ). D'autres Juifs enfin

Bataille des Maccabées (détail), 2ᵉ Livre des Maccabées, manuscrit, XIIᵉ siècle. Étiquette d'une bière en vente à Jérusalem. Célébration de Hanukkà, aujourd'hui.

Le cycle liturgique se veut, comme le temps de l'Histoire, non une indéfinie répétition mais un perpétuel recommencement. Chaque année, les Juifs célèbrent Hanukkâ («consécration»), fête du «renouvellement des lumières», consacrant et illuminant un autel en mémoire de celui du Temple qui avait été profané en 164 av. J.-C. par Antiochus Épiphane, avant d'être rendu au culte.

fuient l'occupation grecque dans le désert et fondent des communautés ascétiques, telle celle des esséniens, connue grâce aux célèbres manuscrits de la mer Morte.

Rome et les croix

Le cinquième et dernier épisode guerrier du judaïsme antique ayant fortifié et modifié la foi populaire est né de l'arrivée des Romains en Palestine. Pour arbitrer leurs conflits internes liés, notamment, au refus ou à l'acceptation de la civilisation grecque, les Juifs font appel à Rome sans se douter qu'ils s'adressent à leur futur bourreau. En 66 av. J.-C., le général Pompée arrive donc en Palestine qu'il transforme en protectorat : le pouvoir local est confié à une dynastie juive (dont le roi le plus célèbre est Hérode) mais l'autorité suprême est celle de Rome qui perçoit de lourds impôts grâce à des percepteurs zélés, les publicains.

Après une période d'apparente soumission, les Juifs se révoltèrent à maintes reprises (révolte qui culminera avec la «guerre des Juifs», selon l'expression de l'historien Flavius Josèphe). Comme ils avaient crucifié, en Italie, des milliers d'esclaves rebelles entraînés par Spartacus, les Romains tuent des centaines de milliers de Juifs et, parmi eux, un orateur très écouté nommé Jésus.

La discipline et le matériel des légions romaines leur permettent de vaincre et, en 70 apr. J.-C., le Temple et la ville de Jérusalem sont détruits. Quelques survivants juifs s'enferment dans la forteresse de Massada où ils se suicident plutôt que de se rendre : Massada demeure aujourd'hui le symbole de la résistance juive et les officiers israéliens y prêtent serment en jurant que «Massada ne tombera pas une deuxième fois». Les ruines de la forteresse ont d'ailleurs été fouillées et restaurées sous la direction d'un archéologue, Ygaël Yadin, qui fut le premier chef d'état-major de l'armée israélienne.

Après une dernière révolte et de nouvelles représailles, les Romains interdisent l'exercice du culte

Héroïsme de patriotes ou obstination de fanatiques? Massada divise les théologiens et les archéologues. Est-ce un groupe de résistants qui a lucidement combattu ou une secte apocalyptique adepte de la mort rédemptrice? Mais doit-on opposer le sacrifice de sa vie au suicide collectif, la fidélité religieuse à l'intégrisme pointilleux, la vie communautaire à la dérive sectaire?

à Jérusalem (135 apr. J.-C.) et les Juifs doivent se replier en Galilée. C'est là, près de Tibériade, où avait prêché Jésus, qu'ils élaborent un recueil de traditions, la Mishna, qui, additionné de commentaires, deviendra, au IVᵉ siècle, le «Talmud de Jérusalem».

Mais la majorité des Juifs habite depuis longtemps hors de Palestine car le commerce avec les Grecs et les Romains a favorisé l'expansion de la diaspora. Une communauté juive, restée à Babylone, y rédige même un second Talmud. Le judaïsme sort donc bien vivant de tant d'épreuves même si une forte proportion (peut-être un tiers) de ceux résidant en Palestine a été exterminée. Deux mille ans avant la barbarie hitlérienne, il n'est pas excessif de parler de génocide.

Le rocher de Massada, surplombant la mer Morte.

Massada illustre les ambiguïtés de toute démarche minoritaire, en retard sur l'Histoire et en avance d'une utopie. Massada était vouée à l'opprobre en son temps et promise aux honneurs dix-neuf siècles plus tard quand le drapeau d'Israël flotta sur la forteresse.

3 Le Fils de l'Homme

SOUS L'OCCUPATION ROMAINE, SURGIT UN RÉFORMATEUR VIRULENT,
PROPHÈTE INCLASSABLE, ORATEUR INCONTRÔLABLE.
ON LE DIT FILS DE DIEU ET FILS DE L'HOMME, ROI DES JUIFS
ET SERVITEUR SOUFFRANT. VIENT-IL LIBÉRER LE PEUPLE
DE L'OPPRESSION OU L'HOMME DU PÉCHÉ?
IL PRÊCHE PAR DE SAINTES COLÈRES LE PARDON DES OFFENSES
ET DE CETTE AMBIGUÏTÉ VIENT SON RAYONNEMENT
COMME DE SA MISE À MORT SON TRIOMPHE.

Double page précédente :
L'Enfance du Christ,
par J. R. Herbert.

Christus Passion,
par Georges Rouault, 1953.
Tête de Christ, par Guido
Reni, vers 1640.

Le Fils de l'Homme

La Loi dispose pour l'éternité mais l'Histoire s'inscrit dans l'événement. En pleine occupation romaine, la tension entre la Loi divine et l'Histoire humaine semble à beaucoup insupportable. Les Juifs doivent observer scrupuleusement le sabbat dans une société où l'administration romaine et les élites hellénisées ne s'y sentent pas tenues. Il faut payer la dîme aux prêtres mais aussi l'impôt à César. La polygamie est permise par la Loi juive et pratiquée par des hommes aisés (ce sont probablement des grands-prêtres polygames qui condamneront Jésus) mais le mariage monogame, d'origine grecque, tend à s'imposer.

Représentation du Christ, manuscrit de l'*Éloge de la Croix* et recueil d'homélies, Xe-XIe siècle. Ézéchias, psautier, Xe siècle. Livre de Jérémie, manuscrit, XIIIe siècle.

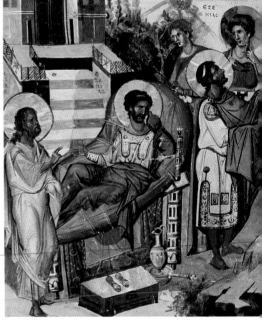

Les prophètes de malheur

Ces tensions entre les exigences de la Loi et les mutations de l'Histoire ne sont pas nouvelles. Depuis près d'un millénaire, des prophètes s'étaient levés en Israël pour dénoncer les mœurs du temps et demander le retour aux commandements divins et, notamment, aux impératifs de justice sociale. Face à ceux qui «joignent maison à maison, champ à champ» (Isaïe, 5, 8) les prophètes exigeaient une véritable «simplicité biblique» par la conversion des cœurs. Sortis du plus profond de la nation, ces orateurs populaires s'en prenaient aux puissances extérieures (le pharaon égyptien, le roi de Babylone ou de Damas, les marchands phéniciens, etc.) et aux nantis du pays, devenus étrangers à leur propre peuple et prostitués aux dieux voisins.

Face aux «étrangers qui l'engloutissent» (Osée, 8, 7), aux «champions de cocktails» (Isaïe, 5, 22) et aux «étalons en rut bien membrés» (Jérémie, 5, 8) Israël doit retrouver son identité et son intégrité. C'est un véritable Esprit des Lois qui transformera «les détours en ligne droite» (Isaïe, 42, 16) et fera triompher le droit du pauvre et du Seigneur grâce à des «balances justes» (Ézéchiel, 45, 10). Contre «celui qui construit son palais au mépris de la justice et ses étages aux dépens du droit» (Jérémie, 22, 13), le prophète est «réparateur des brèches, restaurateur des ruelles pour qu'on y habite» (Isaïe, 58, 12) et promet qu'on «partagera le produit du pillage en quantité» (Isaïe, 33, 23).

Ces propos pourraient sembler xénophobes, populistes, moralisateurs et réactionnaires. Les prophètes ne s'en cachent pas : il faut retrouver la foi des anciens jours car «c'est sur les chemins d'autrefois que nous serons sauvés» (Isaïe, 64, 4). Et ces «jérémiades» apparaissent parfois si excessives qu'on s'interroge sur leur but de réel changement ou d'exutoire officiel. Sont-ils fous du roi ou chefs du peuple ces hommes qui disent de Jérusalem : «Je vais retirer ta jupe et on verra ton sexe» (Jérémie, 13, 26) ?

Mais ils exercent une fonction tribunitienne avec tant de fougue et de talent qu'on ne peut nier leur importance politique ni leur valeur théologique. Ces propos subversifs d'hommes inspirés, sans véritable équivalent dans le Proche-Orient antique, ouvrent un

Ils portent (presque) le même nom et sont rois des Hébreux ou prophètes de malheur. Ézéchias est le 13e roi de Juda et Ézéchiel («Dieu fortifie») 3e des «grands» prophètes. Au roi tous les accommodements du pouvoir, au prophète toute l'intransigeance de la foi. Il y a une répartition des rôles entre la gestion pragmatique et la fonction du tribun. Ici le chef du parti du refus, c'est l'homme de Dieu. Mais son discours est loin d'être uniforme : Ézéchiel décrit la collaboration avec l'ennemi babylonien et assyrien dont les fils sont «tous beaux jeunes hommes» (Ézéchiel, 23, 6 et 23). Des mariages mixtes valent-ils mieux que l'extinction d'Israël ? Le sujet est toujours actuel.

espace de débat car leur caractère sacré les soustrait à la censure. Et le pessimisme radical des prophètes de malheur, sans illusion sur la nature humaine, est une annonce de l'intervention divine. Le dernier des Livres prophétiques, celui de Malachie, rédigé à partir du retour de l'Exil (vᵉ siècle av. J.-C.), affirme cette irruption prochaine de Dieu dans le destin des hommes : «Le soleil de justice se lèvera portant la guérison dans ses rayons» (3, 20).

Le soleil de justice

Un demi-millénaire plus tard, selon l'Évangile de Luc (1, 78), un vieillard nommé Zacharie voit ce soleil dans la personne d'un enfant à naître, proche parent de son fils, Jean, bientôt appelé Baptiste. Cet «astre levant» doit apporter au peuple sa «délivrance» (texte grec de l'Évangile) ou sa «rédemption» (version latine). Ce futur Iéshoua ou Jésus («Yahvé sauve» en hébreu) vient-il prêcher la libération du peuple ou la conversion des hommes?

Sa mère, Marie, semble pencher pour la première hypothèse : dans le chant du Magnificat, son âme exalte le Seigneur car «il a détrôné les puissants, élevé les humbles, comblé de biens les affamés, renvoyé les riches les mains vides» (Luc, 1, 52-53). Marie renoue ainsi avec l'espérance populaire et millénaire en un justicier, déjà exprimée par Anne, la mère du juge Samuel :

Un fils du peuple pour conduire la révolte, un fils de roi pour régner sur le pays. Avec un charpentier pour père et David pour ancêtre, Jésus possède une double légitimité populaire et monarchique. La crèche est misérable mais la cité, Bethléem, est royale. Marie dit que «Dieu renvoie les riches les mains vides», mais les mages «ouvrent leurs trésors» pour Jésus. Le mystère de la Nativité englobe l'espoir d'une libération nationale et l'espérance du salut pour les humbles. Ainsi, le charisme de Jésus n'était pas de régner mais de servir. Il le tenait de sa mère, Marie, la «servante du Seigneur».

«Les repas s'embauchent pour du pain et les affamés se reposent [...]. Le Seigneur relève le faible de la poussière, il tire le pauvre du tas d'ordures pour les faire asseoir avec les princes» (I Samuel, 2, 5-8).

Ce combat d'un fils du peuple contre les grands de ce monde est mis en valeur par la piété populaire et les évangiles apocryphes qui font naître Jésus dans une pauvre crèche parmi les animaux : ces conditions d'accouchement n'étaient pas très différentes de celles de nombreux paysans et la chaleur animale s'accordait bien avec la date hivernale retenue pour Noël.

Mais le fils du peuple est aussi descendant de roi et les Évangiles de Luc et de Matthieu fixent un lieu de sa naissance proche d'une cité royale (à Bethléem, près de Jérusalem, ville de David) alors que,

Annonciation (détail), par M. Coffermans, XVIe siècle. *Nativité*, manuscrit anonyme, XVe siècle.

logiquement, Jésus aurait dû naître dans la bourgade de ses parents, à Nazareth.

L'interprétation morale et sociale des Évangiles est donc difficile. Dans son sermon des Béatitudes rapporté par l'Évangile de Luc, Jésus promet le Royaume de Dieu aux «pauvres» (en argent) et le malheur éternel aux «riches» et aux «repus» (Luc, 6). Mais dans la version de Matthieu (5), les bienheureux sont les «pauvres en esprit» tandis que les doux auront «la terre en partage». Faut-il donc privilégier une lecture économique ou psychologique de cette apologie des vertus? Tantôt Jésus condamne sévèrement la richesse matérielle : «Il est plus facile à un chameau de passer par le trou d'une aiguille qu'à un riche d'entrer dans le Royaume de Dieu» (Matthieu, 19, 24). Tantôt il légitime les inégalités de patrimoine : «À tout homme qui a il sera donné jusqu'à la surabondance et à celui qui n'a pas, même ce qu'il a lui sera retiré» (Matthieu, 25, 29).

Les moyens semblent aussi ambigus que les fins. Tantôt la paix est exaltée : «Heureux les artisans de paix car ils seront appelés fils de Dieu» (Matthieu, 5, 9). Tantôt un combat est annoncé : «Je ne suis pas venu apporter la paix mais bien le glaive» (Matthieu 10, 34). Jésus rassemble («Qui n'est pas contre nous est pour nous» [Marc, 9, 40]) et divise («Qui n'est pas avec moi est contre moi» [Matthieu, 12, 30]). Les Évangiles gardent-ils les traces de plusieurs discours pour des publics différents ou d'un même discours entendu différemment?

Le message de Jésus étant oral (les Évangiles ne seront compilés et rédigés qu'après sa mort et, pour les croyants, qu'après sa résurrection), il n'est jamais possible de se prononcer avec certitude. De plus, Jésus s'exprime souvent par paraboles, c'est-à-dire par récits contenant un enseignement à découvrir, pour proclamer «des choses cachées depuis la fondation du monde» (Matthieu, 13, 35). Ce style allégorique voile le message mais enrichit le sens, parle au cœur plus qu'à la raison et ce subtil mélange d'histoires et

Le Fils de Dieu a pour amis des publicains (comme Matthieu l'évangéliste) qui s'enrichissent en collaborant avec l'ennemi romain et en pressurant le peuple avec les taxes. Mais on peut être malhonnête avec les hommes et honnête avec Dieu : le publicain se frappe la poitrine et se reconnaît pécheur, alors que le pharisien, pratiquant rigoureux, prie debout et se croit, à tort, sauvé «car tout homme qui s'élève sera abaissé et celui qui s'abaisse sera élevé» (Matthieu, 23, 12).

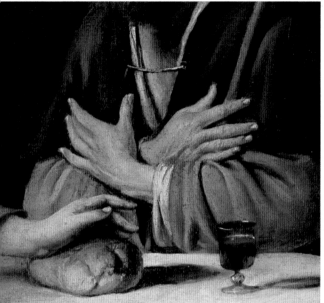

Les Disciples d'Emmaüs (détail), par Louis Le Nain, XVIIᵉ siècle.
La parabole du pharisien et du publicain, manuscrit, XIIᵉ siècle.

«Et ils le reconnurent à la fraction du pain» (Luc, 24, 35). Les disciples marchent à côté de Jésus ressuscité sans vraiment le voir, lui qui demeure ici-bas tout en étant ailleurs, dans un «corps glorieux». Mais quand il rompt et donne le pain, leurs yeux s'ouvrent : le geste du partage est la signature du Christ, surtout quand il est précédé de la bénédiction et d'une explication des Écritures. Liturgie de la Parole, de l'Offertoire et de la Communion, le récit d'Emmaüs est un reflet du Jeudi saint, une Cène en image pour les aveugles que nous sommes.

d'énigmes a fait le succès durable de ce genre littéraire au point que dans les langues latines le mot «parole» dérive de «parabole» : des propos imaginaires sont devenus le langage par excellence, le symbole de la communication orale qui a trouvé dans ces récits de fiction un accent de vérité.

L'ami des publicains

Mais «qu'est-ce que la vérité?» demande Pilate à Jésus lors de son procès (Jean, 18, 38) alors que le «roi des Juifs» dit que son royaume n'est pas de ce monde. Est-il «Fils de Dieu» comme l'affirment les démons (Matthieu, 4, 3 et 8, 29), la foule des Galiléens (Matthieu, 14, 33) et celle du Calvaire (Matthieu, 27, 54)? Est-il «Fils de l'Homme», comme il se définit lui-même de façon énigmatique (Matthieu, 26, 64)? Est-il le Messie d'Israël venu libérer son peuple ou le Sauveur du monde donnant sa vie pour tous les hommes?

Les Évangiles permettent les deux interprétations. D'un côté, Jésus est un bon Juif, circoncis à huit jours, fréquentant le temple à douze ans et demandant à un lépreux guéri d'aller se montrer au prêtre pour présenter l'offrande que Moïse a prescrite (Matthieu, 8, 4). De l'autre côté, Jésus est infidèle aux coutumes juives : il n'observe pas le repos du sabbat ni les règles traditionnelles d'hygiène (ses disciples «ne se lavent pas les mains quand ils prennent leurs repas» (Matthieu, 15, 2) ou ils fréquentent des hommes impurs, pécheurs et publicains (percepteurs collectant les taxes pour l'occupant romain). Pire, aux plus hautes autorités juives, grands prêtres et anciens du peuple, il affirme : «Publicains et prostituées vous précèdent dans le Royaume de Dieu» (Matthieu, 21, 31). Et il guérit le serviteur (ou le fils) d'un centurion romain (Matthieu, 8, 5-13), un païen dont la foi «n'a pas d'équivalent en Israël».

Marie fut purifiée et Jésus circoncis. Car l'accouchement rendait la femme impure et le prépuce faisait de l'enfant un païen. Dans cette famille pratiquante et non contaminée par les mœurs des «gentils», la Loi de Dieu s'appliquait intégralement. Mais elle ne dévia pas en intégrisme : Jésus prit des libertés avec la Loi et préféra la foi généreuse au légalisme obsédant.

Les Évangiles mesurent-ils fidèlement la portée politique du message de Jésus? Ou, conformément à l'adage juridique «la parole est libre mais la plume est serve», adoptent-ils un ton défavorable au colonisé (juif) et favorable à l'occupant (romain) pour mieux déjouer les pièges de la censure et ne pas heurter de front les autorités? De la réponse à cette question dépend l'interprétation des responsabilités dans la mort de Jésus qui fut à la fois «livré» à Pilate et aux Juifs.

Le problème se complique avec un troisième facteur : l'hellénisme. Jésus affirme que «pas un iota» (la plus petite lettre de l'alphabet grec) de la Loi juive ne passera

avant que «tout soit accompli» (Matthieu, 5, 18). Les
Évangiles (comme l'ensemble du Nouveau Testament)
étant rédigés en grec, traduisent-ils exactement
l'attachement de Jésus à une Loi rédigée en hébreu,
langue sémitique? De même, Jésus prêche aux confins
de la Décapole, un ensemble d'une dizaine de villes
de civilisation grecque où le judaïsme urbanisé,
«policé», est assez différent de celui des campagnes,
demeuré plus proche de la foi ancestrale. Entre
religion juive, cités grecques et pouvoir romain, Jésus
annonce une «bonne nouvelle» (c'est le sens du mot
«évangile») à une société plurielle. Vient-il réformer
la Synagogue ou fonder l'Église de demain? Est-il
un pharisien libéré ou le premier des chrétiens?

La religion des frères

Si les auditeurs de Jésus ne cessent de s'interroger sur
les motivations profondes de ce prophète surprenant,
ils n'ont guère d'incertitudes sur le thème le plus
constant de sa prédication : l'amour. Car Jésus prêche

«Seigneur, je ne suis
pas digne de te recevoir
mais dis seulement une
parole et ton serviteur
sera guéri.» En
recevant l'eucharistie,
des générations de
catholiques ont répété
ces mots d'un officier
romain. L'homme de la
répression devient celui
de la communion. Jésus
était-il traître à sa patrie
ou frère de tous
les hommes? Puisque
son royaume n'était pas
de ce monde, sa patrie
était universelle.

Circoncision de Jésus (détail),
école d'Avignon.
Le Christ et le centurion,
par Sébastien Bourdon,
XVIIe siècle.

un amour universel, préférable aux sentiments familiaux : «Qui aime son père ou sa mère plus que moi n'est pas digne de moi; qui aime son fils ou sa fille plus que moi n'est pas digne de moi» (Matthieu, 10, 37). Comme dans la Loi biblique, l'homme doit aimer son prochain comme lui-même (Matthieu, 19, 19) mais

il doit aussi aimer ses ennemis (Matthieu, 5, 44) même si le monde le hait comme il a haï Jésus (Jean, 15, 18). Et de cet amour universel naît une famille spirituelle : «Celui qui m'aime sera aimé de mon Père et à mon tour, moi je l'aimerai» (Jean, 14, 21). Car la famille de Jésus est née de l'Esprit et non de la chair : «Quiconque fait la volonté de mon Père qui est aux cieux, c'est lui mon frère, ma sœur, ma mère» (Matthieu, 12, 50). La fraternité humaine doit être infinie : il faut pardonner à son frère «jusqu'à soixante-dix fois sept fois» (Matthieu, 18, 22).
Le Nouveau Testament ignore le mot grec *phratèr* chargé de connotations «païennes» désignant la fratrie élargie, celle de la tribu ou du clan, et lui préfère le terme *adelphos* désignant les frères issus du même sein, nourris par une même mère qui, pour la tradition chrétienne, sera l'Église. Et les lettres de Paul aux églises locales sont toutes adressées aux «frères».
    Quant au lien conjugal, s'il semble indéfectible («Que l'homme ne sépare pas ce que Dieu a uni»

Dieu a besoin des anges pour transmettre ses messages. Gabriel, le «héros de Dieu», «volant avec rapidité», de ses ailes déployées, annonce au prophète Daniel puis à la jeune Marie la venue d'un Messie. Sa puissance angélique promet une naissance virginale. Le message se fait mystère et l'on peut discuter de la virginité de Marie comme du sexe des anges. Gabriel dit aussi que Jésus montera «sur le trône de David son père». Il se trompait : Jésus n'eut d'autre trône que la Croix et il refusa le secours des armées célestes pour le délivrer de ses bourreaux. Mais cette fausse nouvelle fut une «bonne nouvelle», l'Évangile, qui fait de la mort consentie une victoire sur le monde et de l'amour gratuit un trésor dans les cieux. Le Coran conservera à Gabriel son rôle de messager entre Dieu et les hommes et à Jésus sa fonction de Messie qui, à la fin des temps, fera triompher la vérité sur l'erreur.

[Matthieu, 19, 6]), il n'est pas supérieur au célibat volontaire de ceux «qui se sont eux-mêmes rendus eunuques en vue du Royaume des cieux» (Matthieu, 19, 12), une expression qui demeure, aujourd'hui, le fondement scripturaire du célibat des prêtres catholiques. L'éloge de la chasteté consentie et du célibat consacré est donc une innovation d'une grande portée historique et politique : il sonne comme un désaveu des clergés héréditaires (les *cohanim* juifs étaient prêtres, de père en fils) qui transmettent la charge sacerdotale à leurs enfants et conservent le pouvoir spirituel dans leur famille.

Cette exaltation de la virginité, inconnue en milieu juif (en raison de l'exigence d'une postérité), devenait familière aux sociétés hellénisées,

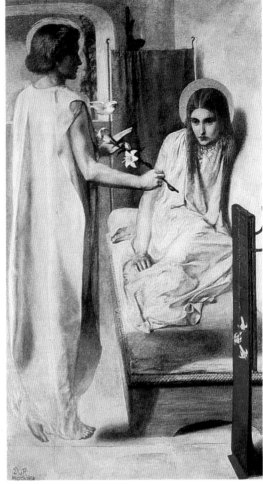

Annonciation (détail), par Franciabigio, XVIe siècle.
Ecce Ancilla Domini, par Dante Gabriel Rossetti, 1849-1850.

imprégnées d'idéal stoïcien et protégées par de chastes déesses. En se trouvant enceinte par «le fait de l'Esprit saint» (Matthieu, 1, 18), Marie devient mère tout en restant vierge, *parthénos*, un qualificatif qu'elle partage avec Athéna, la déesse du Parthénon. De même que Jésus, le premier ressuscité, a été conçu sans l'œuvre de la chair imparfaite, de même à la résurrection, «on ne prend ni femme, ni mari, mais on est comme des anges dans le ciel» (Matthieu, 22, 30).

Les mots de l'amour

Cette éternité sans sexe correspond à l'idéal évangélique où l'amour est exprimé par un mot apparu à l'époque hellénistique, *agapè*, qui chasse le terme grec classique, *érôs*, inconnu du Nouveau Testament. Le désir érotique s'efface devant l'amour chrétien dont saint Paul fait la vertu suprême : «S'il me manque l'amour, je ne suis rien» (I Corinthiens, 13, 2). Cet amour, qui dépasse même la foi et l'espérance, est difficilement compréhensible et traduisible. *Agapè* (en latin *caritas*) fut longtemps traduit en français par «charité» (et, en anglais, par *charity*). Mais la notion de charité chrétienne ayant quelque peu vieilli, supplantée par la justice sociale, la plupart des bibles traduisent désormais *agapè* par «amour» (*love* pour les bibles en anglais), un mot dont les multiples sens laissent ouvertes toutes les interprétations.

Qu'est-ce que l'amour prêché par Jésus et saint Paul? Est-il du sexe refoulé ou du désir sublimé? Mépris de soi ou souci des autres? Altruisme forcé ou bonté naturelle? Ces questions sont d'autant plus délicates que Jésus, ne parlant probablement pas le grec, n'a pas (à la différence de saint Paul, Juif hellénisé) prononcé le mot *agapè*. Il s'exprimait en araméen et on ne sait le terme qu'il utilisait dans cette langue. En revanche, Jésus connaissait certainement la Bible hébraïque qui emploie un même mot, *ahâbvâ*, pour décrire l'amour filial, fraternel, conjugal ou divin. Cette ambivalence de l'amour biblique, dans l'original hébreu, est d'ailleurs source d'interrogations

«Jonathan, ton amour [ou «ton amitié»] m'était plus précieux que [ou «tout différent de»] l'amour des femmes», pleure David exilé. Plusieurs traductions de ce verset biblique sont légitimes. Rembrandt venait de perdre sa femme quand il peignit ce tableau des deux compagnons d'armes et les traits de Jonathan sont les siens. Qui est qui dans ce clair-obscur? La confusion des sentiments est aux sources de l'art et de la Bible qui n'a qu'un seul mot (*ahâbvâ*) pour exprimer l'amour dans tous ses sens.

sur la véritable nature des sentiments affichés, notamment ceux de David quand il parle ainsi de son «frère d'armes» : «Jonathan, ton amour m'était plus précieux que l'amour des femmes» (II Samuel 1, 26).

L'amour évangélique reste tout aussi énigmatique, l'absence d'expression de l'érotisme ne signifiant pas sa disparition. À la différence de l'Ancien Testament, très explicite en matière de sexualité (plus de six cents actes sexuels y sont mentionnés), le Nouveau est muet sur la vie affective de ses protagonistes. Dans l'Ancienne Alliance, l'homme «connaît», c'est-à-dire pénètre sa femme pour engendrer des fils d'Israël, perpétuer le peuple choisi et fournir les rangs de ses soldats. Dans la Nouvelle Alliance, ce devoir conjugal ne semble qu'une concession à la sensualité «car il vaut mieux se marier que brûler» (I Corinthiens, 7, 9). Ce désintérêt pour la sexualité et l'engendrement est probablement lié à l'ambiance apocalyptique de l'époque : beaucoup, croyant la fin du monde proche et le retour du Messie imminent, ne se souciaient guère de l'avenir de leur famille et de leur peuple. Comme l'affirme saint Paul, «le temps est écourté. Désormais, que ceux qui ont une femme soient comme ceux qui n'en ont pas» (I Corinthiens, 7, 29).

Cette morale exige un strict contrôle des pulsions, bien plus sévère que les prescriptions de la Loi : la colère et l'injure sont punissables comme le meurtre (Matthieu, 5, 22) ; regarder une femme avec convoitise, c'est déjà commettre l'adultère (Matthieu, 5, 28). Pour désigner ce mauvais désir, la version latine du Nouveau Testament utilise un mot clé (*concupiscentia*) du moralisme chrétien : la concupiscence devient l'ennemi satanique du salut éternel, le péché retenu au jugement dernier.

Suzanne était une jeune fille belle et riche, désirée par deux «anciens», des notables du peuple. Ils la surprirent dans son bain et voulurent la posséder tout en accusant faussement un jeune homme d'avoir abusé d'elle. Le subterfuge fut dévoilé par le jeune David qui devint «grand devant le peuple».

David et Jonathan, par Rembrandt, 1642. *Suzanne et les vieillards*, par Alessandro Allori, XVIe siècle.

Les fruits de la Passion

Les plaisirs des sens ne sont pourtant pas absents des Évangiles mais ils passent du lit à la table ou, plutôt, à la banquette dans la mesure où les convives mangeaient allongés ou assis par terre. Des noces de Cana où Jésus change l'eau en vin au repas de la Pâque où il rompt le pain avec ses disciples, nombreux sont les déjeuners du Seigneur :

«J'ai désiré d'un grand désir manger cette Pâque avec vous» (Luc, 21, 15). Le désir est généralement mauvais dans le Nouveau Testament, car assimilé à la convoitise. Ici, il est béni : les plaisirs de la chère seraient-ils préférables

«L'Évangile, ce livre où l'on mange tout le temps», disait la mystique catholique Madeleine Delbrêl.

La convivialité évangélique, apparemment fort éloignée du jeûne ascétique, est surtout l'occasion de prodiguer un enseignement et d'engager un dialogue. Ces «dîner-débats», que reprendra Luther avec ses *Propos de table*, sont l'occasion de partager nourritures terrestres et spirituelles, fruits de la terre et dons de Dieu. Ils sont typiques des méthodes pédagogiques de l'époque, les repas de Jésus pouvant, en ce domaine, se comparer aux banquets de Socrate.

à ceux de la chair ? Ils opposent surtout le groupe au couple. Car la Cène («repas») est indissociable du Cénacle («salle à manger»). La Cène est à Jésus ce qu'est le Banquet à Platon : un repas amical et une leçon conviviale d'où sont issues l'eucharistie et l'homélie.

Les premiers chrétiens seront fidèles à cette tradition et l'on nommera «amour» (*agapè*) leur repas fraternel où ils perpétuent le souvenir du Christ dans des «agapes» qui conjuguent les plaisirs de la chère au devoir de mémoire.

De tous les repas de Jésus, le plus important est son dîner d'adieu, cette Cène qui se situe entre les Rameaux et le Calvaire, le triomphe de l'entrée à Jérusalem et le martyre du «roi des Juifs». La foule de ses partisans acclame le fils de David en jetant des feuillages sous sa monture. La foule de ses détracteurs le conspue quelques jours plus tard en lui crachant au visage. Ce mélange d'amour et de haine conduit à la Passion où Jésus subit la crucifixion, châtiment des esclaves révoltés et des colonisés rebelles. Jésus connaît le sort des compagnons de Spartacus mais aussi des Juifs insoumis. Jugé à la fois par l'autorité romaine et les «anciens» du peuple (juif), il n'est plus qu'un supplicié de droit commun. Son corps livré et son sang versé seront pour les croyants une eucharistie ou «bonne grâce» accordée aux hommes en rémission des péchés, selon la promesse faite aux disciples à la Cène.

Si l'Ancienne Alliance avait été scellée en épargnant le fils d'Abraham (remplacé par un bouc), la Nouvelle Alliance est conclue en sacrifiant le Fils de Dieu. Ce retour au sacrifice humain dans l'histoire religieuse a pour contrepartie sa singularité : la mort d'un seul vaut le salut de tous comme sa résurrection précède celle de tous les humains. Telle est du moins l'interprétation d'une petite secte juive formée de disciples de Jésus qui, une vingtaine d'années après ces événements, reçoivent, à Antioche, le nom de «chrétiens» (Actes, 11, 26).

La Cène, école française, XVIIᵉ siècle.
Le Calvaire (détail), par Mantegna, 1457-1460.

«Scandale de la Croix», dit souvent saint Paul : délire masochiste, folie meurtrière, pulsion de l'échec, sadisme raffiné, chacun peut retrouver un peu de lui-même du côté des crucifiants et du Crucifié. Le mystère du Calvaire s'épaissit un peu plus quand Jésus affirme : «Celui qui ne prend pas sa croix et ne me suit pas n'est pas digne de moi» (Matthieu, 10, 38). Le supplice à venir comme figure imposée, le baptême du sang comme modèle pour les foules. La Croix est l'insigne du chrétien, une marque inimitable car elle n'a pas d'équivalent dans les principales religions.

4 L'empire du dogme

COMMENT UNE SECTE JUIVE EST-ELLE
DEVENUE RELIGION UNIVERSELLE?
PAR LA SYNTHÈSE DE LA FOI ÉVANGÉLIQUE,
DE LA PHILOSOPHIE GRECQUE
ET DES INSTITUTIONS ROMAINES.
LES QUERELLES DOGMATIQUES ONT DIVISÉ
LE CHRISTIANISME
MAIS LES PUISSANCES POLITIQUES
ONT FAVORISÉ SON EXPANSION.

Double page précédente :

Reliquaire, début XIXe siècle. Croix au sommet du Finsteraarhorn, Suisse.

Concile de Nicée, icône byzantine.

L'empire du dogme

Jésus étant mort sur la Croix et, selon ses disciples, «élevé dans le ciel» (Actes, 1, 11), son message semblait promis à l'oubli ou, du moins, à une diffusion restreinte dans un petit cercle de fidèles formant la «secte des nazôréens» (Actes, 24, 5). Mais ceux-ci annoncent dans toutes les langues la résurrection de leur maître. En la fête de la Pentecôte (commémorant l'Alliance au Sinaï entre Dieu et Israël), ils prêchent ainsi aux Crétois et aux Arabes, aux habitants de la Mésopotamie, d'Égypte, de Phrygie, de Rome, etc. (Actes, 2, 11). Cet effort de traduction (réelle ou symbolique), destinée aux Juifs de la diaspora, touche un public de langues et de civilisations très différentes : passer de l'arabe au copte, au grec ou au latin, c'est franchir des barrières psychologiques et linguistiques en s'adressant à des auditeurs que Jésus n'avait jamais pu atteindre.

C'est aussi vouloir transformer des peuples rivaux en une communauté de frères habitant surtout les rivages de la Méditerranée, mer médiatrice de la nouvelle foi. C'est enfin lancer une prédication à destination de trois continents si voisins en ce Proche-Orient : l'Afrique, l'Asie et l'Europe. Les nouveaux convertis se révèlent d'ailleurs très divers : les deux premiers baptisés sont un eunuque éthiopien, ministre des Finances de la reine d'Éthiopie (Actes, 8, 27) et un centurion romain d'origine italique, Corneille. Celui-ci «comblait de largesses le peuple juif» (Actes, 10, 2)

comme le centurion de l'Évangile (celui dont Jésus guérit le serviteur) faisait bâtir une synagogue (Luc, 7, 5). Les premiers convertis sont aussi des mécènes.

L'apôtre et l'épître

Les chrétiens de tradition juive dénoncent alors la présence de ces «ethnies», autrement dit de ces nations païennes dans la communauté des croyants : les «gentils» (païens) peuvent-ils être chrétiens? Et ils apostrophent ainsi Pierre : «Tu es entré chez des hommes ayant un prépuce et tu as mangé avec eux» (Actes, 11, 3). Une fois de plus est posé, avec la circoncision, le problème de l'identité juive et de sa marque indélébile.

Faut-il donc refuser les incirconcis parmi les néophytes ou admettre au baptême des hommes

qui redoutent une opération chirurgicale alors douloureuse et risquée (sans anesthésie ni asepsie)? La question est tranchée, vers l'an 50, lors d'une assemblée tenue à Jérusalem : les païens peuvent être baptisés sans se soumettre aux exigences de la Loi juive à condition de «s'abstenir des souillures de l'idolâtrie, de l'immoralité, de la viande étouffée et du sang» (Actes, 15, 20). Au lieu de repousser, comme les frères Maccabées, les mœurs «païennes», les chrétiens acceptent ces modes de vie différents. Désormais, la nouvelle religion s'ouvre à tous les hommes : elle devient «catholique» (universelle) au risque de se couper de ses racines juives.

Ascension (détail), évangéliaire de l'école de Reichenau, Allemagne. *La Résurrection du Christ*, retable du maître Francke, XVe siècle.

Israël a longtemps pensé que l'homme se survivait dans ses descendants. Puis, durant l'Exil à Babylone, il a espéré en une nouvelle vie du peuple juif réuni. Enfin, durant les guerres des Maccabées, il a cru à la résurrection des martyrs et de tout homme fidèle à sa foi. Jésus, premier martyr chrétien, est le premier chrétien ressuscité. L'expliquer aux peuples de culture grecque n'allait pas de soi. Car pour la religion grecque, les héros sont mortels et les dieux immortels. Qu'un homme-Dieu meure et ressuscite brouille les catégories de l'humain et du divin. D'autant qu'à l'immortalité de l'âme, les judéo-chrétiens ajoutent la résurrection de la chair, inconnue des Grecs et différente de la conservation de la chair des momies égyptiennes.

Un homme joue un rôle essentiel dans cette mutation : Paul de Tarse (ville actuellement en Turquie), un Juif persécuteur de chrétiens qui, subitement converti sur le chemin de Damas, devient un prosélyte zélé. Par l'envoi de nombreuses lettres ou épîtres aux diverses Églises, il adapte le message chrétien aux réalités locales. Par de périlleux voyages sur les routes maritimes, il fonde les missions et devient «apôtre des gentils» (Romains, 11, 13), envoyé auprès des communautés chrétiennes des côtes méditerranéennes à Rome, Corinthe, Éphèse, chez les Galates (apparentés aux Gaulois et habitant près de l'actuelle ville d'Ankara), les Philippiens, Colossiens et Thessaloniciens, peuples dont les élites ont toutes un point commun : elles comprennent le grec.

Saint Paul et les Grecs, émail, vers 1150. Monastère copte Saint-Paul, près de la mer Rouge.

Par rapport à son maître, Jésus de Nazareth, Paul de Tarse dispose d'un atout majeur : il est citoyen romain et ne peut être jugé qu'à Rome, tout fonctionnaire contrevenant à cette règle risquant de sévères châtiments. À la différence du «nazôréen» prêchant dans la langue populaire (l'araméen) en d'étroites limites (une partie de la Palestine) et sur une brève période (sans doute entre un et trois ans avant sa crucifixion), Paul écrit dans la langue noble (le grec) et rayonne dans le bassin méditerranéen pendant une vingtaine d'années avant, selon la tradition, de subir le martyre. Et, pendant tout ce temps, à ceux qui veulent le faire taire, il murmure une litote qui a valeur de laissez-passer : «Je suis citoyen d'une ville qui n'est pas sans renom» (Actes, 21, 39).

Martyrs et relaps

Mais la barque de Paul n'aborde jamais les côtes africaines, notamment égyptiennes, et cette absence révèle déjà quelques failles dans l'organisation ecclésiastique comme dans l'idéal paulinien de l'unité dans la diversité. En Égypte, se développe un

christianisme original fondé sur le monachisme
(les Pères du désert) et le gnosticisme (un savoir
mystique) : l'Évangile de Thomas, retrouvé en 1897 et,
dans une autre version, en 1945 dans la Haute Égypte,
en est une illustration. En Éthiopie, le christianisme
demeure proche du judaïsme, maintient la circoncision
et le sabbat, et, comme en Égypte, se méfie des
formulations grecques de la foi évangélique : dans
ces deux pays, les langues sacrées (le *ge'ez*, proche de
l'arabe en Éthiopie, et le copte, proche de l'égyptien
antique en Égypte) sont fort éloignées du grec.

Or celui-ci, langue officielle de la partie orientale
de l'Empire romain, devient aussi la langue canonique
du christianisme, celle des textes sacrés (le Nouveau
Testament) et des débats théologiques qui animent,
et parfois divisent, les croyants. Tant que ceux-ci sont
persécutés par le pouvoir romain, les controverses
théoriques ne semblent pas trop graves. L'essentiel est
de fortifier la foi des «témoins» ou martyrs qui

Dans l'est du bassin
méditerranéen,
le pouvoir était romain
et la culture grecque.
Hellénisant et citoyen
romain, saint Paul avait
tout pour être lu
et entendu. Auteur,
éditeur et orateur, il fit
connaître les œuvres
de Jésus, prophète
de langue «barbare»
et prêcheur en
province rebelle. Mais
il remania son message
pour l'adapter à
des auditeurs divers,
peu familiers de
l'histoire d'Israël ou
de la religion juive.

Copte viendrait de
l'arabe *qubt,* abréviation
du grec *aiguptos*
(«égyptien»).
Entre l'héritage
de la civilisation
égyptienne, l'adoption
de la religion
chrétienne, l'emploi
de l'alphabet grec
et la proximité de
la Palestine, les Coptes
ont développé
une société de synthèse
et maintenu leur
identité égyptienne,
quitte à se séparer
du christianisme
majoritaire, dans cette
vallée du Nil que
saint Paul n'a jamais
visitée et dans
ces déserts qui virent
les premiers moines.

répondent à l'appel de Jésus : «Si quelqu'un veut venir
à ma suite, qu'il renonce à lui-même, prenne sa croix
et qu'il me suive» (Matthieu, 16, 24).

Le problème majeur est alors de savoir quel sort
réserver aux laps et relaps qui, à une ou plusieurs
reprises, ont abjuré la foi chrétienne pour éviter
la mort. Certains, comme le diacre romain Novatien
(vers 250 apr. J.-C.) ou l'évêque carthaginois Donat
(vers 320 apr. J.-C.) prônent la plus grande rigueur
de la foi et des mœurs en refusant l'indulgence
aux renégats. La majorité des Églises locales préfère
leur accorder le pardon au prix d'une pénitence et
réintégrer ces fils prodigues dans la communauté.
Mais la valeur du sacrifice est exaltée et les martyrs
deviennent les premiers bienheureux, hôtes du paradis
et médiateurs entre Dieu et les hommes. La vénération
de leurs reliques inaugure le culte des saints.
Désormais, le ciel chrétien n'est plus seulement peuplé
d'anges, il accueille des humains.

Les Romains persécutent
les chrétiens comme
les Grecs et les
Babyloniens avaient
persécuté les Juifs.
Les trois chrétiens dans
la fournaise actualisent
les trois jeunes gens
dans la fournaise,
célèbre récit du livre de
Daniel, situé au temps
du roi Nabuchodonosor
mais écrit à l'époque
de l'occupation grecque.

*Les Trois Chrétiens
dans la fournaise*,
catacombe de Priscilla,
Rome.
Emblèmes paléochrétiens,
IIIe-VIIe siècle.

Le glaive et la Croix

En l'an 311, l'empereur Galère promulgue un édit
de tolérance à l'égard des chrétiens, peut-être pour
obtenir le pardon divin pour ses persécutions alors

qu'il est mourant. Son successeur, Constantin, prend
une mesure semblable en l'an 313 (l'«édit de Milan»),
peut-être pour remercier le Christ de lui avoir accordé
une victoire militaire contre son rival Maxence
au Pont Milvius, près de Rome. Il aurait vu dans le ciel
une croix avec cette inscription : «Par ce signe,
tu vaincras.» Et l'ancien adorateur du Soleil invaincu
(le culte de Mithra) fait du christianisme une religion
légale qui deviendra religion officielle en l'an 380
quand l'empereur Théodose ordonnera à ses sujets
d'adopter la foi chrétienne puis persécutera les païens
et les apostats.

La croix se cherche.
Formée de quelques
clous, elle évoque
l'écriture cunéiforme
et demeure très sobre :
la représentation d'un
crucifié eût choqué
l'opinion romaine,
autant que celle d'un
guillotiné en France
ou d'un électrocuté
aux États-Unis :
le châtiment du crime
n'est pas signe de
gloire. D'autres
symboles apparaissent,
souvent empruntés à

Cette volte-face idéologique des empereurs
augmente le nombre de chrétiens et transforme
les querelles dogmatiques en problème politique :
l'unité de la foi devient «cruciale» pour la cohésion de
l'empire. Constantin, qui
a choisi pour capitale
Byzance (la future
Istanbul) rebaptisée
Constantinople, doit
maintenir la paix civile
et la concorde religieuse
sur ses territoires
d'Orient (de langue
grecque) et d'Occident

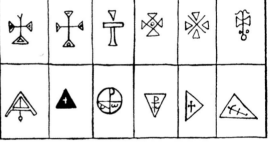

(de langue latine). Alors que saint Paul opposait la foi
à la Loi, les questions théologiques entrent désormais
dans l'ordre juridique et constitutionnel.

Parallèlement, l'Église veut enseigner une théologie
homogène à des fidèles dispersés sur trois continents.
Dans ce but, elle s'appuie sur les institutions romaines
créées, au IIIe siècle, par l'empereur Dioclétien,
pourtant le pire persécuteur des chrétiens : des
provinces ou diocèses ayant à leur tête des vicaires.
L'Église crée donc, elle aussi, des diocèses dirigés par
des épiscopes («surveillants») ou évêques et celui de
Rome bénéficie d'une primauté consacrée par son
titre de Pape («père»). Quant aux paroisses, elles
n'existent pas encore puisque les campagnes sont alors

l'alphabet grec : le A
rappelle que le Christ
récapitule le monde
de l'alpha à l'oméga.
Le delta majuscule, en
forme de triangle,
est un signe trinitaire,
et en ce début de l'ère
chrétienne on a déjà
bien oublié qu'à son
origine cette lettre
figurait le triangle
pubien.

très peu christianisées et que «paysan» et «païen» ne forment encore qu'un seul mot (*paganus*).

La fin des persécutions permet aux évêques de se réunir plus facilement en conciles pour régler leurs problèmes et le pouvoir politique encourage ce travail d'harmonisation doctrinale, souvent minutieux, pour mettre fin aux «querelles byzantines». C'est ainsi que les huit premiers conciles œcuméniques («de toute la terre habitée»), où fut définie la foi chrétienne en des formules toujours en vigueur aujourd'hui, ont tous été convoqués par les empereurs qui voulaient un seul credo dans un même empire. Et ils se sont tous déroulés en Asie «mineure».

Les débats les plus vifs portent sur la nature du Christ : est-il homme ou dieu? Dans la mythologie grecque, ayant pour père un dieu et pour mère une mortelle (Marie), le Christ serait demi-dieu ou héros. Et s'il était indien, il serait immortel et n'aurait donc pas été crucifié. Pour éviter cette paganisation de Jésus, le concile de Nicée (convoqué en 325 par Constantin) affirme que Jésus est engendré par Dieu, «de nature identique» (*homoousios*) au Père. Ce terme compliqué, utilisant toutes les ressources de l'écriture grecque (il comporte six voyelles, inventions des Grecs), eût bien surpris Jésus dont la langue (l'araméen) et l'écriture eussent été incapables d'exprimer cette notion complexe. D'autant qu'Arius, un prêtre d'Alexandrie (ville jalouse de son indépendance intellectuelle et fière de sa culture grecque), affirme que Jésus est créé, non engendré (une créature est inférieure à son créateur). Ses partisans les plus modérés concéderont qu'il est «de nature semblable» (*homoiousios*) au Père. Pour un iota de différence, les chrétiens se déchireront pendant trois siècles.

Pas plus que le judaïsme ou l'islam, le christianisme n'a été systématiquement iconoclaste. Puisque le Christ est à l'image de Dieu et l'homme à l'image du Christ, l'homme est l'image de l'image de Dieu. Mais toute représentation humaine est imparfaite et risque de créer un dieu à l'image de l'homme en confondant le semblable et l'identique. Les mouvements iconoclastes ont donc cherché à préserver le caractère unique et le mystère de Dieu. Paradoxalement, l'Église byzantine «aniconique» répandra le culte des icônes, utiles à la piété populaire.

Arius et Clovis

À la dissidence d'Arius, s'ajoute bientôt celle de Nestorius, évêque de Constantinople : il affirme

que Marie est la mère de l'homme Jésus mais non la mère de Dieu (*théotokos*). Convoqué, en 431, par l'empereur Théodose II, le concile d'Éphèse condamne la thèse nestorienne. Éphèse était à la fois une ville de tradition mariale (la mère du Christ s'y serait retirée après la mort de son fils) et l'ancien sanctuaire d'Artémis (déesse grecque de la chasteté). Ce concile marque le début du culte marial et de la dévotion à la Vierge qui possède sinon des attributs divins du moins une mission surnaturelle.

Quant à l'hérésie nestorienne, elle s'est étendue à certaines Églises d'Asie (jusqu'au Tibet et en Chine) et a surtout prospéré en Mésopotamie sous le nom d'Église assyrienne. Elle a connu un apaisement en novembre 1994 lorsque le patriarche irakien Mar Dinkha IV et le pape Jean-Paul II ont signé une déclaration théologique commune. La guerre du Golfe (condamnée par le Pape) et la dictature de Saddam Hussein ont poussé les «Assyriens» à rechercher la protection pontificale en subordonnant leur différend dogmatique à un accord stratégique.

Marthe et Marie symbolisent l'action et la contemplation. Dans l'Évangile de Luc, Marthe fait le service de la maison et Marie écoute la parole de Jésus. Ici, l'image, mieux que le texte, réconcilie les deux voies grâce au poisson dont le nom grec est *Ichthus*, acrostiche en grec, de Jésus-Christ, fils de Dieu, Sauveur. Un Sauveur dont la mission avait commencé chez les pêcheurs du lac de Tibériade dont un poisson très apprécié s'appelle aujourd'hui le saint-pierre.

Iconoclaste byzantin effaçant une image du Christ, vers 900.
Le Christ chez Marthe et Marie, par Vélasquez, 1618.

Après la crise nestorienne, le concile de Chalcédoine (451), convoqué par l'empereur Marcien, condamne la doctrine monophysite, n'accordant qu'une seule nature (divine) à la chair et à la divinité du Christ. Le concile confesse un Christ parfait en divinité et parfait en humanité, «vraiment Dieu et vraiment homme». Mais le monophysisme subsistera jusqu'à nos jours, notamment dans les régions acquises à Arius (dont la doctrine était pourtant fort différente) et rebelles à l'uniformité doctrinale. Ces Églises «non-chalcédoniennes» sont encore celles des Coptes d'Égypte, des Éthiopiens et des Arméniens ainsi que de certains chrétiens de rite syriaque (une langue intermédiaire entre l'araméen et l'arabe).

Mais le concile de Chalcédoine ne parvient pas à imposer une foi unanime. Les Ariens, sur le déclin en Orient, trouvent des nouveaux adeptes à l'Occident, notamment en Germanie. C'est pourtant un Germain, Clovis, qui consomme leur défaite : contre toute attente, ce «barbare» païen se rallie au Credo de l'évêque de Rome et demande (en 496 ou 499) le baptême romain pour gagner la confiance de ses sujets gallo-romains. Puis il vainc les chefs ariens d'Europe tandis que, deux siècles plus tard, ceux d'Afrique du Nord seront battus par les conquérants arabes. Ainsi triomphe, dans le dogme et par les armes, la foi de Nicée selon laquelle le Fils est l'égal du Père et non un demi-dieu.

Le baptême de Clovis n'est pas un événement strictement français. Sa conversion au christianisme nicéen, suivie ou précédée par celle de son entourage, marque le déclin de l'arianisme et le retour (provisoire) à l'unité dogmatique du christianisme. Mais les cultes païens subsisteront encore longtemps en Europe, surtout dans les campagnes. L'important est ici que l'«hérésie» arienne soit privée de bras séculiers et que le roi mette la force publique au service de la foi majoritaire quitte à s'immiscer dans les affaires de l'Église pour bénéficier du soutien du clergé. C'est ainsi qu'en 511 Clovis convoqua un concile à Orléans pour traiter des problèmes relatifs à l'organisation ecclésiale.

Charlemagne et le Credo

Mais trois siècles après Clovis, Charlemagne déplace les controverses dogmatiques sur la personne de l'Esprit. Reprenant une formulation antinicéenne du concile de Tolède (589), l'empereur fait préciser dans le Credo que l'Esprit procède du Père et du Fils (*filioque*) et non du Père par le Fils (formulation des Orientaux). Le pape Léon III, soucieux de ménager le puissant monarque, accepte à contrecœur cet ajout

qui est rejeté par les chrétiens d'Orient hostiles à
la fois aux formules latines et au pouvoir des Francs.
Lorsqu'en 1054 le patriarche de Constantinople,
Michel Cérulaire, se sépare de l'évêque de Rome dont
il tolère de plus en plus mal l'autorité, la question
du *filioque* apparaît comme une différence secondaire
entre les Églises d'Orient et d'Occident dont le divorce
est dû à la concurrence des pouvoirs religieux ou
d'influences culturelles plus qu'à de profondes
divergences doctrinales. Mais le texte litigieux est aussi
prétexte de rupture et fait du symbole de la foi
l'emblème du schisme. Celui-ci survient au moment
où le christianisme, affaibli par ses divisions, doit
affronter une religion à la progression rapide : l'islam.

Baptême de Clovis,
plaque d'ivoire, XIe siècle.
La Trinité, par Andreï
Roublev, XVe siècle.

Jésus demanda à
ses disciples de baptiser
«au nom du Père et du
Fils et du Saint-Esprit»
(Matthieu, 28, 19).
Mais le Nouveau
Testament n'évoque
jamais la question
de la Trinité (du latin
trinitas) ou de la Triade
(du grec *trias*) : dans
un milieu juif,
il semble évident qu'il
n'y ait qu'un seul dieu.
Dans l'univers
théologique des Grecs
et des Romains, il n'en
va pas de même et les
théologiens chrétiens
doivent se garder
à la fois d'un retour
au polythéisme païen
et d'une répétition
du monothéisme juif
qui nierait la divinité
de Jésus. L'Esprit
apparaît comme le tiers
qui met en relation
le Père et le Fils :
ils forment les trois
personnes de la Trinité,
chacune ayant, selon
les formules orientales,
sa propre «énergie».

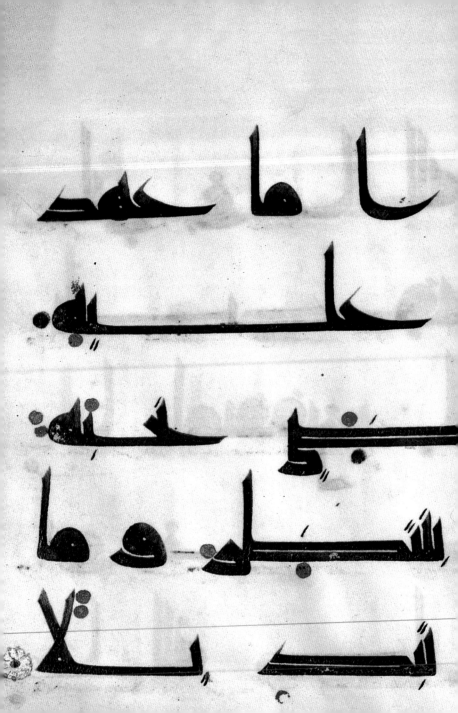

5 Le «dernier» des prophètes

EN ARABIE, UN PROPHÈTE, MAHOMET, SE LÈVE, AU VIe SIÈCLE,
POUR RÉTABLIR L'INTÉGRALITÉ DU MONOTHÉISME CONTRE LES DOGMES
TRINITAIRES. LOIN DE LA PHILOSOPHIE GRECQUE ET DU POUVOIR
DE BYZANCE, IL LANCE UN MESSAGE QUI SERA PROPAGÉ PAR LES ARMÉES
ET LES MARCHANDS ARABES JUSQU'EN EUROPE, OÙ IL SE HEURTE
À LA SAINTE TRINITÉ, ET EN INDE, OÙ IL S'OPPOSE À LA TRIADE HINDOUE.

Double page précédente :
page du Coran,
période abbasside, VIIIᵉ-IXᵉ siècles.

Prière musulmane dans la mosquée
Karawiyine, Fès, Maroc.

Le «dernier» des prophètes

La culture grecque et le pouvoir romain, si présents en Palestine au début de l'ère chrétienne, ont moins profondément pénétré en Arabie. Si quelques cités hellénistiques ont été édifiées en bordure du golfe Persique, seules les régions côtières ont vu l'installation d'étrangers intéressés par les richesses de l'«Arabie Heureuse» (l'actuel Yémen). Le reste de la péninsule a gardé ses traditions et, notamment, sa langue, l'arabe, proche de celle de Jésus (l'araméen).

Ni les armées d'Alexandre ni celles des Romains ou des Perses ne se sont risquées jusqu'au cœur du désert d'Arabie et le mur d'Hadrien, qui marque les limites de l'*imperium romanum*, passe juste en lisière de ce pays aride peuplé d'Arabes («nomades»). Néanmoins, depuis la domestication du chameau, au début du Ier millénaire av. J.-C., des caravanes transportent des marchandises à travers l'Arabie, le long de la «route de l'encens» et elles importent des idées nouvelles qui concurrencent la religion locale polythéiste, comportant un culte des pierres, des sacrifices aux djinns (esprits peuplant la nature) et la croyance en des déesses.

(sourate 3, 48) et non engendré par le sexe d'un homme. Mais en tant que créature, il n'est pas l'égal du Créateur.

Le monothéisme de Mahomet est donc total : le polythéisme ou «associationnisme» est le mal absolu, le péché sans pardon (sourate 4, 48), équivalent du «blasphème contre l'Esprit» dans les Évangiles (Matthieu, 12, 33). Les djinns traditionnels ne sont pas des associés d'Allah mais des êtres créés par lui, dominant les hommes (parmi les anges chrétiens, il y a aussi des Dominations) et adorant Allah. Les anciens génies animistes se rapprochent ainsi beaucoup des anges, êtres surnaturels, multiples et secourables dont le rôle paradoxal est de témoigner de l'unicité d'Allah.

La paix des «soumis»

Par rapport au polythéisme et à ses nombreuses divinités proches de l'homme, la religion de Mahomet témoigne de l'utilité, pour le monothéisme, de se doter d'êtres intermédiaires, anges ou saints, qui établissent un relais entre le Tout-Puissant et ses créatures. Allah envoie aux hommes une multitude de messagers que le Coran appelle d'ailleurs souvent anges (un mot qui, en grec, signifie «messager»); ce que la Bible nommait Esprit, l'archange Gabriel étant le porte-parole de l'Esprit d'Allah. L'un des envoyés divins les plus importants est le Messie, Jésus, «Fils de Marie». Mais celui-ci n'est pas l'égal de Dieu comme l'affirment les chrétiens par les dogmes trinitaires : «Ainsi, croyez en Allah et en ses Messagers et ne dites pas : Ils sont trois» (sourate 4, 171). «Ce sont assurément des

Le roc de la foi : la Kaaba («cube») de La Mecque abrite une pierre noire, d'origine animiste mais islamisée par le Prophète qui en fit sept fois le tour avant que des millions de pèlerins ne l'imitent. Le Dôme du Rocher de Jérusalem était un autre sanctuaire animiste (cananéen) où les musulmans commémorent le Sacrifice d'Ismaël (et non d'Isaac) ainsi que l'Ascension (*mi'râj*) du Prophète. Et sur cette Pierre, Dieu bâtit sa mosquée...

Mahomet, sa fille et son cousin Ali, manuscrit turc, XVIIIᵉ siècle. Le transport de la pierre noire dans la Kaaba reconstruite.

Le drame du Prophète fut de n'avoir pas de fils malgré ses onze épouses. Des filles, il en eut de nombreuses, notamment Fatima. Mais tous ses enfants mâles moururent en bas âge. Mahomet adopta donc l'un de ses cousins et disciples, Ali, qui devint son gendre en épousant Fatima. Famille compliquée, succession incertaine : la légitimité dynastique d'Ali fut contestée et les trois premiers califes furent deux beaux-pères et un autre gendre du Prophète. La division de l'islam est, en partie, une histoire de belle famille; les partisans d'Ali formèrent les chiites et ceux des califes, les sunnites. Mais tous sont d'accord pour attribuer une primauté spirituelle et temporelle aux «descendants» du Prophète, tels les actuels rois du Maroc ou de Jordanie et l'Aga Khan.

mécréants qui affirment : Allah est l'un des trois. Il n'y a d'autre dieu que le Dieu unique» (sourate 45, 73).

Mahomet refuse ainsi une Trinité composée du Père, du Fils et de Marie et non, selon la formule chrétienne, du Père, du Fils et de l'Esprit. Cette discordance (ou cette ignorance) n'est guère étonnante dans la mesure où les chrétiens connus du Prophète, résidant en Syrie ou en Égypte, étaient majoritairement monophysites ou nestoriens et rejetaient eux-mêmes les dogmes trinitaires. Ceux-ci, proclamés en langue grecque et dans l'empire de Byzance (l'ancien Empire

romain d'Orient) étaient d'ailleurs liés à une culture
et à un pouvoir étranger à l'Arabie.

À cette synthèse monothéiste, le message de
Mahomet ajoute des éléments issus des religions perses
(zoroastrienne ou manichéenne) dont les adeptes
étaient nombreux dans les caravanes du Proche-Orient :
sa description du paradis (avec ses fruits, plantes et
animaux multiples) correspond bien aux jardins persans
de l'époque. Et Mahomet revient fréquemment sur
le thème du Bien et du Mal, central dans la religion
iranienne. Mais au lieu d'en faire deux principes d'égale
force (doctrine du manichéisme), il affirme qu'Allah
a montré à l'homme le chemin du Bien (le péché
d'Adam est un «égarement» qui n'a pas suscité de

Honteuses et sacrées, maudites ou bénies sont les femmes de légende. La pierre de la Kaaba était dédiée à une divinité féminine, Allat, rejetée par le Prophète et évoquée dans les «versets sataniques» du Coran et de Salman Rushdie. Les jardins du paradis abritent un culte de la femme parfaite, épouse pure et belle jeune fille, car «Dieu est attentif aux besoins de ses serviteurs» (sourate 3, 15). L'éternel féminin pour immortel ravissement : la pure épouse des jardins d'Allah n'est pas sans rappeler la Vierge Marie du paradis chrétien.

péché originel) et lui a donné les moyens de le suivre :
l'homme, créé d'une goutte de sperme (et non
d'un peu de terre comme dans la Bible), a été fait
«entendant et voyant» par Allah qui lui a «montré la
Voie, qu'il soit reconnaissant ou ingrat» (sourate 76, 3).

Le message de Mahomet n'est donc pas fataliste,
contrairement à une opinion largement répandue
en Occident. Ce préjugé est, en partie, dû à
une interprétation un peu forcée des mots «islam»
et «musulman» désignant la religion prêchée par
Mahomet et ses fidèles : l'islam serait une

«soumission» et le musulman un «soumis». Cette
traduction est partiellement juste en ce sens que
le Prophète a prescrit à la fois de se soumettre
complètement à Allah (sourate 2, 112) et d'obéir aux
autorités humaines (sourate 4, 59) tout comme saint
Paul demandait aux chrétiens de se soumettre à Dieu
et d'obéir à Rome. Mais «islam» et «musulman» sont
deux mots issus de la racine sémitique «s, l, m»,
que l'on retrouve dans l'hébreu
shalom signifiant «paix».
Cette paix intérieure n'est pas,
a priori, asservissement
de l'esprit ni acceptation
du destin car elle requiert une
participation active du croyant.

*Peinture murale dans les
environs de Louxor, Égypte.
Pèlerinage annuel
à la Grande Mosquée
de La Mecque,
Arabie saoudite.*

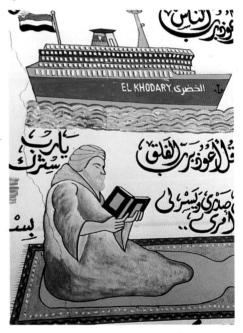

Les traditions du Proche-Orient

À la mort de Mahomet
(en 632), ses disciples mettent
par écrit ses paroles, considérées
comme la «dernière» des
prophéties (et, donc, l'ultime
vérité), pour les préserver de
l'oubli. Le Prophète appelait la
somme de ses propos le Coran,
terme désignant une récitation
ou une lecture et pouvant
convenir à un message écrit ou
oral. Le Coran se présente
comme une réponse aux «gens du Livre», lecteurs
chrétiens ou juifs de la Bible qui, selon Mahomet,
comporte de nombreuses erreurs. Le Coran contient
donc la seule transcription «authentique» de
la Révélation divine, constitue le premier ouvrage en
langue arabe classique et rapporte un message délivré
en Arabie. En cela, tout musulman du monde entier
se doit d'être un peu arabe de cœur et, si possible,
de langue, comme naguère, tout catholique était un
peu romain de cœur et latin de langue. L'obligation
de faire le pèlerinage de La Mecque au moins une fois

De l'émerveillement
des pèlerins naît
un art naïf. Ce bateau,
peint sur un mur
près de Louxor, à deux
pas des fresques
pharaoniques, nous
rappelle le sens
profond du *hadj* qui
est voie et but,
cheminement et
destination, déplacement
de l'homme et
objectif de l'âme.

dans sa vie (comme la recommandation faite aux catholiques de se rendre à Rome) vient renforcer les liens entre une foi, une langue et une terre.

Les autres prescriptions contenues dans le Coran (tradition écrite) et les Hadith (tradition orale) s'inspirent souvent de celles de la Bible. L'aumône (*zakat*) correspond à la dîme versée pour les besoins du culte et le service des pauvres. Le jeûne du

Le pèlerinage (*hadj*) à La Mecque islamise une antique dévotion païenne : la pierre noire, issue d'un vieux culte mégalithique, devient un talisman donné à Abraham par l'archange Gabriel. Mais en reprenant,

ramadan actualise celui de Jésus au désert (le carême des chrétiens). Les cinq prières quotidiennes se pratiquent après des ablutions qui rappellent les règles d'hygiène des Juifs se rendant au Temple, elles-mêmes proches des pratiques purificatoires des prêtres mésopotamiens.

Les obligations légales des musulmans s'enracinent d'ailleurs dans les droits proche-orientaux. Codifiées, avec des variantes locales sous le nom de *charia* et complétées par une jurisprudence (le *fiqh*), elle conserve souvent les délits et les peines des plus

comme de nombreux auteurs chrétiens, la thèse d'un monothéisme primitif perverti par un polythéisme ultérieur, l'islam redonne au Dieu unique le privilège de l'antériorité. L'invocation d'Abraham à La Mecque arabise le patriarche dont chaque pèlerin est un humble descendant.

La question du voile ou du foulard dit islamique, nommé *hidjab* en arabe ou *tchador* en persan, est un défi sémantique : aucun mot d'aucune langue ne parvient à décrire exactement l'objet dont l'unique but est de cacher les attraits féminins. Comme l'éclipse de la lune, le voile de la femme assombrit la vision d'un corps dans la pénombre et la couleur noire, bien incommode en pays chaud, renforce l'impression de silhouette uniforme. Quant aux attraits masculins, ils demeurent très discrets dans les sociétés islamiques, la pudeur traditionnelle interdisant de «dévoiler» la plastique d'un homme par des tenues trop courtes ou suggestives.

anciennes lois écrites du monde. La polygamie, l'interdiction du prêt avec intérêt, l'obligation du port de voile pour les femmes, l'amputation de la main des voleurs, la peine de fouet pour les hommes et les femmes adultères (ou ceux qui les accusent faussement), etc. assurent la pérennité de lois vieilles de quatre mille ans en les sacralisant : puisque la Loi de Dieu vaut pour toutes les générations, il apparaît normal que la loi des hommes dispose pour l'éternité. Cette stabilité juridique semble un défi au droit actuel dont les textes se succèdent et s'abrogent de plus en plus rapidement. L'introduction de la *charia* dans les États islamiques contemporains pose aussi la question de la compatibilité des lois antiques avec l'idéal moderne des droits de l'homme : peut-il y avoir fidélité à une tradition religieuse sans juridisme ni archaïsme?

À ces obligations légales s'ajoutent des prescriptions coutumières comme la circoncision : le Coran ne l'impose pas mais cette pratique, observée en Arabie du temps de Mahomet, s'est étendue à tout

«Lire» et «réciter», tel est le double sens du verbe arabe *qara'a* d'où vient le nom «Coran». Le sens premier de ce verbe sémitique, très courant en hébreu (il apparaît 900 fois dans la Bible), est «crier». Le Proche-Orient a «inventé» l'écriture, mais l'Écriture est d'abord orale, proclamée par les prophètes et récitée par des croyants. Comment ne pas aimer un texte que l'on dit «par cœur»?

le monde musulman avec des justifications
hygiéniques. De même, le Coran ne prohibe
pas les images (les châteaux du désert jordanien,
contemporains de sa rédaction, comportent
des fresques avec des visages humains) mais
la peur du retour aux idoles a conduit l'islam
à refuser les représentations humaines et à
devenir, comme le judaïsme, une religion
«iconoclaste».

Les descendants du Prophète

Par son expansion ultérieure, l'islam a
propagé dans le monde entier traditions
et obligations issues du Proche-Orient. Il n'a pas
connu de coupures doctrinales aussi nettes que
le christianisme divisé par le schisme orthodoxe et
la réforme protestante. Doit-il cette relative unité à
une absence de dogmes? Il a certes évité les laborieuses
définitions dogmatiques des conciles chrétiens
(la notion de dogme ou «opinion juste» est très liée
à la logique et aux dialogues philosophiques grecs),

Femme
portant le *hidjab*, Iran.
Heures des prières,
mosquée Sidi Sayeed,
Ahmadabad, Inde.
École coranique,
Afghanistan.

laissant aux écoles théologiques le soin de commenter le Coran sans faire des questions de foi un sujet polémique. Cette cohésion est-elle liée à une absence de clergé et, donc, d'ambitions cléricales concurrentes? Si l'islam possède bien des chefs de prière (imams), il ne célèbre pas de sacrifices et n'a donc pas de prêtres. Il ne dispose pas non plus d'une hiérarchie

Martyre d'Hussein, miniature chiite. Appel du muezzin à la prière, Sivas, Turquie.

ecclésiastique jouissant d'un pouvoir doctrinal comparable à celui des papes ou des pères conciliaires : faute de pouvoir jeter l'anathème, les imams ne peuvent susciter la dissidence.

La seule et importante exception concerne le chiisme qui possède un clergé (mollahs et ayatollahs) bénéficiant d'un grand prestige. Le chiisme ou «parti» (*chi'at*) est né, vers 660, d'un problème de succession du Prophète qui n'avait pas de fils. Les chiites considèrent que celle-ci aurait du revenir à Ali, gendre et cousin de Mahomet, et non aux califes («vicaires»)

Second fils d'Ali et de Fatima (gendre et fille de Mahomet), Hussein eut à lutter contre son frère aîné Hassan qui avait reconnu l'autorité des califes omeyyades sur la communauté musulmane. Appelé au califat par ses partisans chiites, Hussein fut tué à Kerbéla (Irak) et devint un martyr du chiisme, aux côtés d'Ali, assassiné à Koufa et enterré à Najaf (Irak). Le culte des martyrs a toujours joué un grand rôle dans le chiisme, à l'égard des non-musulmans comme à l'intérieur de l'islam. Kerbéla et Najaf, les deux grandes villes saintes du chiisme, étant aujourd'hui situées en territoire irakien, dans une région d'affrontements entre chiites et sunnites, les tensions religieuses n'ont jamais cessé. Elles sont aggravées par la proximité de l'Iran, pays musulman et persan, de langue indo-européenne, très différente de l'arabe, langue sémitique. Ici se croisent clivages théologiques, ethniques et linguistiques.

qui dirigeaient alors la communauté musulmane. Si les querelles du christianisme primitif ont porté principalement sur la nature de Dieu, celles de l'islam ont toujours concerné la transmission du pouvoir : pour avoir de l'ascendant sur la communauté, il faut être descendant du Prophète et, à défaut de promouvoir un clergé héréditaire, l'islam a exalté la légitimité familiale.

Aujourd'hui encore, des personnalités civiles et religieuses comme le roi du Maroc («commandeur des croyants») ou l'Aga Khan (chef d'une école chiite minoritaire, celle des ismaéliens) affirment descendre en droite ligne du Prophète. Paradoxalement, le monarque dont la filiation prophétique est la plus contestée est le roi d'Arabie saoudite, gardien des Lieux saints de La Mecque et Médine. Le sort de sa dynastie est un problème majeur pour l'avenir de l'islam.

La famille royale saoudienne s'est identifiée au wahhabisme, un mouvement puritain qui s'oppose à des pratiques jugées déviantes comme le culte des saints (marabouts) ou la mystique (soufisme) et refuse les croyances chiites (foi en un imam caché qui, tel un Messie ou Mahdi, reviendra à la fin des temps). À cette créativité religieuse, elle préfère l'ordre juridique représenté par les oulémas ou «savants» interprétant la Loi divine et éclairant les fidèles par leurs édits ou fatwas. Cette primauté d'un droit plusieurs fois millénaire semble une garantie de stabilité pour la cohésion de la communauté (*oumma*) et le maintien de la tradition (*sunna*). Celle-ci désignait primitivement la piste du désert dont le voyageur ne peut s'écarter sans danger : elle est

Tour de guet contre les incendies, les invasions ou les émeutes, signal pour les voyageurs, vigie pour les croyants, le minaret des mosquées, comme le clocher des églises, a rempli toutes ces fonctions profanes et religieuses.
Le muezzin appelle à la prière, convoque à la mosquée, exhorte à la pratique : nul n'échappe à son regard ni à sa voix (aidée du haut-parleur) qui veulent un pays unifié par la religion unanime.

L'armée du Prophète en marche contre les Mecquois, miniature, XVIIIᵉ siècle. *L'Ascension du Christ*, miniature ottomane, 1583.

devenue, pour les sunnites (les musulmans non chiites), le chemin balisé sur la voie du salut.

Les combattants de la foi

Cette voie est périlleuse. Déjà, en tant que caravanier, Mahomet devait rançonner les voyageurs quand sa subsistance n'était pas assurée. Cette razzia («conquête») fut à l'origine de l'expansion musulmane qui transformera le coup de main en guerre sainte (*djihad*) conçue à la fois comme effort sur soi-même et soumission de l'autre, ascèse personnelle et victoire sur l'infidèle : le combattant d'Allah amalgame éthique et politique comme le zélote juif ou le croisé chrétien.

Le premier épisode de cette guerre sainte se situe pendant l'Hégire, cette «émigration» de Mahomet (pourchassé par les habitants de La Mecque) vers Médine. L'Hégire, qui marque le début de l'ère musulmane, est, pour l'islam, l'équivalent de l'Exode pour le judaïsme : le point de départ d'une Histoire sainte, la rupture d'un ordre établi pour une cause sacrée. C'est alors que commence le militantisme de l'islam, moment essentiel de l'histoire mondiale que Voltaire mit en scène dans sa tragédie *Le Fanatisme ou Mahomet le Prophète* (1741). Mais ce «fanatisme» doit être compris objectivement dans son sens d'enthousiasme religieux qui transforme le délire mystique en frénésie de conquêtes : le *fanaticus* païen était un prêtre en transes, le fanatique arabe fut un soldat en armes.

La première grande bataille de ces soldats, mentionnée dans le Coran, est celle de Badr (624) opposant les amis du Prophète aux Mecquois. Cette victoire voit apparaître les premiers martyrs de l'islam : ceux qui ont péri «pour la cause d'Allah» «sont vivants en présence de leur Seigneur» (sourate 3, 169) comme les martyrs du judaïsme étaient ressuscités par Yahvé durant la guerre des Maccabées. Inversement, les «hypocrites», déserteurs ou mécréants, sont promis à un «châtiment douloureux» (sourate 4, 138), aussi sévère que celui annoncé par Jésus aux hypocrites pharisiens : la foi s'incarne en actes dont l'accomplissement exclut la tiédeur.

Armée des anges, armée des hommes. Des êtres ailés élèvent au ciel le prophète Jésus qui mourut de mort naturelle (et non sur la Croix). Mais le Coran parle aussi d'une élévation dans «un pays élevé» (sourate 23, 50) que certaines traditions situent au Cachemire. Élévation spirituelle ou ascension terrestre? Sens symbolique ou réaliste? Le même problème d'interprétation se pose à propos du *djihad*, lutte armée contre l'adversaire de la foi ou combat moral contre l'ennemi intérieur, le péché.

De multiples batailles jalonnent la guerre sainte. Mais à l'exception notable de celle du Chameau (656) opposant Ali à Aisha (épouse favorite du Prophète, vénérée par les sunnites comme «mère des croyants») et conduisant au schisme des chiites, la plupart de ces combats meurtriers n'ont guère eu d'influence doctrinale. Sur ce point, l'islam se différencie du judaïsme, dont l'histoire de la foi est inséparable du sort des armes, comme du christianisme, dont les fractures dogmatiques sont à la fois cause et conséquence des guerres de religions.

À la conquête du Levant

Le *djihad* n'a pas fragmenté le bloc de la foi et celle-ci a progressé dans le monde à la vitesse de «guerres éclairs», escarmouches rapides liées à l'utilisation du petit cheval arabe et donnant la victoire sur les armées byzantines. Un siècle après la mort de Mahomet, les conquérants musulmans occupent tout le Proche-Orient, l'Afrique du Nord et l'Espagne : à la domination romaine succède un pouvoir arabe, encerclant l'Empire byzantin, chrétien et orthodoxe qui connaît, en 1071, une grave défaite à Manzikert (Turquie) ouvrant aux Turcs musulmans les chemins de l'Europe orientale. Byzance (Constantinople) tombe en 1453 et les musulmans avancent jusqu'aux portes de la Hongrie même si, dans le même temps, ils reculent en Espagne. Et l'échec des Croisades (XIᵉ et XIIᵉ siècles) semble confirmer l'emprise durable des «mahométans» sur les plus vieilles terres chrétiennes : aujourd'hui encore, d'Alexandrie à Éphèse, toutes les villes où fut débattu ou défini le dogme chrétien sont majoritairement musulmanes. Et cette conquête du «Levant» par les armées de l'islam a contribué à occidentaliser le christianisme tourné, depuis Christophe Colomb, vers le continent américain et ses «Indes occidentales».

Quant aux Indes orientales, elles connaissent, dès 713 (dix-neuf ans avant la bataille de Poitiers), l'arrivée des musulmans dans la vallée de l'Indus.

En Afrique, l'islam a progressé au détriment des «roumis», terme arabe désignant les peuples soumis à la Rome antique, puis chrétienne. L'Afrique du Nord fut islamisée sur les décombres de l'Empire romain et des Églises chrétiennes dont la réconciliation avec la puissance impériale précipita la chute face au nouveau pouvoir arabe. L'Afrique noire a connu une islamisation récente contre un christianisme venu de l'Europe colonisatrice et contre un animisme issu des traditions locales.

Mosquée de Djenné, Mali. Femme musulmane en prière, miniature indienne, vers 1815-1820.

La deuxième religion du monde face à la troisième : entre islam et hindouisme, les relations ont toujours été conflictuelles. Pour les musulmans, l'«associationnisme», ou le fait d'associer de «faux dieux» à Allah, est le péché le plus grave (sourate 4, 48). Pour les hindous, reconnaître une parcelle du divin en chaque être vivant forme le cœur même de l'âme indienne. Entre transcendance et immanence, le dialogue est difficile et tourne vite à l'incompréhension entre un monothéisme absolu et un panthéisme mystique.

Progressivement, ceux-ci conquièrent le nord de l'Inde avant que, au XIIIᵉ siècle, des marchands ne prennent le relais des soldats pour convertir l'Indonésie : désormais l'islam est une religion d'Asie de l'Est autant que du Proche-Orient. Dans sa marche vers l'ouest, l'islam avait combattu la Trinité chrétienne au nom du Dieu unique. Dans sa marche vers l'est, il combat la Triade hindoue (Brahmâ, Shiva, Vishnou) pour le même motif et cette lutte millénaire, toujours d'actualité, constitue la plus sanglante guerre de religions de l'histoire du monde dont la victime est le pays de toutes les invasions : l'Inde.

6 Les mystiques de l'Occident

L'INDE A REÇU DE L'OUEST
OU PARTAGÉ AVEC LUI L'AGRICULTURE
ET LA MÉTALLURGIE, DES LANGUES
ET DES ÉCRITURES. CES COURANTS D'ÉCHANGES,
INDO-MÉSOPOTAMIENS ET INDO-EUROPÉENS,
ONT ÉTROITEMENT MÊLÉ TECHNIQUES ET MYSTIQUES.

Les mystiques
de l'Occident

L'étude de l'Inde est un défi
à la raison : les méthodes
archéologiques, applicables aux
autres pays, trouvent vite leurs limites
dans cette zone intermédiaire entre
l'Occident et l'Extrême-Orient que
constitue le sous-continent indien.
Par rapport au Proche-Orient ou à la Chine,
l'Inde ancienne manque de traces écrites.
Si l'Histoire commence avec l'écriture, celle
de l'Inde débute seulement vers 250 av. J.-C.,
date où furent gravés sur des pierres,
avec des syllabaires d'origine partiellement
proche-orientale, les édits de l'empereur
Ashoka, textes postérieurs
d'un millénaire et demi aux plus
veilles écritures chinoises et de trois
millénaires aux premières écritures
proche-orientales. Sept de ces
quatorze édits ont une portée religieuse
et cette insistance montre combien le
spirituel et le temporel sont intimement
mêlés dans l'histoire indienne.
Le troisième monarque de la dynastie
des Maurya, régnant sur la quasi-totalité
du sous-continent (à l'exception
de l'extrême-sud de l'Inde et de l'île
de Sri Lanka), y interdit

les sacrifices d'animaux, demande des donations
suffisantes pour les religieux et souhaite
la réconciliation de toutes les écoles de piété.

Peut-on donc distinguer mythe et histoire dans
un pays où l'on ne peut séparer le politique
du théologique? La question se pose surtout
pour les siècles antérieurs à l'écriture
où l'archéologie est presque aussi muette
que l'épigraphie : les monuments indiens
de l'époque, généralement construits en bois
et en pierre sèche, n'ont pas résisté au climat
de mousson, contrairement aux édifices
proche-orientaux préservés par le sable
et le soleil. Faute de vestiges, il est souvent
impossible de procéder à des datations
scientifiques et de reconstituer une chronique
des événements : les dates proposées pour
la naissance et la mort du Bouddha
«historique» varient ainsi de près d'un siècle
alors que celles relatives à Jésus ne diffèrent
que de trois ou quatre années.

Les influences de l'ouest

Autant les références historiques de l'Inde antique
demeurent floues, autant les données géographiques
sont précises et essentielles : l'Inde est un vaste triangle
entouré de mers et situé au sud-est de l'Himalaya,
ce «séjour des neiges» qui est la plus haute barrière
montagneuse du globe. Toutes les religions nées
en Inde sacralisent le «Toit du monde» dont le point
culminant, le mont Everest, est appelé, en tibétain,
Chomolungma («déesse-mère du monde») et,
en népalais, Sagarmatha («déesse du ciel»).
Les grands fleuves de l'Inde (mais aussi de la Chine
et de l'Indochine), comme le Gange, l'Indus
(qui a donné son nom au pays) et le Brahmapoutre
(le «fils de Brahma») descendent de l'Himalaya
et sont vénérés, le plus sacré étant le Gange, considéré
comme la «mère de l'Inde», dont l'eau vive féconde
la terre et lave les péchés.

Statuette de Brahma.
Chapiteau d'Ashoka,
242 av. J.-C. Inscription
d'Ashoka en brâhmi,
Sarnath (Uttar-pradesh).

La force du lion
et la Roue de la loi :
ce chapiteau, devenu
l'emblème de l'Union
indienne, couronnait
une des célèbres
colonnes d'Ashoka,
l'empereur «qui ne
cause pas de peine» et
inscrivit son programme
de bonheur national
sur des piliers...
Pour ces inscriptions,
il utilisa de nombreuses
écritures venues
du Proche-Orient : grec,
araméen et kharoshthî,
un syllabaire dérivé de
l'écriture araméenne.
Ici, il s'agit du brâhmi,
un syllabaire d'origine
mal connue et dont
une légende attribue
l'invention au dieu
Brahmâ.

Si l'Himalaya gêne les relations de l'Inde avec l'Asie centrale (la célèbre «route de la soie», voie de passage entre l'Occident et l'Extrême-Orient, passe au nord du massif et ne dessert donc pas directement l'Inde), les montagnes afghanes sont plus perméables et leurs cols, entre Kaboul et Peshawar, ont vu passer de nombreux chefs de guerre avec leurs dieux, d'Alexandre le Grand au lieutenant Winston Churchill. De plus, les huit mille kilomètres des côtes indiennes constituent de bonnes voies de communication, surtout depuis que les marins, au début de l'ère chrétienne, ont acquis la maîtrise des vents de mousson. Ces côtes étant orientées vers l'ouest (mer d'Arabie) comme vers l'est (golfe du Bengale), la civilisation indienne aurait dû recevoir des apports cultuels et culturels extrême-orientaux autant qu'occidentaux.

Les influences de l'Asie de l'est sont certes attestées en Inde avant l'ère chrétienne et des dialectes d'origine tibéto-birmane sont encore parlés aujourd'hui par des tribus dont la religion porte la marque d'un chamanisme asiatique. Mais à l'époque historique (après 250 av. J.-C.), on ne relève guère de traces d'une influence de la civilisation et de la religion de la Chine et du Japon en Inde où le shintoïsme et le confucianisme n'ont jamais pénétré alors que la soie était importée : l'Inde

Statues de Gangâ
et de Yamuna,
palais royal de Patan,
près de Katmandou (Népal).

commerçait avec la Chine sans s'imprégner de sa culture. Cette anomalie est d'autant plus surprenante qu'en sens inverse, l'Inde a largement exporté, par l'intermédiaire du bouddhisme, ses modes de pensée en Chine et au Japon : les différences de langue, d'écriture, de sensibilité artistique ou religieuse ne peuvent donc être invoquées. La seule explication possible tient à l'absence d'une immigration chinoise ou japonaise en Inde : les religions de Chine et du Japon ont un caractère si profondément national

La Gangâ (Gange) prend sa source de deux torrents himalayens dont l'un descend de la Nanda Devî (la «déesse de la joie») à la frontière tibétaine. La Gangâ («vivier») est devenu le cours d'eau par excellence, la rivière personnifiée tant la civilisation du Gange a joué un rôle essentiel dans l'histoire indienne. Son affluent, la Yamuna, qui arrose Delhi et Agrâ, est aussi indispensable à l'irrigation de la région. Les déesses personnifiant les deux cours d'eau sont représentées avec leurs animaux-supports : Gangâ chevauche un makara, poisson mythique symbolisant les forces primitives issues de l'eau; Yamuna chevauche la tortue, animal dont la carapace supporte l'Inde sur son dos.

qu'elles ne peuvent prendre souche outre-mer que dans une communauté d'expatriés. Au contraire, les religions venues d'Europe ou du Proche-Orient étaient suffisamment universelles pour prospérer en Inde. Cette dissymétrie eut une conséquence majeure dans l'histoire mondiale des religions : à l'est de l'Indus, les spiritualités viennent de l'Ouest, direction qui souvent, dans les mythologies indiennes ou chinoises, est celle du paradis.

Rudra, dieu védique à la fois bienfaisant et terrifiant (*bhairava*), est l'un des prototypes de Shiva (le «bénéfique») à la fois procréateur et destructeur. Celui-ci a pu également personnifier des cultes de la fertilité pré-aryens, d'origine dravidienne.

La civilisation de l'Indus

Si les religions et les cultures autochtones de l'Inde proto-historique demeurent mal connues, tout comme leur degré d'autonomie à l'égard des régions voisines, une «civilisation de l'Indus» est bien attestée dans le nord-ouest du pays entre le milieu du IIIe millénaire et celui du IIe millénaire av. J.-C. Cette civilisation présente de remarquables ressemblances avec celle de Mésopotamie, notamment quant à l'usage d'une écriture (non encore déchiffrée), à l'existence de

déesses de la fécondité et, peut-être, de «rois-prêtres». Certains éléments pourraient préfigurer des caractères religieux qui se développeront dans l'Inde historique : un personnage nu et cornu à triple visage serait un proto-Shiva tandis qu'à Mohenjo-daro (Pakistan), le «grand bain» (vaste réservoir d'eau entouré de marches) attesterait l'ancienneté et l'importance des rites d'ablution. Enfin, les tombes montrent que l'inhumation a précédé l'incinération en Inde.

Pour des motifs mal élucidés (épidémies, changements climatiques ou hydrographiques, invasions, etc.), la civilisation de l'Indus s'est effondrée vers 1700 av. J.-C. et ses villes, comme ses textes, ont disparu de la mémoire des hommes, jusqu'aux fouilles archéologiques du début du XXe siècle. Le centre

Les religions de l'Inde puisent souvent leurs rites et leurs mythes dans des civilisations venues de l'ouest du sous-continent. Sur le site de Mohenjo-daro, le «grand bain» témoigne de probables pratiques de purification, liées à des mesures d'hygiène, et qui joueront un rôle essentiel dans la religion des brahmanes.

économique de l'Inde se déplaça progressivement vers
le nord-est du pays où apparurent, dans les vallées
du Gange et de ses affluents, de nouvelles villes, foyers
de civilisations et de religions nouvelles, comme
le bouddhisme et le jaïnisme.

Vue du site
de Mohenjo-daro (Pakistan).
Le dieu Rudra, Durban
Square, Katmandou (Népal).

Entre la civilisation de
l'Indus et celle du Gange
(dont les limites se
rejoignent sur les
contreforts de l'Himalaya)
existe un intervalle
géographique et historique
difficile à préciser et à
interpréter, favorable aux
spéculations intellectuelles
et à l'imaginaire religieux.
C'est sur ces temps
lointains que l'Inde a forgé
ses mythes des origines
et que, abusivement,
l'Europe a développé
des théories raciales :
sur le mode radical,
le nationalisme hindou
et l'idéologie aryenne
se nourrissent largement
d'interprétations
hasardeuses d'une époque
mal connue.

L'arrivée des Aryens

L'une des rares certitudes
concerne l'arrivée, dans
le nord-ouest de l'Inde,
vers la fin du IIe millénaire
av. J.-C., de populations qui se nommeront
elles-mêmes aryennes. En sanskrit (langue «élaborée»
ou «raffinée», tenue pour sacrée par les Aryens),
ârya signifie «noble», «distingué» par opposition
aux *dâsas* qui sont les étrangers, les esclaves, voire

les démons et représentent, en fait, les
peuples locaux assujettis par les nouveaux
arrivants et réputés avoir une peau foncée
et de sombres desseins.

Les Aryens venaient d'Europe
de l'Est via «le pays des *ârya*» ou Iran.
Ces conquérants étaient donc des Indo-
iraniens, l'Inde et l'Iran formant alors un
ensemble culturel relativement homogène
dont l'identité puis le fractionnement ont
joué un rôle essentiel dans l'histoire
des langues et dans celle des religions.
Les langues de l'Iran et de l'Inde du Nord
appartiennent, en effet, au vaste groupe
de langues indo-européennes parlées,
encore aujourd'hui, de la Scandinavie au
golfe du Bengale et relativement proches
par la grammaire et le vocabulaire.
Ainsi le français «dieu», les mots latin *deus*
et *Jupiter*, le grec *Zeus*, l'iranien *déva*
(démon) et le sanskrit *deva* (divinité)
dérivent-ils tous d'une même racine indo-
européenne désignant le ciel lumineux
et d'où viennent aussi les mots «jour»
et «diurne» (via le latin *dies*, jour).

Des langues voisines induisent-elles
des idées proches? La question des rapports
entre le son et le sens (le signifiant et
le signifié) est ici posée et, avec elle,
le problème d'une éventuelle religion
indo-européenne primitive ou, du moins,
d'une structure commune à des religions
apparentées. Sur ce dernier point,
une réponse affirmative, quoique nuancée,
a été apportée par l'historien Georges
Dumézil (1898-1986). Celui-ci a mis en
évidence trois fonctions hiérarchisées dans
les religions indo-européennes :
souveraineté spirituelle, force dominatrice
et fécondité terrestre. Ces trois fonctions

ont engendré des triades de dieux (à Rome, Jupiter, divinité suprême, Mars, dieu de la guerre et Quirinus, protecteur de l'agriculture) mais aussi une division en trois ordres des sociétés humaines. En Inde, ces trois ordres se nomment *varna* («couleurs») et comprennent les prêtres (brahmanes), les guerriers (*kshatriya*) et les producteurs (*vaishya*) : la couleur idéale est le blanc, celle des brahmanes, qui symbolise la pureté mais aussi le teint pâle de ceux qui sont exemptés de travaux manuels de plein air. Et si ces ordres sont héréditaires, on peut en être déchu par un mode de vie «impur» ou, plus rarement, y accéder par un comportement approprié et une reconnaissance par les membres de l'ordre.

Les robes blanches des brahmanes sèchent au soleil après le bain rituel. Cette scène quotidienne (ici photographiée dans les ruines d'une ancienne capitale d'un royaume hindou), n'a sans doute guère varié depuis trois mille ans. De même, ces *svastikâ* («cela est bon» en sanskrit) sur des malles sont d'antiques porte-bonheur supposés protéger les voyageurs depuis les temps védiques. Cette «croix gammée» est d'ailleurs présente dans de nombreuses civilisations, et possède, en Inde, des significations variées, selon les religions et le sens des branches de la croix. Hitler en pervertira la signification en l'associant à l'œuvre de mort du nazisme.

Brahmanes après les ablutions du matin, Hampi (Karnâtaka). Malles vendues sur un marché au Tibet.

La couleur des ordres

Cette division sociale se retrouvait, à un moindre degré, en Iran et dans le Caucase, mais elle se rapproche aussi des trois ordres de l'Ancien Régime français :

clergé «souverain», noblesse militaire, tiers-état producteur. S'il convient de ne pas systématiser ce comparatisme trifonctionnel (le chiffre trois correspond à des symbolismes différents d'une civilisation à l'autre), il est vrai que l'Inde a donné à cet ordre social une justification mystique très élaborée. Celle-ci sera tardivement (entre les deux siècles avant et après J.-C.) codifiée dans un texte appelé Lois de Manou (*Mânava*, en sanskrit, terme qui désigne l'humain en général et le premier homme de l'histoire, comme Adam, en hébreu, est à la fois nom commun et nom propre) : «Pour la propagation de la race humaine, de sa bouche, de son bras, de sa cuisse et de son pied, il (l'Être suprême, Brahmâ) produisit le Brahmane, le *kshatriya*, le *vaishya* et le *shûdra*».

Le prêtre (brahmane) est symbolisé par la bouche et, donc, par la parole (sacrée); le guerrier (*kshatriya*) par le bras, support de l'épée; le producteur (*vaishya*) par la cuisse qui fait avancer la charrue. Ils forment les trois premières castes, celles des *dvîja* ou «deux fois nés», accédant à la vie spirituelle autant qu'à l'existence physique. Au contraire, le *shûdra* («serviteur», issu des peuples soumis, non-aryens) ne vaut que par son pied (organe sale)

L'Essence (Brahman) et la Roue (Chakra) sont l'énergie et l'instrument privilégiés des spiritualités indiennes. Le dieu Brahmâ personnifie cette énergie créatrice, fluide mystérieux, pouvoir magique qui imprègne l'univers, grâce aux rites accomplis par les prêtres de Brahmâ, les brahmanes. Trop abstrait pour être populaire, Brahmâ ne dispose plus que d'un seul temple dans toute l'Inde à Pushkar, lieu d'un pèlerinage annuel très fréquenté. La Roue est celle du temps qui se déroule, des saisons qui se répètent et du char qui avance avec ses conquérants aryens et ses précieux chevaux, offerts en sacrifice. Celui qui, en Inde, monte le char, est donc un noble (*arya*) comme, en Occident, le chevalier. Et ce guerrier (*kshatriya*) sera le bras séculier du brahmane, du moins tant que l'entente régnera entre leurs «ordres».

et ne possède pas le degré de pureté nécessaire à la deuxième naissance.

Ce système inégalitaire fonde une hiérarchie sociale où le pouvoir sacré distribue les rôles dans un souci d'efficacité et de spécialisation : chacun des ordres a ses occupations propres comme chacune des saisons ses fonctions agricoles. De plus, le corps social ne fait que refléter le corps humain qui a ses parties nobles (le haut) et vulgaires (le bas). Ce que l'Occident appellera «castes» (du portugais *casta*, «race») posséderait donc des justifications à la fois religieuses

Temple principal de Brahma à Pushkar. Bataille de char sur une fresque d'Angkor (Cambodge).

et rationnelles qui ont beaucoup surpris les missionnaires européens. La Bible affirme, en effet, le contraire et saint Paul utilise l'image du corps dans un sens égalitaire : «Nous avons tous été baptisés dans un seul Esprit pour être un seul corps, Juifs ou Grecs, esclaves ou hommes libres et nous avons tous étés abreuvés d'un seul Esprit… Même les membres du corps qui paraissent les plus faibles sont nécessaires et ceux que nous tenons pour les moins honorables, c'est à eux que nous faisons le plus d'honneur» (I Corinthiens 12, 13-23).

Ces deux textes à peu près contemporains (Lois de Manou et Épître aux Corinthiens) illustrent la différence fondamentale entre la tradition judéo-

chrétienne et la pensée indienne.
Si la Bible ne remet pas en cause les
différences sociales (il y avait des esclaves
chez les juifs comme chez les chrétiens),
elle affirme que tous les êtres humains
sont égaux devant Dieu : les immigrés
peuvent rendre un culte à Yahvé et
les esclaves sont admis au baptême.
Au contraire, la philosophie indienne
ne sépare pas le profane du sacré et lie
étroitement condition sociale et fonction
religieuse. C'est pour échapper à
ce «joug» que des membres des basses
castes se convertiront aux religions
comme le christianisme et l'islam qui,
en théorie du moins, n'établissent pas de
discriminations au sein de la communauté
des croyants.

Le savoir des «veda»

Cette symbiose de l'éthique et de
la mystique comme de la science et
de la magie caractérise la société «védique»
qui, au Ie millénaire av. J.-C., a posé
les bases de la pensée indienne, souvent
proche des conceptions «occidentales»
de l'époque grâce à une commune origine
indo-européenne. Le védisme correspond
à l'état de la religion du nord de l'Inde
entre le XIIe et le IIIe siècle av. J.-C.
mais a profondément influencé toutes
les spiritualités indiennes jusqu'à nos jours.

Il doit son nom aux *veda*, recueils
de textes sacrés (rédigés plusieurs siècles
après leur élaboration orale) à but
liturgique ou sacrificiel, formant autant
de révélations ou «auditions» (*shruti*)
données par des divinités à des *rishi*,
«sages» des temps védiques, ayant
un double rôle de poètes et de devins.

Bois de char sculpté
à l'effigie du dieu Agni,
XVIIe siècle.
Représentation d'Indra
aux mille yeux,
peinture murale du temple
de Puthenchira (Bradakal).

En Inde, les dieux ont des corps surhumains : avec plusieurs têtes, ils sont omniscients, avec trois yeux, ils voient partout, avec quatre bras, ils sont tout-puissants pour combattre le mal ou aider les humains. Les dieux dépassent donc les limites de l'homme pour le meilleur ou pour le pire car leurs colères sont à l'égal de leur bonté : infinies. Chevauchant son bélier, Agni est un dieu polycéphale et multiforme : au ciel il apparaît comme le soleil, dans l'air comme l'éclair et sur terre comme le feu. Clairvoyant et omniscient, Indra embrasse le monde de ses mille yeux. Dispensateur de la pluie et maître du mauvais temps, le chef du panthéon védique est à la fois vénéré et redouté.

Cette religion révélée des *veda* (explicitée par les nombreux traités des *upanishad*), à la fois sensorielle et intellectuelle, relève du voir et du savoir, deux notions contenues dans le terme *veda* (de la même racine que le verbe latin *video*, «je vois»). Cet appel aux sens peut d'ailleurs aussi s'appliquer à la révélation chrétienne, transmise par des apparitions divines (notamment celles de Jésus à ses disciples) et des visions mystiques (l'Apocalypse est un «dévoilement» de mystères). L'interaction entre les sens de la perception et le sens de la vie, si caractéristique des religions et des langues indiennes, n'est pourtant pas leur exclusivité et l'un des meilleurs exemples en est la commune origine (via le latin *sapere,* «avoir du goût, du discernement») des mots «saveur», «sagesse» et «savoir».

La dimension «audio-visuelle» de la révélation védique s'est illustrée par d'immenses poèmes épiques, rédigés au début de l'ère chrétienne, qui placent le théâtre sacré au cœur de la foi populaire. Le *Mahâbhârata* raconte ainsi les combats entre les conquérants aryens et les populations locales dites dravidiennes, selon l'expression forgée par les linguistes occidentaux pour désigner les populations indiennes ne parlant pas les langues indo-européennes. Le *Mahâbhârata* décrit aussi les rivalités entre clans aryens tandis que le *Râmâyana* centre son récit sur l'amour idéal du prince Râma pour la princesse Sîtâ et, par là même, sur la difficile union de l'homme et de la femme, de l'âme et du corps, du destin de l'individu et de l'histoire de la société. Si ces textes, aussi importants pour les Indiens que l'*Iliade* et l'*Odyssée* pour les Grecs, n'ont été mis en

forme que tardivement, ils s'appuient sur des traditions orales bien antérieures, à la fois mystiques et mythiques, dont la plus haute réalisation se trouve dans la *Bhagavad Gîtâ*, un poème philosophique inséré ultérieurement (vers le IVe siècle apr. J.-C.), dans le *Mahâbhârata*.

D'un côté, il s'agit, pour ces récits, de glorifier les grands ancêtres de l'Inde (Bhârat est le nom du pays en sanskrit) et, de l'autre, d'exalter l'énergie spirituelle, car la mystique, parfois teintée d'érotisme, est un moyen pour l'homme et la femme d'accéder au bien-être universel : l'âme (*âtman*) se fond dans l'Être ultime (*brahman*) et la personnalité se dissout dans un Soi suprême. L'individu fusionne avec la collectivité tandis que le couple féconde les enfants du pays (Sîtâ ou «Sillon» était une divinité védique de la fécondité). C'est à la jonction du mythe et de l'histoire comme du fantasme et de sa réalisation que le peuple et les couples de l'Inde sont invités à se ressourcer pour tenter de perpétuer, face aux malheurs des temps nouveaux, les vertus des anciens jours.

Comme la Bible, les livres sacrés du *Mahâbhârata* et du *Râmâyana* comprennent de multiples récits de batailles mêlant les mythes à l'histoire. Les significations de ces affrontements sont multiples : querelles de famille, guerres tribales, conflits ethniques, etc. Mais il y a toujours des bons (*pândava*) aidés par les dieux qui triomphent des méchants (*kaurava*) soutenus par les démons.

Illustration du *Mahâbhârata*, combat à l'arc et à l'épée, école de Paithan, gouache, XIXe siècle. Rama détruisant les armées de démons, gouache.

7 La spirale des existences

LES TEMPS SONT DURS, SELON LA PENSÉE INDIENNE,
QUI VOIT DANS LA SUITE DES ÂGES UN PROGRÈS DU MALHEUR.
ON PEUT Y ÉCHAPPER, AU PRIX D'UNE DISCIPLINE DE FER,
EN RENAISSANT DANS UNE CONDITION SUPÉRIEURE.
MAIS ON PEUT Y SUCCOMBER, APRÈS UNE VIE DE DÉSORDRE,
EN RÉGRESSANT DANS L'ÉCHELLE DES ESPÈCES.

Double page précédente :
Préparatifs et départ des
corps pour la crémation,
rive du Gange, Bénarès.

Femme contemplant l'arrivée
de la mouson, miniature,
école de Kangra.

La spirale des existences

Comment vieillir et mourir? À cette question existentielle, les réponses du védisme ressemblaient à celles des autres religions de l'époque, indo-européennes ou extrême-orientales. Comme Érôs, l'éternel adolescent du panthéon grec, les dieux et les déesses de l'Inde ont toujours seize ans. Les humains s'efforcent de garder cette jeunesse éternelle en buvant le *soma*, boisson d'immortalité, équivalent de l'*haoma* de la religion iranienne et du nectar des dieux de l'Olympe. Cette liqueur, comparée à la lune (astre en perpétuelle renaissance, source de fécondité), symbolise aussi le sperme et évoque les breuvages d'immortalité servis par les prêtres chinois (taoïstes) ou japonais (shintoïstes). Connu également sous le nom d'*amrita* («immortel»), le *soma* est un défi à la mort, à la fois conjuration de la maladie et viatique pour l'au-delà, que les Indiens compareront parfois à l'eucharistie chrétienne. Boisson enivrante, favorisant l'extase, le *soma* correspond aussi partiellement aux champignons hallucinogènes des chamanes de l'Amérique pré-colombienne. Remède au vieillissement et à de nombreux maux, cette boisson tirée de plantes, selon une formule connue des seuls brahmanes, s'apparente parfois aux élixirs inventés par des moines chrétiens, tels la chartreuse ou la bénédictine.

Cette quête de l'immortalité, jointe au désir de se concilier les forces de la nature et leurs divinités, nécessite l'organisation de cérémonies et l'observation

À la fois prière et offrande, hommage et rituel, la *pûjâ* est la cérémonie habituelle du brahmanisme mais aussi du jaïnisme et du bouddhisme de l'école des Anciens (*Theravâda*). Elle est donc plus indienne qu'hindoue et utilise toutes les ressources de l'art indien. La *pûjâ* est donc un festival visuel et sonore, haut en couleurs vives, riche en sonorités envoûtantes. Le temple, lui-même image du monde et reflet de la nature (ses tours figurent les montagnes), renferme l'image (*mûrti*) d'un dieu – une statue qui est, en fait, une illusion, une forme trompeuse mais nécessaire à nos sens. Des *mandala*, dessins circulaires faits de fleurs ou de poudres, figurent le cosmos. Des *mantra*, formules sacrées, sont psalmodiées. Et toujours brûlent les bâtonnets d'encens.

de rites complexes que seuls maîtrisent les brahmanes.
Le culte du *soma,* les sacrifices d'animaux (et, plus
rarement, humains) avaient lieu en plein air
et cette absence de temples explique la rareté
des vestiges archéologiques : le védisme ne s'est pas
transmis par la conservation de monuments ni même,
avant l'apparition tardive de l'écriture, par la
reproduction de textes. Il s'est perpétué par la mémoire
des brahmanes qui, de père en fils, ont répété avec
exactitude les gestes et les formules sacrés : l'Inde
«éternelle» a survécu par ce clergé héréditaire,
gardien d'une stricte observance.

Elle a aussi survécu (du moins, de nombreux
Indiens en sont persuadés) par l'institution des vaches
«sacrées» dont le meurtre est aussi grave que celui

La roue de la vie
et du temps,
fort de Gwalior, xvᵉ siècle.
Brahmane accomplissant
une *pûja*, miniature,
Dekan, xviiᵉ siècle.

d'un brahmane. Ce mammifère, également tenu en
très haute estime par le mazdéisme iranien, fournit
aux hommes cinq produits indispensables : lait, caillé,
beurre, urine (très utilisée dans la médecine
du «veda de longue vie» ou *âyurveda*) et bouse
(combustible évitant la déforestation).
La protection de la vache illustre bien
ce mélange de théologie et d'écologie,
caractéristique des religions
indiennes.

Les migrations de l'âme

La quête de l'immortalité n'est pas,
dans l'Inde védique, une négation
de la mort. Mais le destin de l'âme
(*âtman*) demeure flou et variable
selon les textes. Elle est supposée
rejoindre le dieu de la mort, *Yama*,
en suivant «le chemin vers les ancêtres».
Ce séjour des morts, analogue au *Shéol*
des Juifs ou à l'*Hadès* des Grecs,
ressemble aussi au «pays sans retour»
de la religion mésopotamienne,
«sombre demeure» où s'éternisent
les fantômes des défunts. Il n'existe
pas alors de claire distinction entre
le paradis des bons et l'enfer des
méchants, ni de jugement dernier analogue à
la «pesée de l'âme» dans la religion égyptienne.

    L'interprétation sociale et politique des théologies
de l'après-mort n'est pas aisée, en Inde comme ailleurs.
L'exemple égyptien montre une démocratisation
de la vie éternelle (initialement réservée aux pharaons
et aux nobles) et le flou sur l'au-delà pourrait,
a contrario, être considéré comme une idée
conservatrice visant à refuser au commun des mortels
l'éternité promise aux dieux et aux rois. Mais on peut
aussi voir dans l'«invention» de la réincarnation
ou de la résurrection, coïncidant avec la formation
des grands États d'Asie ou du Proche-Orient,

Comment distinguer
les dieux des démons?
Le mot sanscrit
asura, dérivé de *asu*
(«souffle»), désignait
primitivement un dieu.

Puis les indiens
le considérèrent
comme la négation
de Sura, le «brillant»
(ou le dieu) et en firent
donc un non-dieu.
En tant qu'adversaires
des dieux, les démons
sont nécessaires
à l'équilibre du monde
et à son dynamisme.
Le combat de ces deux
équipes est le match
de la vie.

un moyen de mieux faire obéir les hommes ici-bas en leur promettant le bonheur dans l'au-delà.

Les dieux doivent se plier à cette nouvelle échelle morale : au Ier millénaire av. J.-C., en Inde comme en Iran, les divinités du ciel se séparent des démons de l'enfer et le destin des hommes de bien s'oppose à celui des pécheurs. Curieusement, les noms sont inversés dans les deux pays : les *devas* sont des dieux en Inde alors que les *daivas* sont des démons en Iran, les *asuras* sont des anti dieux en Inde et les *ahuras* des dieux en Iran. Cette inversion témoigne de la difficulté des choix moraux et des appréciations divergentes sur les puissances tutélaires : si le nom même de Dieu peut symboliser le mal pour les uns et le bien pour les autres, comment une religion identique pourrait-elle s'imposer à tous?

La religion indienne renforce alors son originalité en multipliant les existences après la mort. Alors que dans

Visages d'un dieu (*deva*) et d'un démon (*asura*), Angkor (Cambodge). Vaches sacrées au Rajasthan.

Les vaches sont sacrées car elles sont aussi nécessaires à l'homme que les dieux. Parfois squelettique, la vache indienne illustre aussi la pauvreté d'un pays où échelle des valeurs et niveau de richesse s'opposent fréquemment.

des religions du Proche-Orient, comme le mazdéisme iranien ou le judaïsme à partir du IIe siècle av. J.-C., les défunts affrontent un jugement dernier qui leur assigne une vie éternelle unique, heureuse au paradis ou malheureuse en enfer, le brahmanisme indien enseigne une succession de renaissances plus ou moins favorables. Il est impossible d'avoir une seule existence même si l'idéal serait de n'en subir aucune, c'est-à-dire de renoncer à ce que chacun désire : vivre.

Mais il n'y a pas d'opposition absolue entre une résurrection qui reporterait la récompense ou le châtiment dans une existence future et la réincarnation qui ferait du malheur ou du bonheur présent la conséquence des actes d'une vie passée : toutes les théologies monothéistes admettent, sinon une prédestination, du moins une intervention divine dès ici-bas pour rappeler l'homme à ses devoirs actuels et décourager la réalisation complète de ses désirs immédiats.

La pensée indienne, plus radicale, fait du désir même de vivre une source d'insatisfaction. Et c'est précisément la divinité du désir, Kâma, équivalent

Les enfers indiens sont multiples : ils sont sept dans l'hindouisme, huit dans le jaïnisme, jusqu'à trente-deux dans le bouddhisme et leur nombre peut varier selon les traditions et les époques. Il y a des degrés dans l'horreur des fautes et une diversité dans la panoplie des châtiments. Dans les mythologies indiennes, le monde inférieur est, dans son ensemble, appelé *pâtâla* («plongé au fond») et désigne aussi bien les bas instincts de l'homme (même inconscients) que les lieux inférieurs où ils seront châtiés. Ils ne sont pas sans rapport avec le «ça» freudien et l'univers des pulsions, selon la psychanalyse.

du dieu grec Érôs, qui préside aux renaissances et empêche le repos éternel. Les existences s'enchaînent les unes aux autres et ce phénomène répétitif du *samsâra* («migration») est symbolisé par l'animal-support de Kâma : le perroquet.

Cette innovation théologique apparaît, en Inde, vers le VIe siècle av. J.-C., à la même époque que l'orphisme en Grèce. Orphée, qui descend aux enfers pour ressusciter son épouse Eurydice, donna lieu à un culte présentant d'étonnantes similitudes avec les religions indiennes : naissance du monde à partir d'un œuf primordial, régime végétarien des adeptes, réincarnation de l'âme, prisonnière d'un corps, jusqu'à sa purification définitive.

Visite aux Enfers, miniature. Miniature indienne célébrant la beauté du corps désirable, XVIIIe siècle.

La sanction des actes

S'il n'est guère possible de préciser les éventuels liens historiques entre orphisme et brahmanisme, il est certain que les deux religions donneront lieu aux mêmes interprétations abusives dont la plus célèbre est le «mythe de l'éternel retour» qui fait de chaque événement une répétition et de toute existence une reproduction. À ce temps cyclique de la pensée indienne s'opposerait un temps linéaire de la pensée occidentale : le premier serait un cercle fermé (expliquant la longue stagnation économique et sociale du pays) tandis que le second serait un vecteur menant au progrès.

Le temps cyclique serait aussi très lié au mouvement circulaire de l'agriculteur faisant le tour de son champ («cycle» et «culture» dérivent tous deux d'une même racine indo-européenne exprimant l'idée de tourner autour) comme à la course (apparente) circulaire du soleil et à la ronde des saisons (marquée, en Inde, par le retour, tant attendu, de la mousson). À l'inverse, le temps linéaire exprimerait l'avancée inéluctable de l'homme en âge et de l'humanité dans l'histoire. Si celle-ci ne se répète jamais exactement, elle le doit à ceux qui font l'actualité et, notamment, aux réformateurs et conquérants dont l'œuvre créatrice ou destructrice fabrique les temps révolus. Au temps cyclique des prêtres et du retour des fêtes liturgiques, s'oppose le temps dynamique des hommes d'État ou de guerre, dont Alexandre le Grand est le symbole universel.

Dans l'Inde ancienne, comme dans l'Europe d'avant Copernic et Galilée, le soleil tourne autour de la terre. Le dieu Surya, personnification de l'astre suprême, avance grâce à un immense char à 24 roues. La course du soleil rythme la marche du temps, le retour de la lumière chaque matin et l'évolution de la nature à chaque saison.

Que l'influence de celui-ci – au travers de la statuaire indo-grecque – ait touché l'Inde comme l'Europe montre à quel point les clichés sur le temps indien cyclique sont à nuancer. La mousson n'est pas un «éternel retour» tant ses dates et son intensité demeurent variables et imprévisibles. La vie n'est pas un éternel recommencement puisque l'homme renaît en un état supérieur ou inférieur selon son *karma* (la somme de ses actes bons ou mauvais), mais jamais identique. Ce cercle vertueux ou vicieux dessine non un circuit fermé mais une spirale, ascendante ou descendante, des existences. S'il y a cycle, c'est dans le sens où l'on parle d'un premier ou d'un second cycle d'enseignement : l'objectif y est d'avancer et non de redoubler.

Inversement, le temps «occidental» et, notamment, judéo-chrétien, n'est pas parfaitement linéaire. Les prophètes bibliques ne cessent de prêcher un retour à la foi et aux mœurs des anciens jours tandis qu'un sage comme l'Écclésiaste fait du temps répétitif et de l'absence de nouveauté («il n'y a rien de nouveau sous le soleil») le centre de sa réflexion. La ligne

Grande roue du char du temple du soleil, Konarak (Orissa). Pèlerins sur la route de Jaipur se rendant à la fête de la mousson.

brisée du temps de l'existence humaine se transforme
même en retour au néant des origines sous la plume
de Shakespeare pour qui le dernier des sept âges
de la vie «est une seconde enfance, état de pur oubli;
sans dents, sans yeux, sans goût, sans rien!»
(*Comme il vous plaira*, acte II, scène VII).

La quête de la délivrance

La spécificité de la réforme religieuse indienne
du Ier millénaire av. J.-C. réside plutôt dans une double
innovation : le franchissement de la barrière
des espèces et l'influence des vies antérieures.
Après un séjour temporaire au paradis ou en enfer,
l'âme se réincarne dans un nouveau corps de caste,
de sexe et de forme différents. Il vaut mieux renaître
homme que femme, brahmane que *shûdra* ou, pire,
intouchable : *pariâ*, d'après le vocabulaire
des Occidentaux, confondant cette sous-caste impure
de musiciens de cérémonies funéraires (les cadavres
sont sales) avec l'ensemble des castes impures.
En cas de faute grave, l'âme renaît dans une bête,

L'éternel retour
de la mousson est
une perpétuelle
surprise : sera-t-elle
précoce ou tardive,
abondante ou faible,
régulière ou brutale?
Par ses prières,
un peuple de cultivateurs
demande une bonne
mousson sans laquelle
le pays sombre dans
la famine. Le pèlerinage
est alors l'occasion
d'obtenir un monde
doublement meilleur,
plus riche et plus juste.
Car, soumis toute
l'année à la hiérarchie
des castes, les pèlerins
vont, le temps de leurs
dévotions, vivre dans
un monde égalitaire
où tous les croyants
se valent aux yeux
des dieux.

une plante, voire, au plus bas, une roche, objet inanimé qui a donc une âme et apporte une formulation positive à la question de Lamartine : «Objets inanimés, avez-vous donc une âme?» (*Milly*). En cas de mérites importants, l'âme peut renaître dans une divinité sans pour autant atteindre l'objectif idéal qui est le *moksha* ou délivrance de la spirale des existences grâce à la fusion de l'âme (*âtman*) dans le principe universel (*brahman*). Cette union cosmique présente certaines analogies avec le «milieu divin» dans lequel le père Teilhard de Chardin voit l'achèvement du monde par la «divinisation des activités et des passivités» et la Grande Communion dans le «Christ universel». Mais pas plus que la pensée teilhardienne, le brahmanisme n'est véritablement panthéiste : le *brahman* est tout mais tout n'est pas le *brahman* dont le sens profond n'est accessible que par la délivrance.

Malin et agile comme un singe est l'homme ou le dieu qui a le corps souple et l'esprit délié. Dans la mythologie indienne, Hanumân possédait ces qualités : il était fin stratège (chef de l'armée des singes), habile médecin et savant grammairien. Dans les villes indiennes, les singes évoluent souvent en liberté, visitant les maisons (et les cuisines) des humains.

En attendant ce but ultime, la migration des âmes (*samsâra*) est influencée par la «préparation» (*samskâra*) psychologique reçue dans les existences antérieures. Même si le souvenir de ces existences est effacé, leurs émotions s'impriment dans le cerveau comme une encre invisible sur un tissu de calicot. Nos actes, incompréhensibles en apparence, s'expliquent rationnellement par les potentialités ou les dépendances acquises durant ces périodes oubliées.

Il n'y a pas, comme dans le christianisme, de péché originel issu d'un premier homme mais une faute personnelle venue d'une autre vie. Péché originel et faute «karmique» peuvent toutefois se rejoindre en ce qu'ils placent le mal au cœur de la condition humaine et à l'origine de toutes les souffrances, une origine que l'homme cherche à chasser de sa mémoire. Ces «blancs» de la mémoire peuvent faire songer à l'amnésie infantile qui, selon Freud, refoule dans l'inconscient les souvenirs pénibles, c'est-à-dire, dans le brahmanisme, les existences inférieures. Mais il existe une différence majeure entre les philosophies de Freud et de l'Inde : la première exalte le «moi» individuel et la seconde le «moi» collectif.

Pour la psychanalyse freudienne, le moi (ou le «je» pour Lacan, traduction de l'allemand *ich*) maintient

Singe sacré dans un temple hindouiste. Le dieu Yama tourmentant une femme lubrique, palais de justice de Klungkung (Bali).

Yama («contrôle de soi»), ami du bien, ennemi du mal, est le dieu de la mort. Il juge ceux qui ont perdu le contrôle

l'équilibre entre les pulsions du «ça» et la censure du «sur-moi», propres à chaque sujet et à son éducation. Pour la pensée indienne, le soi intime (*âtman*), conscience parfaite et réalité immuable doit coïncider avec le *brahman*, réalité suprême, transcendance pure, valeur impersonnelle qui dépasse l'individu et commande l'univers. Ce souci du global et du social correspond mieux à la psychanalyse de Jung et,

d'eux-mêmes. Des fresques terrifiantes de sa panoplie de tourments étaient parfois utilisées par les magistrats pour intimider les vivants afin que la peur du jugement dernier fasse réfléchir les justiciables.

notamment, à ses notions d'inconscient collectif
et d'archétypes, modèles généraux du psychisme qui
rattachent l'individu à des traditions héritées et oubliées.

L'énergie du souffle

En établissant une continuité entre minéraux, végétaux,
animaux et humains, la doctrine du *samsâra* évoque aussi
la pensée darwinienne : la chaîne des renaissances
correspond, en gros, à l'évolution des espèces, comme
si le progrès moral suivait l'histoire de la création.
Mais alors que l'évolutionnisme est progressif et non
régressif (l'homme «descend» du singe mais n'y
remonte pas), le brahmanisme prévoit des mouvements
dans les deux sens, en fonction des actions
(ou des pensées) bonnes ou mauvaises. Les religions
indiennes s'opposent ici à la tradition judéo-chrétienne
dans laquelle l'homme soumet la Création mais ne
s'y soumet pas : il est le maître des bêtes et des plantes
et ne peut régresser à leur niveau. Même si des esprits
peuvent habiter les animaux (Jésus délivre un
«possédé» en envoyant ses démons dans des porcs),
l'âme chrétienne n'appartient qu'à l'homme et elle est
l'«haleine» de Dieu. La pensée indienne recourt à la
même métaphore pneumatique puisque l'âme (*âtman*)
est un «souffle» (le verbe allemand *atmen*, respirer, est
de la même racine). Mais ce souffle habite tous les
êtres animés, qui ont besoin d'oxygène, voire les êtres
inanimés (minéraux) de notre univers atmosphérique.

Cette âme est une énergie qui peut passer
d'un corps à l'autre comme on prend la batterie
d'une voiture pour la loger dans une autre. La pratique
de l'incinération facilite ce passage : l'âme est libérée
du corps détruit, un coup de maillet sur le crâne
du défunt ayant, au préalable, favorisé cette «évasion»
du psychisme migrateur. Si cette dimension énergétique
semble éloignée des conceptions occidentales de l'âme,
essentiellement personnelles et non transmissibles, elle
possède certaines ressemblances avec des formulations
du christianisme oriental : celui-ci voit Dieu moins
comme une personne que comme une énergie

Si l'inhumation a
pu exister dans l'Inde
védique ou pré-védique,
l'incinération s'est
progressivement
imposée comme moyen
de purification
des morts par le feu.
Les flammes vont élever
l'âme du défunt vers
un paradis temporaire
d'où elle redescendra
dans un nouveau corps.
La veuve pouvait soit
s'immoler sur le bûcher
(pratique de la *satî*)
soit prendre pour mari
le frère du défunt
(pratique du lévirat,
connu également
des Hébreux) :
ainsi évitait-elle
de rester seule et
de mourir de faim.
Les rites mortuaires
évitent au défunt
de se transformer
en âme errante,
fantôme menaçant
pour les vivants :
désormais il sera
un ancêtre protecteur
pour sa famille.

transmissible à l'homme (mais non à l'animal) par
l'action du Christ, voire par la contemplation des icônes.

L'âme indienne qui se réincarne dans un nouveau
corps, éventuellement dans une espèce non-humaine,
n'est pourtant pas étrangère à l'avenir familial.
La tradition veut que le bûcher funéraire soit allumé
par le fils aîné du défunt ou, en cas d'absence
d'héritier mâle, par un brahmane. Le fils libère ainsi
l'âme de l'auteur de ses jours qui peut renaître tandis
que lui-même continue l'œuvre de son père (ou de
sa mère) au sein de sa caste. La réincarnation assure

Cérémonie
de crémation des corps,
sur les bords du Gange.

donc la rétribution morale des actes tandis que
la génération garantit l'avenir social de l'homme.

Les quatre âges du monde

Si les existences individuelles évoluent vers le malheur
ou le bonheur en fonction des vices et des vertus,
les âges du monde s'abrègent et empirent fatalement :
chaque époque a moins de jours et moins de joie
que la précédente sans que l'homme puisse inverser
ce cours du temps.

La philosophie du temps, en Inde comme en Iran,
comprend en effet quatre âges, et même sept dans
une tradition iranienne plus élaborée. Cette dernière
comporte des âges d'or, d'argent, de cuivre, de bronze,
d'étain, d'acier et de fer. La version à quatre temps
comprend des âges d'or, d'argent, d'acier et de fer.
Cet ordre du temps présente certaines similitudes avec
la chronologie de l'âge des métaux (la maîtrise de l'or
a précédé celle du bronze et celle du fer). Mais
le sens de cette évolution est surtout symbolique :
la vie est de moins en moins précieuse, le monde
de plus en plus mauvais.

Chaque âge perd une part de sa durée et un quart
de sa vertu : l'ordre moral et légal (*dharma*) se réduit
d'autant. Et comme nous sommes entrés, depuis
le 18 février 3102 av. J.-C. (date mythique de la fin
de la grande guerre du *Mahâbhârata*), dans le quatrième
âge, le pire de ce cercle vicieux, les temps sont durs
et la vie est «noire» (kâli) comme le visage de la déesse
Kâli. Il faudra attendre le début d'une nouvelle
succession d'âges, grâce à l'apparition d'un Messie
(un nouvel *avatâr* de Vishnou ou «descente» de ce
dieu sur terre), pour entrer brusquement dans un
nouvel âge d'or. Cette dimension messianique fait
du brahmanisme une religion de salut.

Chacun de ces âges est nommé *Yuga* (le nôtre est le
Kali Yuga), terme dérivé de la racine indo-européenne
jug désignant l'action de réunir et d'où sont issus
les mots français «joug» (latin *jugum*), «joindre» (latin
jungere) et le mot sanskrit *yoga* qui désigne la jonction

Entre le dénuement
des ascètes et la
luxuriance des dieux,
le contraste est total :
l'homme se dépouille
pour obtenir une
richesse intérieure qui
le délivrera des
apparences et du désir
dont les dieux sont
pourtant friands :
Kâli, la «Noire», s'unit
sexuellement à Shiva,
Krishna, le «Noir»,
séduit la vachère Râdhâ
et la belle Sarasvatî
est l'épouse de Brahmâ
mais aussi des dieux
jumeaux Ashvin.

Kâli entourée de Krishna,
Râdhâ et Sarasvatî,
près de Calcutta,
(Bengale-Occidental).
Sadhu au Rajasthan.

du corps et de l'âme. Cette appellation est justifiée
puisque le crépuscule de chaque âge (ou ère) est relié
à l'aube du suivant : aucune force humaine ne peut
modifier la ronde du temps. Le philosophe allemand
Oswald Spengler (1880-1936) s'est inspiré de cette
théorie des *Yuga* pour élaborer une conception
pessimiste de l'histoire qui compare les époques
spirituelles du monde aux quatre saisons (découpage

plus conforme au climat tempéré de l'Europe qu'au climat de mousson de l'Inde) : nous serions dans l'hiver matérialiste du monde qui est le «déclin de l'Occident».

La décadence du temps indien ne se concilie pas facilement avec les philosophies du progrès : alors que l'Occident a cherché, au XVIᵉ siècle, sa Renaissance et sa Réforme dans l'innovation à la fois technologique et théologique, la tradition indienne voit le démarrage d'une nouvelle ère comme une mutation cosmique plus que technique et les colonisateurs européens,

Cave d'ermite près de Kedarnath (Uttar-pradesh). Ascète devant un feu, gouache, début XVIIᵉ siècle. Ashram de Panch Junaakara (Bénarès).

par peur de la concurrence des produits indiens, se garderont bien d'encourager la moindre tendance à l'innovation. De même, la révolution est celle des astres plutôt que des hommes et, de fait, l'Inde n'a jamais connu de véritable période révolutionnaire avant le XXᵉ siècle, l'émiettement politique du pays condamnant d'ailleurs à l'échec les soulèvements locaux.

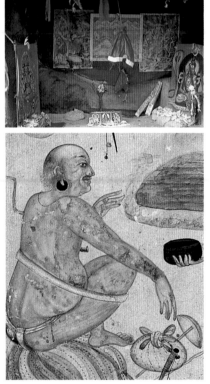

Les quatre stades de la vie

À la pente déclinante des quatre âges du monde s'oppose la pente ascendante des quatre stades de la vie du brahmane (voire de toute personne cherchant à purifier son existence) ou *âshrama*, terme désignant un lieu de méditation. Dans sa jeunesse ou *brahmâchârya* («celui qui étudie le *brahman*»), il s'initie à la vie religieuse et doit demeurer chaste et non marié : une association entre célibat et condition étudiante qu'on retrouve dans le mot anglais *bachelor* et qui n'est donc pas spécifiquement indienne. Il devient ensuite «maître de maison», fonde une famille et accomplit les rites domestiques.

Puis vient le stade du «séjour dans la forêt» où le brahmane se retire dans la solitude de la forêt (l'équivalent du désert pour les ermites proche-orientaux) pour étudier les textes sacrés et méditer. Enfin, vient l'âge du «renoncement» qui est celui du détachement des choses terrestres et de la préparation de la délivrance finale par l'union avec Dieu : en principe, un homme ne peut y accéder qu'après la naissance d'un petit-fils, lorsque sa descendance est assurée.

Cette division de la vie assure, à la fois, la perpétuation de l'espèce, la gestion de la vie sociale et le progrès de la conscience religieuse : on ne se consacre à l'essentiel (l'apprivoisement de la mort) qu'après un long parcours existentiel. Mais deux hommes jeunes vont bouleverser cet ordre éternel (*dharma*) en devenant des chefs religieux à l'âge des maîtres de maison. Comme Jésus s'opposant aux «anciens» d'Israël, le Bouddha et le Jina vont en remontrer aux brahmanes plus âgés.

Les ascètes méditent et pratiquent le yoga, surtout à un âge avancé lorsqu'ils ont accompli leurs devoirs familiaux et assuré leur descendance. Cette retraite est le but ultime de leur vie, leur dernier stade d'existence ou *ashrama*. Ce terme désigne aussi un lieu retiré qui fut, dans les temps védiques, la forêt, équivalent spirituel du désert pour la Bible. Puis, pour affronter la mousson, les ermites bâtirent des cabanes et se groupèrent dans des monastères, les ashrams.

8 La morale des guerriers

VERS LE V^E SIÈCLE AV. J. C. DEUX JEUNES NOBLES DE L'ORDRE
DES GUERRIERS, LE JINA ET LE BOUDDHA, PRÊCHENT LE DÉTACHEMENT
DU DÉSIR, CAUSE DE SOUFFRANCE, ET LE SALUT PAR LES ŒUVRES,
SOURCES DE MÉRITES. ILS PRÉFÈRENT L'ASCÈSE DES MOINES AUX SACRIFICES
DES PRÊTRES ET CONVERTISSENT LES ROIS À LEURS NOUVELLES RELIGIONS.
LEUR «NON-NUISANCE» À L'ÉGARD DES CRÉATURES
ET LEUR TOLÉRANCE POUR LES IDÉES DES AUTRES DOIVENT ASSURER
LES ÉQUILIBRES NATURELS ET LA PAIX SOCIALE.

Double page précédente :
Bouddha couché,
Amuradhapjra (Sri Lanka).

Pèlerin jaïn, temple
de Rishabdev (Rajahstan).
Moine bouddhsite en prière,
au Sri Lanka.

La morale
des guerriers

C'est un phénomène unique dans
l'histoire mondiale : deux religions
toujours vivantes, le jaïnisme et
le bouddhisme, ont été fondées
quasi simultanément dans le même
pays et la même région par des
hommes dont la vie et le message
se ressemblent tant qu'on ne peut
les étudier séparément. Que des
prédicateurs presque contemporains
aient des enseignements voisins
n'est pas, en soi, original :
Jean-Baptiste, le «précurseur»,
a «préparé le chemin» de Jésus et
l'a même baptisé. Mais, par la suite,
les disciples du Baptiste ont rejoint
ceux de Jésus ou, du moins, à
l'exception des mandéens d'Irak,
n'ont pas fondé de religion
durable, concurrente du
christianisme. Au contraire, le Jina,
précurseur du Bouddha par
plusieurs de ses idées, laissa, après
sa mort, une communauté rivale de
celle de son cadet qui, à défaut
de connaître l'expansion mondiale
du bouddhisme, a joué un rôle
important dans l'histoire de l'Inde.

Croyants et athées

Les incertitudes sur la chronologie indienne ne permettent pas de fixer de dates précises pour la vie des deux hommes et le point de départ de l'ère bouddhique, commençant selon les pays entre 547 et 543 av. J.-C., dates supposées de la mort du Bouddha historique, n'est attesté par aucun indice archéologique ou épigraphique. La méthode la plus sûre consiste à remonter le temps à partir des dates relativement bien connues de la vie d'Ashoka (mort entre 237 et 232 av. J.-C.), troisième empereur de la dynastie

Tête de Bouddha, fresque, Ladakh. Intérieur du temple jaïn de Parshavaniti (Rajasthan).

Comme figés au garde-à-vous, deux «passeurs de gué» (*tîrthankara*) préparent le voyage vers l'au-delà des pèlerins jaïns. L'examen de passage comporte au moins douze années d'ascétisme et une vie entière de non-nuisance ainsi que de dons aux monastères. Ici, le passeur de gué vénéré est le 23e et avant-dernier *tîrthankara*, le premier dont la vie, même semi-légendaire, puisse se situer dans l'histoire et la géographie de l'Inde : Pârshvanâtha aurait été, au VIIIe siècle av. J.-C., un ascète de la république aristocratique des Lichchavî, située dans l'actuel État du Bihar. Il aurait ainsi été fils de guerrier (*kshatriya*) comme tous les passeurs de gué. Ceux-ci, comme les *bodhisattvas* du bouddhisme, aident les humains à traverser le grand océan de l'existence.

des Maurya et seul monarque de toute l'histoire ayant régné sur la plus grande partie de l'Inde (à l'exception de l'extrême-sud). Cette méthode, qui montre l'importance des chronologies royales par rapport au temps religieux (les prophètes bibliques sont souvent datés par rapport aux rois d'Israël), situe la vie du Bouddha au VIe siècle ou au début du Ve siècle av. J.-C., le Jina le précédant probablement de quelques années.

Cette époque fut, en Inde, celle de grands bouleversements spirituels liés à l'«invention» de la réincarnation pour tous les êtres vivants, à la contestation des prêtres (brahmanes) et de leurs sacrifices rétribués, et aux discussions sur la réalité de l'âme (*âtman*). Comme la Grèce de Démocrite et d'Épicure, l'Inde avait ses matérialistes qui, avec leur maître à penser, Ajita Keshakambala (l'un des «six maîtres hérétiques» rivaux du Bouddha), niaient l'idée d'une renaissance et d'une récompense des mérites : ces «épicuriens» se contentaient de goûter des plaisirs modérés. Les sceptiques, disciples de Sanjaya Belatthaputta, estimaient impossible (comme leurs homologues de Grèce) toute certitude sur un au-delà. Le Bouddha et le Jina cherchèrent constamment à se

Roue de la Vie ou Roue de la Loi? Les deux symbolisations se ressemblent car la roue a un centre qui est la source d'énergie (pour la vie tournoyante) ou le maître (avec le cercle de ses disciples). Ici l'existence se déroule parmi les arbres et les bêtes comme la roue d'un chariot avance dans un paysage champêtre.

distinguer de cet athéisme matérialiste et de cet agnostique sceptique tout en se démarquant du spiritualisme fidéiste des brahmanes. Aussi est-il historiquement inexact de définir le bouddhisme comme une religion athée.

Castes et tribus

Comme souvent, en Inde, les données de la géographie sont plus précises que celles de l'histoire. Le Jina et le Bouddha ont vécu dans le nord-est de l'Inde, région où coexistaient difficilement les descendants des conquérants aryens, organisés en castes, et les populations locales, groupées en tribus et dominées par les Aryens. Les deux prédicateurs se sont adressés à des auditeurs de toute condition sociale et origine ethnique (comme Jésus prêchant aux Juifs et aux Samaritains) et si, peut-être par prudence, ils n'ont pas formellement condamné le système des castes, ils enseignèrent une même morale pour tous les hommes et toutes les femmes.

Alors que dans le brahmanisme, chacun doit remplir les devoirs de sa caste (le *dharma* d'un brahmane, centré sur la pureté rituelle et l'exercice du culte, ne peut être le même que celui d'un *kshatriya*, orienté vers l'administration civile et militaire de la communauté), le Jina et le Bouddha ont fait de ce *dharma* une règle universelle, quels que soient la «pureté» ethnique et le rôle social de chacun. Cette non-discrimination représentait une véritable rupture sociale et politique qui fut, deux mille cinq cents ans plus tard, illustrée spectaculairement par le Dr Ambedkar : cet «intouchable», rédacteur de la constitution indienne de 1950, se convertit au bouddhisme en réaction contre les castes tout en bénéficiant d'une immense popularité dans l'Inde nouvellement indépendante.

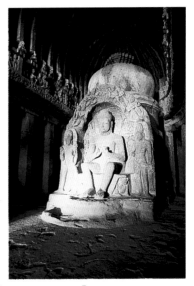

Roue de l'Existence (ou de la Vie) monastère de Hemis, Ladakh. Statue du Bouddha faisant le geste de mise en marche de la Roue de la Loi, VIᵉ-VIIᵉ siècle, grotte d'Ellorâ.

La Roue (*chakra*) est l'emblème de Vishnou qui porte le disque solaire, symbole de la pensée lumineuse. C'est aussi l'insigne du grand roi (Chakravartin), «maître de la roue» dont le char passe partout. C'est enfin l'attribut du Bouddha, le maître dont la sagesse rayonne sur le monde.

Pour l'orthodoxie brahmanique, le Jina et le Bouddha, qui délaissèrent les fonctions administratives dévolues à leurs familles (l'héritage paternel) négligèrent ainsi leur «devoir d'État». Ils empiétèrent sur le domaine des brahmanes en réformant la religion et cette contestation des prêtres par deux «guerriers», soutenus par plusieurs chefs d'État, ressemble à une revanche du deuxième «ordre» (*varna*) sur le premier, voire à un retour à une époque où le pouvoir civil dominait l'autorité religieuse. Les textes sacrés du jaïnisme et du bouddhisme rehausseront d'ailleurs le statut social des deux prédicateurs. Le Jina, surnommé «le Grand Héros» (Mahâvirâ, titre également attribué à Hanumân, chef de l'armée des singes dans le *Râmâyana*), serait le fils de Siddhârtha («but atteint», également prénom du Bouddha), «roi» de Vaishâlî (Bénarès). Le Bouddha («l'Illuminé») serait le fils de Shuddhodana («Aliment pur»), chef du clan des Shâkya, résidant à Kapilavastu, près de l'actuelle frontière indo-népalaise.

Le Jina ou «Vainqueur» (des passions) se maria et, selon certaines biographies, eut une fille (un fils pour le Bouddha), quitta son palais à 28 ans (29 ans pour le Bouddha) pour chercher la vérité grâce à douze années d'ascèse (six ans pour le Bouddha). Il trouva la connaissance parfaite (*kevala*) sous un arbre ashoka tandis que le Bouddha obtient l'Illumination (*bodhi*) sous un arbre pippal (*ficus religiosa*). Il mena une vie faite de prédications

itinérantes et mourut à l'âge de 72 ans (environ 80 ans pour le Bouddha). Comme le Jina n'eut pas de fils et le Bouddha pas de petit-fils (son fils, Râhula, serait devenu moine), la lignée des deux ascètes s'est éteinte, une extinction positive pour le bouddhisme et le jaïnisme (ne pas donner la vie, c'est ne pas causer de douleur) mais négative pour le brahmanisme qui fait de la descendance une obligation.

Temple de Mahâbodhi, Bodhgayâ (Bihâr). Représentation de l'Illumination du Bouddha, Angkor, (Cambodge).

Riches et rois

Pour avoir vécu si longtemps sans être mis à mort malgré leurs messages hérétiques (ni Zarathoustra, ni Jésus, ni Mani n'échappèrent à la peine capitale), le Jina et le Bouddha durent trouver de solides alliés politiques tandis que l'entretien de leurs communautés exigeait des soutiens financiers.

L'origine aristocratique des deux prédicateurs facilitait leurs relations avec les cours royales qui les appuyèrent parfois indistinctement. Bimbisâra, roi du Magadha (royaume correspondant à l'actuel État du Bihâr), devint ainsi un protecteur du Bouddha tandis que son épouse serait devenue une disciple laïque du Jina dont elle était, par ailleurs, la cousine. La fille du roi de l'Anga (actuel État du Bengale-Occidental), cousin du Jina, aurait été la première femme convertie au jaïnisme. Dans le même temps, le Bouddha aurait obtenu l'appui des rois Prasenâjit (beau-frère de Bimbisâra) du Koshala (État princier du nord du Bihâr, ultérieurement intégré au Magadha), Pradyota de l'Avantî (centre-est de l'Inde, autour de la ville sainte d'Ujain) et Udayana de Kanshâmbî (autour d'Allahabad, à l'ouest de Bénarès). Cette politique religieuse des souverains n'avait aucune logique stratégique puisque certains de ces monarques bouddhistes se faisaient mutuellement la guerre. Mais elle répondait à un souci commun de lutter contre le pouvoir grandissant des brahmanes dont les prospères autels menaçaient les fragiles trônes des royaumes morcelés dans un pays où un «grand roi» (*mahârâja*) règne souvent sur une modeste province. Et les moines

Bodhgayâ, ville de l'«Éveil» (du Bouddha); Mahâbodhi, le «grand Éveil» (du Bouddha); Bouddha, l'homme de l'«Éveil». La racine sanskrite *budh* exprime l'idée de s'éveiller après un sommeil mais aussi de reprendre conscience ou connaissance après une période de léthargie. Comme un enfant «éveillé» est précoce, le Bouddha historique fut en avance : avant les autres hommes il comprit la nécessité de s'éveiller aux drames de l'existence que sont la mort, la misère, la vieillesse et la maladie. Son Éveil est, pour ses disciples, la perception d'une réalité ultime : cette Illumination n'est pas l'utopie d'un «illuminé».

bouddhistes surent flatter les souverains en leurs
accordant le titre de *chakravartin* («celui qui fait
tourner la roue») qui les assimilait au cercle du soleil
et à la roue de la Loi.

Le Jina et le Bouddha durent aussi chercher
des parrains (*sponsores*, selon l'expression latine) parmi
les grandes fortunes de l'Inde afin de financer
leurs communautés monastiques dont les membres
n'avaient pas le droit de travailler. Pour ses moines
mendiants, le Jina obtint l'aide d'Ananda, riche
marchand du Bihâr tandis que le Bouddha reçut
les dons de Bhallika et Trapusha, codirecteurs
d'une entreprise de transports de cinq cents charrettes
et premiers disciples laïcs du maître. Le Bouddha
fit construire ses premiers monastères grâce aux dons
d'un banquier, Anâthapindika, et d'une courtisane,
Amrapâlî (concubine du roi Bimbisâra) dont la nuit,
d'après les textes bouddhiques, «valait cinquante
écus» : racheter une «mauvaise vie» par des donations
pieuses deviendra, dans le bouddhisme puis dans
l'hindouisme, une pratique fréquente.

Si le Jina et le Bouddha trouvèrent souvent
un accueil favorable chez les rois et les riches,
leurs communautés monastiques n'en furent pas moins
établies sur un modèle républicain, celui de certains
petits États semi-démocratiques de l'Inde du Nord
où le chef de l'exécutif était assisté par une assemblée
élue, le *sangha* («groupe»). Ce terme désigna bientôt
l'ensemble des moines de chaque confession voire, par
extension, la communauté des fidèles. La suppression
du clergé héréditaire (celui des brahmanes) et
son remplacement par des moines célibataires rendait
impossibles les dynasties religieuses et imposait
le principe de l'élection des moines dirigeants.
À un millénaire et cinq mille kilomètres de distance,
le monachisme chrétien adoptera le même principe
qui fait du père abbé (chrétien) comme du vénérable
(bouddhiste) un *primus inter pares*, élu en fonction
de ses mérites et de son expérience. En pratique,
le système électif sera, notamment en Chine, parfois

Dès que l'enfant
sait réciter la formule
d'admission au
monastère, il peut
revêtir la robe mais
il lui faudra attendre
l'âge de vingt ans pour
recevoir l'ordination
définitive. Même
si le bouddhisme a
ses ermites, la grande
majorité des moines
mènent une existence
communautaire où
l'individu se fond
dans un groupe parfois
immense. Dans le
christianisme, seuls
les monastères irlandais
(qui eurent, au début
du Moyen Âge, jusqu'à
trois mille moines)
ont pu rivaliser
numériquement
avec les monastères
bouddhistes, immenses
refuges pour les enfants
des familles pauvres,
véritables armées
spirituelles dont
les membres acquièrent
des mérites pour
eux-mêmes tout
en montrant l'exemple
à la foule des laïcs.

mis à mal par un certain népotisme permettant aux
vénérables bouddhistes (comme aux abbés chrétiens
du Moyen Âge) de choisir pour successeur un membre
de leur famille, notamment un neveu.

Moines et laïcs

En remplaçant les prêtres par les moines, le Jina et
le Bouddha faisaient passer la société du régime
des castes à celui des clercs et la religion de la pratique
des sacrifices à celle de l'ascèse. Une telle révolution,
éthique et politique, présentait de nombreuses
difficultés dont la première tenait aux relations entre
moines et laïcs. Dans les deux confessions, les moines
doivent respecter de nombreux préceptes de discipline

Enfant-moine bouddhiste
et son bol à aumônes
(Birmanie).
Assemblée de moines,
temple de Bodhgayâ (Bihâr).

(entre 227 et 366 selon les diverses écoles du bouddhisme). Ils prononcent aussi des vœux de pauvreté et de chasteté (comme dans le christianisme) mais aussi de non-nuisance (*ahimsâ*). Dans le jaïnisme, la même discipline est également requise des laïcs qui peuvent, néanmoins, se marier et sont autorisés à posséder des biens pourvu qu'ils ne s'y attachent pas. Comme les jaïns ne doivent ni mentir ni voler, ils sont souvent devenus d'honnêtes et prospères commerçants, plus enclins à épargner qu'à consommer : l'ascétisme des jaïns (comme celui des protestants puritains) a donc favorisé leur crédibilité en tant que banquiers et joailliers (dans un pays où l'or demeure le principal placement des familles), qui a permis à cette communauté de jouer un rôle considérable dans l'histoire économique de l'Inde.

La spiritualité est à la fois nomade et sédentaire : nomade quand le pèlerin voyage vers un sanctuaire, sédentaire quand le disciple écoute son

Le bouddhisme a, au contraire, nettement distingué la règle monastique de la vie des laïcs. Ceux-ci sont bouddhistes dès lors qu'ils «prennent refuge» dans les Trois Joyaux (le Bouddha, le Sangha et le Dharma) et observent les cinq préceptes (ne pas tuer, ne pas voler, ne pas commettre l'adultère, ne pas mentir, ne pas absorber de boissons enivrantes). Par rapport aux obligations des moines, les cinq préceptes des laïcs bouddhistes apparaissent peu nombreux et, comme les dix commandements bibliques, sont formulés de manière négative. Cette préférence pour le non, parfois considérée en Occident comme relevant du nihilisme, correspond à des traditions philosophiques indiennes (la Divinité se définit par ce qu'elle n'est pas) mais ressemble aussi au principe du «non-agir» (*wuwei*)

maître, ici à Sarnath (près de Bénarès), ville où le Bouddha délivra son premier sermon, événement que commémore un très ancien *stûpa*.

du taoïsme chinois auquel le bouddhisme extrême-oriental saura s'adapter.

L'éthique monastique du bouddhisme et du jaïnisme a conservé une forte originalité par rapport aux autres religions. Ainsi le christianisme (catholique ou orthodoxe) a organisé la coexistence de moines et de prêtres grâce à un clergé régulier ayant des responsables élus et un clergé séculier fortement hiérarchisé avec ses évêques et patriarches. Le jaïnisme et le bouddhisme opérèrent une mutation religieuse plus radicale en refusant, au moins en théorie (il existe des monastères appartenant au roi avec des prêtres hindous dans certains pays bouddhistes comme la Thaïlande), le maintien d'un sacerdoce royal à côté d'un monachisme «républicain». Et la référence constante au principe collégial (le jaïnisme aime se présenter comme la religion la plus démocratique du monde) témoigne d'une méfiance à l'égard de l'ascendant personnel

Bouddha et ses disciples, fresque de Sarnath (Uttar-pradesh). Dharmarâjika Stûpa, IIIe siècle av. J.-C., Sarnath (Uttar-pradesh). Pèlerin jaïn nu.

de moines trop autoritaires ou arguant de pouvoirs surnaturels.

Aujourd'hui encore, il n'y a pas de «pape» du bouddhisme ou du jaïnisme, ni d'administration centralisée de ces religions et cette autonomie est un pieux vestige des antiques «républiques indiennes». Un certain puritanisme républicain anime le jaïnisme et le bouddhisme pour lesquels les seules inégalités entre les hommes sont celles de la vertu. Leurs hiérarchies sont donc d'ordre moral et non social et marquent les degrés de progression (douze dans le jaïnisme contre quatre ou huit dans le bouddhisme, moins ambitieux) vers l'état de sainteté.

Le Jeûne du futur Bouddha,
art du Gandhâra.
Statue de Gandhi,
New York.

Jeûnes et voyages

Dans les rapports entre nations, les principes communs au Jina et au Bouddha reçurent des applications tantôt identiques tantôt opposées. Les deux confessions furent d'accord pour considérer que le principe de non-nuisance (*ahimsâ*) était essentiel : ce refus de nuire, compréhensible pour des hommes du culte comme les brahmanes, était surprenant, voire inadmissible aux yeux de leurs contemporains, pour des guerriers comme le Jina et le Bouddha. Mais ils atténueront la portée de ce principe en estimant qu'il n'était pas opposable aux rois faisant la guerre pour défendre leurs pays. Les monarques en prirent bonne note et, d'ailleurs, l'empereur Ashoka, qui joua un rôle doctrinal aussi important pour le bouddhisme que l'empereur Constantin pour le christianisme, avait guerroyé aussi abondamment que son homologue romain avant de se convertir à la religion de la «non-violence».

Ashoka envoya alors des missionnaires bouddhistes dans toute l'Asie et contribua ainsi à faire du bouddhisme une religion sinon mondiale du moins asiatique. Au contraire, le jaïnisme déconseille les relations avec les fidèles des autres religions et les laïcs jaïns s'engagent, par vœu, à limiter leurs voyages pour réduire les occasions de commettre des actes nuisibles. C'est ainsi que le jaïnisme, qui exerça une profonde influence sur la civilisation de l'Inde, ne dépassa guère les frontières de ce pays et demeura longtemps méconnu en Occident.

Car voyager, c'est d'abord changer de régime alimentaire, domaine dans lequel le jaïnisme a toujours maintenu avec intransigeance le précepte de non-nuisance. Les moines et les laïcs les plus motivés doivent s'abstenir de manger, même involontairement, des animaux, y compris des insectes ou vers de fruits. La liste des aliments autorisés est donc fort réduite, l'eau doit être filtrée et, pour ne pas avaler de moucherons, certains fidèles portent devant la bouche des voiles qui, comme les masques antipollution des citadins d'aujourd'hui, peuvent aussi protéger des microbes.

Si le Bouddha prêcha une rigueur tempérée (la «voie du milieu») dans le choix d'un régime alimentaire et d'une méthode ascétique, le Jina

Le jeûne fut toujours en Inde un moyen de purification. Le Bouddha mène une vie de privations extrêmes avant de découvrir l'Illumination et de prêcher une ascèse moins rigoureuse. Le Jina pratique un ascétisme encore plus impitoyable qu'il donne en exemple à ses disciples. Gandhi reprit les pénitences du Jina en leur donnant une signification politique, notamment lors de ses grèves de la faim.

se montra plus exigeant et ses disciples encouragèrent les jeûnes, parfois jusqu'à l'inanition – se laisser mourir de faim n'est pas une faute quand le corps ne peut plus satisfaire l'esprit (c'est une forme primitive d'euthanasie) – pour obtenir une vie meilleure ou un «achèvement» (*siddha*) de toute existence, prélude au *nirvâna* («extinction»), commun aux jaïns et aux bouddhistes. Gandhi, né dans le Gujarat (État où vivent de nombreux jaïns même si lui-même était un bouddhiste d'une sous-caste de *vaishyas*), donna une signification politique à ces jeûnes et popularisa les grèves de la faim dont s'inspireront des protestataires occidentaux.

Plaisir et devoir

Pour ceux-ci, le Mahâtmâ (la «grande âme») était l'inventeur de la non-violence alors que, pour les Indiens, il était le restaurateur de la non-nuisance qui interdit de faire du mal à tout être vivant. Appliqué aux hommes, ce principe favorise le règlement pacifique des conflits. Appliqué aux animaux, il relève plutôt de la cohabitation des espèces telle qu'elle est conçue par l'article 2 de la Déclaration universelle des droits de l'animal du 15 octobre 1978 (émanant d'organisations de protection des animaux) :

Jeunes fidèles jaïns devant le temple de Palitana (Gujarat).
Bouddha couché, Polmnâruwâ (Sri Lanka).

«Toute vie animale a droit au respect.» Les lois
occidentales interdisant les mauvais traitements
à l'égard d'un animal correspondent ainsi à l'impératif
indien de non-nuisance : l'espèce humaine doit respecter
ceux qui resteront ses animaux de compagnie tout
au long de la spirale des renaissances. Et les médailles
et citations à l'ordre de la nation de chiens sauveteurs,
telles qu'elles existent encore dans l'armée française,
traduisent les notions de récompense des mérites qui
ne sont pas sans évoquer le jaïnisme et le bouddhisme
où un «bon chien» renaîtra parmi les hommes
(à la posture verticale) et un chien méchant chez
les serpents ou les poissons, à ras de terre ou dans
les abîmes, avec les rampants ou les noyés.

La remontée est longue : l'ascension morale
des jaïns et des bouddhistes exige souvent plusieurs
existences comme l'ascension sociale des Occidentaux
modernes plusieurs générations. Car une vie ne suffit
pas pour récolter tous les fruits de ses actes et, surtout,
des intentions qui les sous-tendent et produisent des
effets même en l'absence de réalisation : regarder une

Le Jina et le Bouddha
furent assez rapidement
divinisés par certains
de leurs disciples.
Sur le site de Palitana,
des temples sont dédiés
à des «passeurs de gué»
mythiques et d'autres
à de pieux jaïns ayant
réellement vécu.
Quant à l'«extinction
complète» (*parinirvâna*)
du Bouddha, elle est
à la fois la mort
naturelle d'un homme,
la délivrance du cycle
des renaissances et
le passage à un autre
état d'existence
où l'individu se fond
dans l'univers.

femme avec désir, c'est déjà commettre l'adultère et, sur ce point, l'enseignement du Jina, du Bouddha et du Christ se rejoignent. Le plaisir ou désir sensuel (*kâma* en sanskrit, *érôs* en grec) est donc contraire au devoir (*dharma*) religieux pour ces trois doctrines même si le jaïnisme propose plutôt d'éviter le plaisir (fuir les occasions), le bouddhisme de s'en détacher (ne pas être esclave des passions) et le christianisme de le réprimer (combattre la sensualité).

Mais le christianisme encourage les actes vertueux (les «bonnes œuvres») tandis que le bouddhisme et, surtout, le jaïnisme estiment que rien n'est préférable à l'inaction pour ne pas renaître : cette absence de *karma* est nécessaire pour franchir l'ultime étape de la délivrance finale. Par un remarquable paradoxe, le bouddhisme et, plus encore, le jaïnisme, théoriquement voués à l'inaction, ont suscité de nombreuses œuvres charitables puisque les dons des laïcs aux institutions religieuses leur servent à acquérir des mérites en vue de renaissances agréables : on retrouve là le principe des «indulgences» ou remises de peines éternelles que le Pape vendait aux catholiques et qui fut l'une des causes de la Réforme. Mais, à son tour, celle-ci a produit de nombreuses œuvres de bienfaisance tout en reniant officiellement la théologie des œuvres et la pratique des indulgences. On mesure alors l'écart

Véritables villes de marbre, aux sculptures d'une exceptionnelle richesse, les temples jaïns sont souvent situés en des lieux dont l'accès difficile les préserva du pillage. Il faut monter 3 700 marches pour accéder aux 863 temples du Palitana et voir les statues des «passeurs de gué» qui précédèrent Mahâvîra. Celui-ci est moins le fondateur du jaïnisme que son réformateur.

entre les doctrines et
leurs applications, écart
facilement constatable
dans le jaïnisme qui prêche
officiellement un idéal
d'inaction mais dont
les fidèles ne cessent d'agir
en faisant construire
de nombreux temples de
marbre blanc, chefs-d'œuvre
de l'art indien.

Tolérance et divisions

Ces temples sont aussi,
d'un point de vue doctrinal,
des modèles de clair-obscur.
L'intérieur est voué aux
cultes des 24 *tîrthankara*,
ces «passeurs de gué»
(vers la délivrance),
en majorité mythiques,
dont le Jina (Mahâvîra)
est le dernier en date
et le premier ayant un
caractère historique.
Mais le pourtour
des édifices contient des

Intérieur du temple jaïn
de Dilwara, mont Âbû
(Rajasthan).
Tîrthankara, temple
de Palitana (Gujarat).

statues de nombreuses divinités indiennes, notamment
de Lakshmî, déesse de la fortune invoquée par
les hommes d'affaires et les commerçants (nombreux
chez les jaïns). Des desservants hindous assurent,
moyennant rémunération, l'entretien des sanctuaires.
Ce subtil mélange d'hindouisme et de jaïnisme a
permis à celui-ci d'obtenir la neutralité bienveillante
des brahmanes et, contrairement au bouddhisme,
de se maintenir sur le sol de l'Inde jusqu'à nos jours.

La pérennité du jaïnisme eut pour contrepartie
son émiettement car il s'est divisé en 88 sectes et écoles
divergeant parfois sur les points mineurs : 84 se
rattachant au courant *Shvetâmbara* («vêtus de blanc»)

qui, au début de l'ère chrétienne, habilla de blanc
ses moines et ses nonnes. Les quatre autres écoles
appartiennent au courant *Dîgambara* («vêtus de ciel»)
resté fidèle à la nudité du corps masculin (pratiquée
par le Jina), symbole de dénuement matériel. D'autres
divergences concernant le culte des images (refusé par
deux écoles), le contenu des textes sacrés (rédigés
par un concile, perdus puis réécrits par un autre

Nonnes bouddhistes
dans les ruines d'Angkor
(Cambodge).
Bodhisattva
de la compassion,
XVIIIe siècle.

concile, mille ans après
la mort du Jina),
l'assouplissement des
douze degrés de pureté
des fidèles (le dernier
étant l'inanition) ou
le rituel des nombreuses
confessions des moines
et des laïcs (quotidiennes,
trimestrielles ou
annuelles alors que
le bouddhisme, moins
scrupuleux, n'a qu'une
confession publique
bimensuelle pour
les moines). Dans sa quête
acharnée de la perfection,
le jaïnisme a toujours
traqué les défaillances
en son sein. C'est ainsi
que cette religion
d'une extrême tolérance
à l'égard d'autrui
s'est montrée
intransigeante pour
elle-même.

Sainteté et compassion

Le bouddhisme connut
aussi des conflits dès
la mort du Bouddha.
Comme dans le jaïnisme

et le christianisme, ces conflits provoquèrent souvent la tenue des conciles, organes de décision collectifs, bien adaptés à des religions communautaires : le mot latin *concilium* est d'ailleurs l'équivalent du sanskrit *sangha* qui désigne la réunion des moines et, par extension, la foule des fidèles. Les conciles bouddhiques (dont le nombre et la date sont mal connus), comme leurs homologues jaïns et chrétiens (du moins pour les huit conciles dogmatiques des premiers siècles), furent souvent convoqués par des rois ou des empereurs qui souhaitaient maintenir la paix religieuse dans leur État. Mais si les conciles chrétiens traitèrent surtout des questions doctrinales (portant notamment, sur la nature du Christ) les conciles bouddhiques (et jaïns) furent plutôt convoqués pour des problèmes scripturaires (la fixation du canon des Écritures) et disciplinaires. Car les querelles portaient essentiellement sur les critères de la sainteté. Les bouddhistes scrupuleux, considérant la pollution nocturne des moines, même involontaire, comme un péché, faisaient de l'état de saint (*arhat*) l'idéal de toute existence que chacun devait viser par ses seules forces morales. Cette discipline des sens se conjuguait à une austérité religieuse faisant du Bouddha historique l'unique modèle à imiter et refusant à l'homme au courage ordinaire les secours d'une assistance céleste.

À cet héroïsme vertueux, d'autres opposèrent la nature humaine et, acceptant les fantasmes des rêves érotiques, donnèrent aussi libre cours à l'imaginaire mystique en multipliant les rédempteurs merveilleux qui effacent les désordres du plaisir. L'homme peut obtenir la délivrance avec l'intercession de *bodhisattvas*,

La vie religieuse convient-elle aux femmes? Cette question traverse toute l'histoire du bouddhisme : à l'inverse du christianisme qui a souvent rapproché moines et moniales (celles-ci ont besoin de ceux-là pour dire la messe), le bouddhisme les a plutôt éloignés par crainte des scandales. Mais les valeurs féminines sont à l'honneur dans le bouddhisme et le *bodhisattva* de la Compassion est souvent représenté sous des traits féminins.

«êtres proches de l'Éveil» (titre également donné
au Bouddha historique avant son Illumination)
qui retardent leur entrée dans le *nirvâna* pour aider
les fidèles dans leur progression (alors que les saints
chrétiens intercèdent pour les croyants depuis
le paradis où ils sont déjà). Les *bodhisattvas* font ainsi
preuve, à l'égard des humains,
de *karunâ* («compassion»), terme
équivalent, dans le christianisme,
aux notions de charité et de pitié
(conséquence de la piété). L'objectif
central du bouddhisme étant la
suppression de la douleur (*duhkha*)
physique et psychique, la compassion
apparaît comme un partage de
la souffrance. Comme le Christ est
l'agneau de Dieu qui porte le péché
du monde, le *bodhisattva* est l'ami des
hommes : il porte leur mauvais *karma*
et leur donne ses mérites. Il promet
un paradis sans fin comme le Bouddha
battait «le tambour de l'immortalité»
et le *nirvâna*, ce «non-souffle»
de l'extinction permanente, ressemble
alors, conformément à certaines

interprétations du bouddhisme originel, à une vie éternelle. Cette immortelle sérénité, délivrée de la peur de la mort, serait, selon la formule d'un orientaliste, «l'aurore d'un jour que le soir n'assombrira jamais». Dans cette conception, elle ne serait pas contradictoire avec le «repos éternel», ce requiem de la liturgie catholique des défunts.

Maitreya en méditation, 900 apr. J.-C. (Balistan). Pieds du Bouddha, Rangoon (Birmanie).

Petit et Grand Véhicules

L'école ascétique, qui fut divisée en de nombreuses tendances, remonte au tout début du bouddhisme, et sera connue, au début de l'ère chrétienne, sous le nom de *Theravâda* («doctrine des Anciens»). Ses adversaires l'appelleront *Hinayâna* («Petit Véhicule» ou «Petit moyen de progression»), car le progrès moral y serait égoïste, l'obligation de ne compter que sur ses propres forces excluant tout altruisme.

La deuxième école se nommera donc elle-même *Mahâyâna* («Grand Véhicule»), un véhicule qui emmène au *nirvâna* non plus une petite élite de moines ascètes mais une foule de croyants, moines et laïcs, assistés par d'innombrables «êtres proches de l'Éveil» et de multiples divinités. Alors que le Petit Véhicule n'a qu'un seul conducteur, le Bouddha Shâkyamuni (qui connut des centaines d'existences passées mais n'eut qu'une seule manifestation historique), le Grand Véhicule en a plusieurs dont le plus populaire est Maitreya («celui qui aime»), bouddha de l'avenir et de la compassion qui règne dans le ciel des *tushita* («satisfaits» ou «bienheureux») et reviendra, (tel un Messie rédempteur) créer une nouvelle Terre pure, équivalent du Paradis de l'Ouest où règne le Bouddha Amitâbha («lumière infinie»). Le Petit Véhicule exalte

Le Bouddha est à la fois unique et multiple. Il y eut un seul Bouddha historique mais celui-ci, avant son Illumination, eut de nombreuses existences antérieures (leur nombre varie selon les traditions) en tant qu'homme, femme, animal ou divinité. Ces «nativités» (*jâtaka*) fabuleuses sont décrites dans des contes ou représentées sous les pieds du Bouddha couché. En outre, le *Mahâyâna* a élaboré une théologie dans laquelle chaque être humain est un Bouddha en puissance. Enfin, il a développé (mais ne l'a pas créé) le culte de Maitreya, le Bouddha de l'avenir.

les vertus héroïques, comme le catholicisme, mais ses saints sont sans pouvoirs. Le Grand Véhicule magnifie la grâce divine, comme le protestantisme, mais contrairement à lui, il dispose d'intermédiaires efficaces dans les cieux. Un troisième Véhicule se détacha de ce convoi vers le VIe siècle apr. J.-C., le *Vajrayâna* («Véhicule de Diamant»), issu du *Mahâyâna*, qui développa les pratiques ésotériques sous la direction d'un maître, le *guru* («homme de poids») dont le titre et le rôle (essentiel) étaient déjà connus de la religion des brahmanes.

Ces trois Véhicules sont tous nés dans le nord-est de l'Inde, où leur doctrine a été largement fixée, avant qu'ils ne se dispersent sur les routes terrestres et maritimes d'Asie pour gagner l'est du continent et s'enrichir de nouveaux apports culturels. Leur évolution matérielle et spirituelle correspond bien au double sens du mot sanskrit *yâna* qui désigne à la fois un véhicule et un voyage, un moyen de progression et un itinéraire, une voiture et une expédition.

Oralité et écriture

Chaque Véhicule a son livre de route, sous la forme d'une immense compilation des textes sacrés, succédant à des siècles de transmission orale. La version la plus courte de ces textes, représentant près de dix fois la longueur de la Bible, la seule tenue pour canonique par le Petit Véhicule, rédigée en pâli (langue indo-européenne proche du sanskrit), est appelée «Triple Corbeille» ou *Tripitaka*. Elle contient une «Corbeille de la Discipline» (des moines), ou *Vinaya Pitaka,* qui forme la première partie du canon bouddhique, immuable, alors que les règles de discipline des moines chrétiens sont des textes non révélés toujours modifiables. La *Sûtra Pitaka,* ou «Corbeille des Discours» contient des sermons du Bouddha et l'*Abhidharma-Pitaka,* ou «Corbeille de la Doctrine suprême», est un recueil de philosophie bouddhique. Ces Trois Corbeilles, ainsi nommées parce que les compilateurs mettaient ces ouvrages

Maitreya au lotus bleu, peinture murale, VIe siècle, Fondukistan.

La figure de Maitreya est l'une des plus importantes de l'histoire des religions. On la retrouve sous le nom de Mitra («Ami») dans l'Inde védique, en tant que dieu du jour (frère de Varuna, dieu de la nuit), symbole de l'amitié entre les hommes, garant des contrats. Il est apparenté à Mithra, dieu iranien de la Lumière et de la Justice, gardien de la parole donnée. Le culte de celui-ci eut une grande importance dans l'Empire romain où l'on fêtait sa naissance (parmi des bergers) le 25 décembre, date qui fut choisie pour célébrer la Nativité du Christ. À l'autre extrémité de l'Eurasie, profondément transformé sous le nom de *Maitreya,* cet Ami est devenu le rédempteur du genre humain : il habite le Ciel des «satisfaits» (*tushita*) où chacun peut renaître.

dans des paniers différents, se remplirent assez tardivement : la rédaction des textes s'échelonna sur une longue période et un long trajet puisque la première version complète n'apparaît qu'au Iᵉʳ siècle av. J.-C. dans l'île de Sri Lanka, à quatre cents ans et trois mille kilomètres de distance des temps et lieux de la vie du Bouddha.

Les textes du Grand Véhicule et du Véhicule de Diamant sont encore plus longs; rédigés initialement en sanskrit, ils ne nous sont souvent parvenus que dans des versions en chinois (Grand Véhicule) ou en tibétain (Véhicule de Diamant). Des fragments en sanskrit ont été découverts à la périphérie du sous-continent indien, au Cachemire, en Afghanistan ou au Népal. En effet, le bouddhisme qui, durant son premier millénaire d'existence, s'était largement répandu dans toute l'Inde, en fut ultérieurement chassé pour être remplacé par une nouvelle religion issue du brahmanisme, que les Indiens appellent l'«Éternelle Loi» (*Sanâtana-Dharma*). Au XIXᵉ siècle, les Anglais, occupant l'Inde, lui donneront un autre nom : l'hindouisme (*hinduism*).

9 L'ordre des prêtres

LES AMENDEMENTS À LA LOI ÉTERNELLE, FORMULÉS PAR LE JINA
ET LE BOUDDHA, PERTURBENT L'ORDRE ANCESTRAL DES BRAHMANES.
AU DÉBUT DE L'ÈRE CHRÉTIENNE, CEUX-CI RÉNOVENT LE VÉDISME
POUR RENDRE LA RELIGION PLUS POPULAIRE ET LA SOCIÉTÉ MOINS
VULNÉRABLE OU MIEUX CONTRÔLABLE GRÂCE À UN RENFORCEMENT
DES CASTES DONT LES MUSULMANS, LES CHRÉTIENS ET LES SIKHS AURONT
BIEN DU MAL À SORTIR. TELLE EST LA RELIGION QU'AU XIXᴱ SIÈCLE
LES EUROPÉENS APPELLERONT «HINDOUISME».

Double page précédente :
Vishnu reposant sur le
serpent; de son nombril sort
un lotus d'où émerge
Brahma le créateur,
miniature, XVIᵉ siècle.

Enfant déguisé en Shiva
sur un char de procession
nocturne pour la fête
de Durga.
Shiva, Parvati et Ganesh,
peinture, Himashal, Chamba.

L'ordre
des prêtres

Pourquoi le jaïnisme a-t-il survécu en Inde jusqu'à nos jours alors qu'à l'exception de quelques vallées himalayennes, le bouddhisme a presque disparu de ce pays? On peut avancer des réponses historiques et théologiques. Historiquement, l'Inde eut à souffrir de nombreuses invasions comme celles des Huns blancs venus d'Asie centrale (vers 450 apr. J.-C.) ou des Turcs musulmans (à partir de la fin du Xe siècle). Peut-être les temples jaïns ont-ils mieux résisté aux destructions que les monastères bouddhistes parce que, tels les sanctuaires de Palitana et du mont Girnar (Gujarat) ou du mont Âbû (Rajasthan), ils étaient situés en des lieux escarpés et isolés d'où ils ne faisaient pas concurrence à la religion des envahisseurs.

Mais cette explication ne peut entièrement valoir pour les régions méridionales et orientales de l'Inde assez peu touchées par les invasions depuis les débuts de l'ère chrétienne. Il semble plutôt que, dans tout le pays, les monarques et les populations se soient progressivement détachés du bouddhisme, religion devenue aussi cléricale que celle des brahmanes et dont les immenses installations, telle l'université de Nâlandâ (Bihâr) avec ses dix mille étudiants, exigeaient des dons importants. L'oisiveté

Le jaïnisme est l'une des rares religions au monde (avec le catholicisme) à avoir plus de religieuses que de religieux.

Mais l'école *Dîgambara* n'a pas de nonnes car, pour elle, les femmes doivent renaître en hommes pour obtenir la délivrance.

des moines, thème fréquent dans l'anticléricalisme occidental, était aussi dénoncée dans l'Inde classique où le mot même de monastère (*vihâra*) désignait d'abord un parc d'amusement comme dans la Grèce antique l'école (*scholè*) fut d'abord un lieu de loisir. Là où des contemplatifs voyaient une refondation du savoir, des pragmatiques voyaient une récréation coûteuse dans un pays appauvri par les guerres de religions.

La revanche des dieux

Théologiquement, le jaïnisme maintint mieux que le bouddhisme des liens solides entre moines et laïcs, traités sur un pied d'égalité, alors que la philosophie du Petit Véhicule tend à négliger ces derniers, dès lors moins enclins à défendre leur religion. De plus, l'extrême conservatisme des jaïns évita à ceux-ci les aléas des réformes qui conduisirent les bouddhistes à se scinder en des écoles opposées (Petit et Grand Véhicules). Enfin, le jaïnisme garda suffisamment de contacts avec la religion des brahmanes, en révérant certains de ses dieux et en employant nombre de ses officiants, pour ne pas encourir leurs anathèmes. Trop ouvertement agnostique, le *Hînayâna* s'exposait, de la part des prêtres, au reproche d'impiété tandis que les fidèles ne

Shiva natajara,
style dravidien, Vellalagara
(Inde du Sud).
Nonnes jaïnes.
Statue de Bâhu-bali,
ascète jaïn vénéré par
les *Digambara*.

pouvaient satisfaire leur besoin de mystère dans ce Petit Véhicule sans Dieu qui n'a d'autre pilote qu'un simple mortel (le Bouddha historique) : nulle part en Asie, il ne pourra survivre sans l'aide des cultes animistes et de leur sens du merveilleux. Inversement, peuplé de divinités multiples, le Grand Véhicule finissait par ressembler au brahmanisme et à son vaste panthéon, à tel point que les fidèles pouvaient confondre les deux religions et préférer la plus conforme à la piété traditionnelle et au besoin de mystère (le bouddhisme a été révélé par un homme alors que le brahmanisme se veut un savoir d'essence divine).

Le culte des images

Le brahmanisme s'inspira aussi de plusieurs méthodes de propagation du bouddhisme pour mieux le contrer. La première concerne le culte des images : après une période aniconique, durant laquelle on ne représentait qu'indirectement le Bouddha (par l'empreinte de ses pieds, la roue de la Loi ou une fleur de lotus), le bouddhisme commença, vers le début de l'ère chrétienne, à multiplier les

Représentations contemporaines de Ganesha, peint sur un camion, et de Garuda, à l'entrée d'un temple à Katmandou (Népal).

sculptures et peintures du corps de l'Éveillé. Certaines sculptures ont été créées dans le bassin du Gange (école de Mathura), d'autres (art du Gandhâra) sont nées à l'extrême nord-ouest du pays et ces dernières témoignent d'une synthèse indo-grecque avec des influences romaines et iraniennes : le Bouddha ressemble parfois à un éphèbe athénien ou à un guerrier moustachu persan. Si le Bouddha est une

grande figure de l'Inde, il a souvent reçu son visage
d'Occident, et notamment de Grèce. La sérénité de
ses traits et son absence de rides évoquent, par ailleurs
l'ataraxie (absence de trouble), idéal des épicuriens
et des stoïciens.

Le brahmanisme développa, progressivement,
en réponse au bouddhisme, une statuaire plus
spécifiquement indienne avec des postures originales
(liées à des danses cosmiques), des membres multiples
(quatre bras symbolisant la puissance redoutable
ou secourable) et un bestiaire
typiquement asiatique (avec une
grande fréquence de l'éléphant).
Ces animaux sont souvent des
«conducteurs» (*vâhana*) qui
supportent les dieux sur leur dos
pour les conduire vers les
hommes en illustrant leurs
vertus : Nandi est le taureau blanc
de Shiva, symbole de la puissance
masculine; Garuda est l'oiseau
doré de Vishnou, symbole de
la parole volante (le Verbe
communiqué) et de la vigueur
sacrée (la semence de l'Esprit).
Quant à Ganesha, fils de Shiva
et «seigneur des troupes»
(de dieux), cet énorme éléphant
«qui enlève les obstacles» a pour
animal-support un petit rat,
Mûshaka, qui s'insinue partout
comme un «rat d'hôtel» et passe
sous les barrières qu'enjambe le pachyderme,
monture des caravaniers : ainsi le dieu peut-il être à
la fois le patron des marchands et des voleurs.

Ganesha peint sur
l'arrière d'un camion,
Garuda décorant
l'entrée d'un temple :
l'art religieux indien
est d'abord figuratif et
répétitif. Son immense
extension (les grands
temples hindous, comme
ceux de Madurai ou
de Khajurâho, peuvent
comporter des centaines
de milliers de statues)
laisse intacte la question
de ses origines : fut-il
d'abord bouddhique
ou brahmanique,
issu d'écoles artistiques
locales ou importé
d'Occident? Ces diverses
hypothèses peuvent se
cumuler et renvoyer à
des origines plurielles.

Le retour du désir

L'hindouisme égalera le bouddhisme dans son art de
l'image et son goût des sauveurs. À la compassion des
bodhisattvas aidant les hommes à trouver la délivrance

correspond la descente (*avatâra*) des divinités
hindoues sauvant l'humanité en état de crise.
Si la notion d'*avatâr* est antérieure au culte de Vishnou
(comme la notion de Messie à celui du Christ) et date
de l'époque védique, elle se popularisa au début de
l'ère chrétienne. Bien qu'elle s'applique, en théorie,
à tous les dieux, elle concerne surtout Vishnou,

conservateur du monde
et rédempteur de
l'homme. Mais alors
que le dieu des
chrétiens ne descendit
du ciel qu'une seule fois
pour sauver l'univers
par son fils Jésus,
Vishnou s'incarna à dix
reprises et sa mission
salvatrice n'est pas
terminée puisque la fin
de notre âge de fer
verra son ultime
intervention, du moins
pour l'ère (*yuga*)
présente.
Ses *avatâr* les plus
célèbres sont les derniers. Le septième est le prince
Râma, héros de l'Inde et homme idéal. Le huitième
est Krishna (le «Noir», couleur évoquant la peau
foncée des Dravidiens), joueur de flûte qui séduit
les filles de vachers (comme, en Grèce, Pan séduit les
bergères) et symbolise l'amour divin. Le neuvième
est… Bouddha et cette habile récupération d'un héros
rival montre à quel point les religions de l'Inde
s'influencent réciproquement. Quant au dixième
avatâr, certains hindous le voient dans Jésus-Christ
tandis que les ismaéliens (musulmans chiites, disciples
de l'Aga Khan) l'ont décelé chez Mahomet.
Vishnou illustre surtout l'étonnante capacité de
l'hindouisme à assimiler les religions rivales en les
indianisant.

Le culte des divinités
hindoues mêle
étroitement l'homme,
la femme et l'animal
mais cette extrême
diversité apparente
correspond à
une profonde unité
intérieure. Pârvatî,
épouse de Shiva,
symbolise ainsi
la Nature tout entière
et est vénérée sous
de multiples formes,
tantôt bienveillantes
tantôt terrifiantes, en
tant que dispensatrice
du bien et destructrice
du mal. Pârvatî est
la sœur de Vishnou, qui
est donc le beau-frère
de Shiva. Les notions
occidentales
de monothéisme,
de polythéisme et
de panthéisme sont
donc difficiles
à transposer en Inde.
Ainsi, le quatrième
avatâr de Vishnou
est Narasimha,
l'homme-lion qui
déchire un démon
avec ses griffes et dont
la force protège
les familles.

Avec Vishnou, époux de Lakshmî (la «millionnaire»), déesse de la Fortune, l'hindouisme disposait déjà d'un dieu plus séduisant que les anciennes divinités védiques, trop lointaines ou abstraites. Avec Shiva, époux de Pârvatî (la «montagnarde»), fille de l'Himalaya et personnification de la nature féconde, il se dotait d'un dieu «fascinant», à la fois créateur et destructeur, sexe tout-puissant et verge destructrice. Issu des vieux cultes de fécondité pré-aryens, Shiva dresse son phallus adorable, le *linga* («signe») posé sur la vulve féminine, la *yoni.*

Équivalent du *fascinum*, amulette phallique des Romains, le *linga* est, paradoxalement, un symbole chaste puisque Shiva est un dieu continent qui garde son sperme pour ne pas perdre d'énergie.

Nuit de Shiva au temple d'Ettumanur :
les fidèles hindous, exaucés, font le tour du temple en se roulant par terre. Narasimha, *avatâr* de Vishnou, homme et lion, peinture, XVIIIe siècle.

C'est aussi un emblème populaire et démocratique puisqu'il figure l'attribut de tous les hommes.

Les dévots du *linga* ou *lingâyat* forment d'ailleurs la seule école de l'hindouisme refusant les castes et, depuis ses origines (au XIIᵉ siècle), restée favorable au remariage des veuves comme à l'égalité des sexes. Alors que le durcissement du système des castes et sous-castes rendait impossible les mariages exogames, le sexe de Shiva devint l'emblème des unions libres de préjugés sociaux.

Le culte de Shiva marque aussi le retour du désir (*kâma*). Considéré par le Bouddha et le Jina comme une cause de souffrances et un obstacle à la délivrance, le désir n'était pour eux qu'une souillure, un «écoulement» (*âsrâva*) des humeurs qui culmine dans l'amour, source de larmes et de sperme. Au désir liquide du bouddhisme (qui provoque une soif, ou *trishnâ*, de besoins), l'hindouisme (comme le védisme) préfère le désir enflammé : assimilé à Agni, Kâma est à la fois le feu sacré et la flamme dévorante, la chaleur du groupe et le foyer du couple, l'énergie vitale et la passion mortelle.

Accepter le désir, c'est donc l'apprivoiser, en faire un élément de culture et un art de vivre illustrés par le célèbre *Kâma Sutra* («Traité du désir»), ouvrage profane témoignant de l'idéal érotique dans les milieux aristocratiques indiens vers le Vᵉ siècle apr. J.-C. Les sculptures réalistes de nombreux temples hindous se rattachent aussi à cette vision positive du désir qui se veut aspiration à faire le bien. Élan venu du plus

Sous sa forme symbolique, le *linga* a un aspect peu suggestif et nombre de fidèles n'y voient plus un objet érotique. Sous sa forme réaliste, le phallus exhibe son pouvoir fécondant dont Shiva est le protecteur. Plaisir sexuel et puissance procréatrice sont ici indissociables.

Linga dans un temple shivaïque.
Statue dans un temple hindou, Suku (Indonésie). Miniature érotique indienne, XVIIIe siècle.

profond du cœur, Kâma peut évoquer le désir théorisé par Freud et, surtout, par Lacan, qui n'est pas une jouissance à l'état brut mais un appétit d'amour qui ne trouvera jamais sa pleine satisfaction.

Les trois formes de Dieu

La multiplication des divinités, souvent locales, dans le panthéon hindou a pour contrepartie une profonde unité mystique qui fait des différents dieux les émanations d'une même essence. Ainsi, Brahmâ, concepteur de l'univers, forme-t-il avec Vishnou, le conservateur, et Shiva, le créateur-destructeur, une triade, la *Trimûrti* («qui a trois formes») : ces dieux sont les trois formes d'une même réalité mais aussi les trois réalités d'une même «forme» ou matière

Les miniatures indiennes érotiques transcendent le clivage entre le profane et le sacré. Elles sont à la fois des images d'amour charnel et des hommages au plaisir divin dont la satisfaction paisible assure l'équilibre humain et la santé spirituelle.

(divine). Si cette triade semble éloignée de la Trinité chrétienne, les brahmanes soulignent, face à leurs adversaires chrétiens ou musulmans, l'unicité du milieu divin dans leur religion qu'on peut qualifier, sans contradiction, à la fois de polythéiste et de monothéiste.

L'autre signe d'unité de l'hindouisme est la *bakhti* («participation»), dévotion qui se développe au début de l'ère chrétienne. Plutôt que de multiplier les sacrifices extérieurs, le fidèle participe à l'amour divin et partage son idéal avec son prochain de toute condition sociale. La *bakhti* est à la fois extase et communion, mystique et bienveillance, mouvement du cœur et élan généreux. Autant le *kâma* ressemble à l'*érôs* des Grecs, autant la *bakhti* fait songer à l'*agapè* (amour charitable) des chrétiens.

Par un remarquable paradoxe, le développement de la *bakhti*, idéal foncièrement égalitaire (la dévotion, notamment lors des pèlerinages, mélange tous les milieux sociaux), alla de pair avec un durcissement du régime des castes. L'arrivée au pouvoir de dynasties de brahmanes (ceux-ci concurrençant les *kshatriya* pour l'exercice des fonctions royales) dans le nord de l'Inde (comme les Shunga dans le Magadha, là où avait prêché un *kshatriya*, le Bouddha), donna lieu, au début de l'ère chrétienne, à des mesures anti-bouddhistes et pro-hindoues qui sacralisèrent les différences sociales.

Progressivement, aux quatre *varna*, s'ajoutèrent de nombreuses *jati* («naissance»), différentes selon les régions et constituant des sous-castes liées souvent à une profession. Chaque *jati* se rattache à une *varna* en fonction de son degré de pureté (les professions les plus salissantes étant classées parmi les hors-castes) tout en entretenant des rapports d'échange (souvent de troc) avec ses voisines. Ce système, dit *jajmani*, justifie une discrimination sociale tout en donnant une dimension religieuse (le *jajman* est celui qui fait faire des sacrifices par le brahmane) à une division du travail ressemblant au système des corporations dans l'Europe du Moyen Âge. C'est ainsi que l'Inde devint,

Comme dans une société en nom collectif, les dieux hindous répondent infiniment et solidairement des dettes sociales, c'est-à-dire des exigences des hommes; on peut s'adresser à l'un ou à l'autre, prier dans un temple dédié à Vishnou ou à Shiva sans cesser d'appartenir à la même religion qui associe l'unité du divin à la multiplicité de ses formes. En cela, l'hindouisme est à la fois monothéiste et polythéiste. Krishna (le «Noir»), huitième *avatâr* de Vishnou, est aussi une incarnation de toutes les divinités et donc un objet de dévotion pour tous les fidèles.

Fresque d'un temple hindouiste portant l'inscription «un Dieu unique à plusieurs noms». Danseurs d'une secte vishnouite rattachée à Krishna, miniature, XIXe siècle.

selon la formule de Louis Dumont, une société de l'*Homo hierarchicus* où la place de chacun est un ordre de Dieu.

Les Indiens de Zoroastre

Ce mélange de communion à Dieu et de cloisonnement des hommes que constituent la *bakhti* et les *jati* s'est trouvé très tôt confronté à des principes différents apportés par des religions venues de l'Ouest : un Dieu radicalement autre, agissant par transcendance (et non par

immance) en faveur d'hommes égaux devant
la grâce et le péché.

La première influence, assez composite, fut celle du
manichéisme. Mani (216-277? apr. J.-C), un Babylonien
ayant voyagé en Inde et au Proche-Orient, tenta une
synthèse entre judaïsme, christianisme, zoroastrisme
et bouddhisme. Révélant une opposition absolue entre
le Bien et le Mal et une guerre acharnée entre le Père
des Lumières et le Prince des Ténèbres, le message
de Mani fut diffusé de l'Algérie (saint Augustin fut
manichéen dans sa jeunesse) au Tibet et de l'Inde
à la Chine. Le manichéisme représente une ultime
tentative de conciliation entre traditions proche-
orientales et indiennes, amalgamant le Jésus de
la Croix et le Bouddha de Lumière (la «Croix de
Lumière»), la Révélation venue du Ciel et
l'Illumination intérieure.

Le rayonnement du manichéisme en Inde semble
avoir été assez limité et son échec est celui d'un
syncrétisme très complexe entre spiritualités indiennes

Les jeunes zoroastriens
pârsî participent à une
cérémonie initiatique
ou Navjote, équivalent
de la confirmation
chrétienne ou de
la Bar Mitsvah juive.
Ils s'engagent à respecter
les idéaux de leur
religion (notamment le
refus du mensonge),
reçoivent un vêtement
rituel et une cordelette
dont les soixante-douze
brins symbolisent
la fraternité universelle.
En Inde, cette
cérémonie peut aussi
faire penser à la remise
du cordon sacré chez
les jeunes brahmanes.

et traditions proches-orientales. En revanche, la doctrine beaucoup plus homogène des *pârsî* (un groupe de zoroastriens chassés d'Iran par les musulmans au VIIIᵉ siècle et installés dans la région de Bombay) a pu se maintenir intacte en Inde au prix d'une stricte endogamie qui perpétue la pure doctrine dans les familles avec tous les risques de déclin démographique que comporte le refus des mariages mixtes.

Les chrétiens de saint Thomas

D'Iran et de Mésopotamie sont également venus les «chrétiens de saint Thomas», ainsi nommés pour leur dévotion à l'apôtre du Christ qui aurait, d'après la légende, évangélisé l'Inde avant d'être blessé à mort à Madras, par un brahmane : ce récit témoigne surtout des relations conflictuelles entre prêtres hindous et chrétiens, les premiers reprochant aux seconds des conversions «forcées» et les seconds s'indignant du sort fait aux basses castes.

La présence de chrétiens dissidents dans l'Inde du Sud est prouvée seulement depuis le IVᵉ siècle. Ces nestoriens et ces monophysites vécurent au contact de manichéens et de juifs (notamment à Cochin). Ils se répandirent dans toute l'Asie jusqu'à l'est de la Chine (leur présence est attestée à Xian en l'an 631). Au XIIᵉ siècle, ils comptèrent jusqu'à deux cents évêchés et plusieurs dizaines de millions de fidèles sur tout le continent. Mille ans avant l'arrivée de Vasco de Gama et des Européens en Inde, ce pays abritait une importante communauté chrétienne qui, cependant, comme toutes les Églises dissidentes d'Asie, connut un lent déclin lié à la concurrence d'une religion nouvelle, l'islam. Car le monophysisme

Fondé par un officier britannique de l'armée des Indes (Baden Powell) et inspiré par l'œuvre de l'écrivain anglo-indien Rudyard Kipling, le scoutisme rassemble des traditions indiennes et européennes. De l'Inde il a reçu la loi de la jungle et les leçons des animaux. À l'Europe il emprunte le sens de l'organisation et les valeurs du christianisme.

Initiation d'un jeune pârsî à Bombay. Groupe de scouts dans le temple de Brahmâ à Pushkar.

ressemblait trop au monothéisme absolu des musulmans pour proposer aux Asiatiques un véritable choix religieux.

L'irruption de l'islam

Si l'arrivée des premiers musulmans dans la vallée de l'Indus dès l'an 712 (vingt ans avant la bataille de Poitiers) ne fut pas trop lourde de conséquences (les envahisseurs durent composer avec les princes hindous), les conquêtes des Turcs (à partir du XIᵉ siècle) et des Moghols venus de Mongolie (au début du XVIᵉ siècle) provoquèrent de nombreux conflits et d'immenses massacres. L'Inde fut le théâtre de guerres de religions parmi les plus meurtrières et les plus destructrices de la planète : la quasi-totalité des temples hindous du nord du pays fut rasée et, à leur place, furent édifiés des mosquées et des palais

À Ayudhya, l'une des sept villes sacrées de l'hindouisme, lieu de naissance du dieu Râma, des hindous détruisent une mosquée qui, au XVIᵉ siècle, avait été construite sur l'emplacement d'un temple hindou, par ordre d'un empereur moghol. Des milliers de mosquées ont connu la même histoire et posent le même problème de la coexistence entre cultes.

Hindous et musulmans se disputant, en 1990, un site sacré à Ayudhya. L'empereur moghol Akbar, miniature, XVIIᵉ siècle.

de style indo-musulman où se mêlent les influences arabes, turques, persanes et indiennes.

L'islam fut lui-même indianisé et influencé par l'hindouisme : le soufisme, mystique musulmane s'épanouit au contact de la *bakhti*. Les *fakîr,* «mendiants» musulmans, ressemblaient so *sâdhu,* ascètes hindous. Enfin, malgré l'é théorique de tous les croyants au seir communauté (*oumma*), les musulm nombreux groupes de statut iné sociale s'inspire du système d sur le degré de pureté de le Pakistan, république islamique, «le pays des purs». Mais il y a auss. distinction liés à l'appartenance à un guerrière ou à une famille noble : le sommet de l échelle sociale est occupé par ceux qui affirment descendre du Prophète ou, du moins, appartenir à une longue lignée de musulmans. Les immigrants venus des pays musulmans du Proche-Orient, notamment d'Iran, ont donc, en principe, un statut supérieur aux Indiens fraîchement convertis, comme deux millénaires auparavant, les immigrants aryens dominaient les autochtones dravidiens.

SIKHS

Le rêve d'Akbar était à la mesure de ce grand roi moghol qui unifia l'Inde du Nord. Mais il est plus facile de réunir des États que de fusionner des cultes. Si sa religion syncrétique n'eut qu'une brève existence, l'idéal de laïcité de l'actuelle constitution indienne reprend son idée d'une tolérance universelle.

La synthèse des sikhs

Concilier islam et hindouisme est un défi éléphantesque que releva l'empereur moghol Akbar (1542-1605). Près d'Agrâ, il construisit sa magnifique capitale de Fathepur Sikri dans un style composite, décor de rêve pour la religion syncrétique qu'il tenta de fonder. Celle-ci, le Dîn-I-Ilâhî («religion de la lumière») était, en fait, une confrérie rassemblant quelques dizaines de nobles autour d'un idéal conciliant zoroastrisme, christianisme,

bouddhisme, hindouisme
et islam. La religion iranienne
y retrouvait son rôle de trait
d'union entre confessions
indiennes et proche-orientales
de même que l'art persan se
situait à mi-chemin des styles
arabe et indien. Ce culte
syncrétiste et élitiste, vivement
combattu par les musulmans
orthodoxes, ne survécut pas
à l'empereur dont la capitale
fut également abandonnée,
peut-être par manque d'eau :
son emplacement et son
architecture relevaient du
même idéalisme que la
religion universelle dont elle
fut le berceau et le tombeau.

Là où un monarque échoua,
des hommes du peuple
réussirent. Car moins
ambitieuse et plus durable que
le syncrétisme d'Akbar fut la
réforme des sikhs (du sanskrit
shishya : disciple) groupés
autour de Nânak (1469-1538),
religieux et poète prônant
la réconciliation des hindous
et des musulmans autour de
l'adoration d'un seul dieu.
Ses propos furent réunis dans
l'*Âdi-Granth* («Premier Livre»)
dont les strophes sont sans cesse
chantées dans les temples sikhs.
Si les sikhs admettent l'idée de
réincarnation, ils considèrent
l'éternité non comme une
extinction (*nirvâna*) mais
comme un séjour avec Dieu,

récompense d'une vie de charité, d'égalité et de fraternité sans distinction de caste ni de sexe.

La solidarité est donc au cœur de l'existence quotidienne et les temples sikhs sont dotés, dans leur enceinte, d'un *langar*, cuisine-réfectoire pour nécessiteux, sorte de «restaurant du cœur» végétarien, innovation majeure dans un pays où, jusqu'à une époque récente, il n'y avait guère de restauration collective, par peur du mélange des convives «purs» et «impurs».

Né au Pendjab, région d'affrontement entre islam et hindouisme, le sikhisme emprunte sa doctrine aux deux religions. Comme le premier, il se veut monothéiste, comme le second il a ses *gurus* («maîtres» dont le principal n'est autre que le livre saint, surnommé Guru Grant Sâhib («Monsieur le Maître-Livre»), personnification de l'autorité spirituelle dont les sikhs ouvrent, trois fois par jour, une page au hasard pour ne pas choisir les leçons divines.

Le glaive des «lions»

Ayant grandi dans un contexte de guerre de religions (les sikhs furent eux-mêmes persécutés par les empereurs moghols), le sikhisme est devenu une religion à la fois guerrière et pacifique. Les hommes sont appelés «lions» (*singh*), les femmes étant «princesses» (*kaur*) tandis que Dieu est surnommé le «Tout-Acier», son symbole étant une épée.

À l'adolescence, chaque garçon participe à une cérémonie d'initiation (*samskara*) où il reçoit l'*amrita*, boisson d'«immortalité» qui correspond au *soma* védique tout en ressemblant à l'eau du baptême – il s'agit en effet d'eau mélangée à du sucre par un *guru* qui, en guise de cuiller, utilise un glaive (*khanda*), symbole du dieu unique et de la communauté unie. L'initié promet de se montrer charitable et honnête, tout en s'abstenant d'alcool (comme les musulmans) et de tabac, tant pour des motifs de santé que d'ascèse.

Les sikhs ont toujours été nombreux dans les armées indiennes où ils ont brillé par leurs vertus guerrières

Le sikhisme est la religion du Livre par excellence : les textes sacrés sont lus sans cesse dans les temples, parfois par de simples laïcs, hommes ou femmes. Le temple le plus vénéré par les sikhs est le Temple d'or d'Amritsar, sanctuaire de leur résistance victorieuse. Pourtant, Guru Nânak affirmait que «le seul temple qui compte est en nous», comme saint Paul disait aux Corinthiens : «le temple de Dieu, c'est vous».

À l'adolescence, le jeune sikh reçoit les cinq «K», initiale du nom d'objets ayant une connotation virile. Le *kesh* désigne les cheveux, la barbe et les poils qu'il ne faut jamais raser; le *kangha* est le peigne de bois qui discipline cheveux et barbe; le *kachha* est un caleçon qui symbolise le vêtement d'homme tout en masquant les parties intimes; le *kara* est un bracelet d'acier qui fait du sikh un anneau dans la chaîne des croyants. Et le *kirpan* est l'épée, le plus puissant des ustensiles, celui qui ne sert qu'en cas d'extrême urgence, car le sikh se veut un soldat de la paix.

Temple d'or d'Amritsar. Lecture du livre sacré, par le Guru Grant Sâhib dans le Temple d'or.

(contrairement aux jaïns non violents) et leur esprit de camaraderie (l'absence de castes est un atout dans le milieu militaire où la promiscuité des hommes rend impossible l'observation des règles de pureté des hindous). Les sikhs ont également réussi dans les métiers de commerce et de service où l'on fréquente des gens de toute caste et religion (ils sont souvent chauffeurs de taxi). En affirmant qu'«il n'y a ni hindou ni musulman» (comme saint Paul disait qu'«il n'y a ni juifs ni grecs»), le Guru Nânak a facilité la mobilité culturelle de ses disciples, même si le port des cinq «K» est devenu difficile dans la société moderne. Et en les obligeant à travailler (les ascètes mendiants sont inconnus dans le sikhisme), il a favorisé leur promotion sociale.

La force des gourous

Au nombre d'une vingtaine de millions (concentrés surtout dans le Pendjab), les sikhs ont su résister aux persécutions sans pour autant éviter les conflits avec la majorité hindoue d'un pays dont ils sont à la fois les meilleurs défenseurs et les plus turbulents enfants, paradoxe qu'illustra, en 1984, l'assassinat d'Indira Gandhi par ses gardes du corps sikhs à la suite de l'assaut de l'armée indienne contre le temple sacré d'Amritsar.

Après les «guerriers» Jina et Bouddha, Nânak, le poète fondateur d'une religion guerrière, montra combien le militantisme religieux est un apprivoisement de la force dans un pays, l'Inde, où les deux premières fonctions de la religion sont l'esprit de sacrifice et la défense de la foi. Mais à la différence du jaïnisme et du bouddhisme, le sikhisme n'a pas de moines et cette absence de clergé, conjuguée à l'égalité des sexes (les femmes peuvent lire et commenter les textes saints), fit de cette religion de *gurus* une confession laïque. Ce mélange de soumission aux maîtres (tout est «*guru*» dans le sikhisme, y compris l'alphabet sacré) et d'abolition des castes forme une synthèse trop liée à l'histoire

Même si Guru Nânak disait qu'il fallait chercher Dieu en soi-même, le sikhisme connaît des pèlerinages, notamment au Temple d'or d'Amritsar («Immortalité»). Mais à ces mouvements de foules temporaires, communs à toutes les religions indiennes, le sikhisme ajoute une organisation permanente, peut-être inspirée par les structures chrétiennes et sûrement motivée par les soucis de discipline d'une religion à la fois militaire et égalitaire. Les fidèles doivent en effet être rattachés à des paroisses (*pirah*), à des diocèses (*manji*) et à des assemblées (*sangat*).

de l'Inde pour être exportée. Comme les jaïns, les sikhs n'ont guère dépassé les frontières de la mère-patrie, si ce n'est dans la diaspora indienne, et leur religion n'a pas véhiculé un message universel comparable à celui du bouddhisme qui a essaimé dans toute l'Asie. Enfin, par l'extrême importance qu'il attache à l'apparence physique et aux accessoires vestimentaires, le sikhisme demeure fidèle à une caractéristique des religions indiennes qui ne séparent jamais l'esprit du corps.

Pèlerinage sikh au Temple d'or d'Amritsar.
Guru Nânak, fondateur du sikhisme, miniature.
Guru Sri Sri, adoré par un disciple, Avodhya.

10 La prière des corps

LES RELIGIONS INDIENNES ONT ENGENDRÉ
DEUX FORMES DE SPIRITUALITÉ, LE YOGA ET LE TANTRISME,
APPARUES À DES ÉPOQUES DIFFÉRENTES
MAIS RELIÉES ENTRE ELLES PAR UN COMMUN SOUCI
DE NE PAS SÉPARER L'ÂME ET LE CORPS.

Pages précédentes :
Yogi en position
de méditation, temple de
Rishabdbv (Rajasthan).
Yogi réalisé en pierres
précieuses incrustées dans
le marbre, Temple d'or
d'Amritsar.

Relief du temple
de Khadjurâho (Madhya-
pradesh).

La prière des corps

Ces méthodes psychosomatiques ont souvent dérouté les observateurs occidentaux, notamment les missionnaires chrétiens, imprégnés d'idées néo-platoniciennes sur le dualisme de l'esprit et de la matière. Encore faut-il ne pas trop durcir cette opposition : en sanskrit (*âtman*) comme en grec (*psuchè* et *pneuma*), en latin (*anima* et *animus*) ou en hébreu (*néphèsh* et *ruah*), ce qu'on nomme «âme» ou «esprit» évoque le même souffle qui habite l'être humain, un souffle composé d'air et donc d'atomes.

L'originalité des religions indiennes consiste à envisager ce «vent divin» dans sa double dimension spirituelle et corporelle : le souffle qui inspire (*âtman*) et celui qui respire (*prâna*) sont réunis (et non confondus) pour obtenir une harmonie physique et psychique, un bien-être qui relève autant de l'hygiène de vie que de la cure d'âme et prévient la somatisation de l'angoisse existentielle comme le dérèglement des fonctions physiologiques.

Par rapport à l'ascèse chrétienne des Pères de l'Église, le yoga et le tantrisme présupposent qu'il faut maîtriser le corps sans pour autant mortifier la chair. En cela, ils se distinguent aussi des pratiques extrêmes de certains pénitents hindous et des jeûneurs jaïns pour lesquels l'épanouissement spirituel passe par d'héroïques privations : yoga et tantrisme sont, du moins dans leurs principes, de l'ordre de l'entraînement plus que du renoncement.

Gymnastes ou dévôts? Le «joug» (*yoga*) de l'âme et du corps est une union du psychique et du physique qui transcende cette alternative. On peut être acrobate et méditant car le travail corporel ne distrait pas de la réflexion : il lui donne sa raison d'être, son objet palpable. À la différence de son homologue chrétien, le contemplatif indien (hindou, jaïniste ou bouddhiste) regarde non pas un dieu extérieur mais sa propre personne et de la maîtrise de son corps il tire un savoir sur le monde.

Cet entraînement illustre la différence entre la prière dans les religions abrahamiques et la méditation dans les spiritualités indiennes. Alors qu'un chrétien, un juif ou un musulman s'adresse à un dieu Autre pour le remercier ou le supplier, le yogin ou le tantriste communique avec lui-même pour renaître différent. Action de grâce ou rogation, l'oraison monothéiste est un entretien avec le Dieu tout-puissant alors que la méditation indienne est un dialogue intérieur avec une énergie cachée. Cette intériorité ne sépare pas le sensible de l'intelligible car la prière du corps est une ouverture au monde et une contemplation de l'univers. La conversion n'est pas un demi-tour pour fuir le mal mais une posture pour se sentir bien : le progrès spirituel est un changement immobile. La fixation du vide requiert une intense activité, la visualisation du blanc un pénétrant regard qui protège la béatitude des images et pensées parasites.

Yogin à Bénarès. Groupe de yogins, miniature extraite d'un *Râmâyana*, école de Mewar.

Le «joug» de l'âme et du corps

Le yoga était, à la fin de l'époque védique, une
pratique du souffle, souvent associée à une théorie
du «nombre» (ou classification des normes) appelée
sâmkhya. Le yoga est, littéralement, un «joug» grâce
auquel l'homme tient ensemble ses sens et sa pensée.
Ce joug est une contrainte dans la mesure où ces deux
éléments sont indissociables : tout spiritualisme
aboutissant à une religion désincarnée est donc voué
à l'échec et le yoga se veut à la fois théiste et physique.
Mais le joug est aussi un instrument de progrès, un
attelage du corps et de l'esprit qui avancent
sur la voie de la libération comme la paire
de bœufs sur le champ de la moisson.
Dans cette fonction de «relier»
(*yug*), le yoga est bien une religion
qui cherche à établir non pas un
lien entre les hommes mais l'unité
au sein de l'être.

Yoga Dakshivamurti,
statuette en pierre.
Yogin à Mandu.

Les formes du yoga,
d'inspiration brahmanique
ou bouddhiste, sont
multiples : *karma-yoga* ou
«yoga de l'action» dans
lequel le fidèle offre à
Dieu ses actes désintéressés
sans s'attacher aux résultats
ni attendre de récompense
(ce sont aussi les principes de
la charité chrétienne); *bhakti-yoga*
ou «yoga de la dévotion» centré
sur l'amour du divin et
la recherche de l'extase dans
une démarche qui n'est
pas fondamentalement
différente de celle du
soufisme ou de la mystique
chrétienne; *râja-yoga* ou
«yoga royal», méthode de

concentration et de relaxation, relevant du développement personnel et de l'hygiène mentale; *jnana-yoga* ou «yoga de la connaissance», visant à l'appréhension du divin par l'analyse intellectuelle et formant une sorte d'équivalent hindou des exercices spirituels d'Ignace de Loyola.

Enfin, le *hatha-yoga* ou «yoga de la violence», le plus physique de tous, est la forme de yoga généralement pratiquée en Occident. Elle s'appuie sur les doctrines tantriques de la *kundalinî* : ce terme désigne, à l'origine, tout objet de forme ronde, notamment, un anneau et, par métaphore, l'animal lové en anneaux qui se déplace par ondulations, le serpent. Celui-ci, emblème du dieu Shiva et symbole du sexe mâle, est la source de l'énergie féminine, la *shakti*, nom de l'épouse de Shiva. Le yoga est alors une mise en

Autant la religion chrétienne a cherché à relier (*religare*) les hommes entre eux et les hommes à Dieu, autant la religion hindoue a voulu relier (*yug*) le corps à l'âme. La dimension psychosomatique du yoga était perçue voici deux mille ans et préfigurait les recherches de la médecine moderne sur l'appréhension de l'être souffrant dans sa globalité.

contact et en valeur du masculin et du féminin et cette pratique correspond bien à la théorie du *sâmkhya* : d'après celle-ci, l'univers est né de l'union de *Purusha*, l'éternel masculin de la connaissance pure, avec *Prakriti*, l'éternel féminin de la nature matérielle. Ce dernier principe n'est d'ailleurs pas spécifiquement indien et, dans, les langues latines, «mère» et «matière» sont deux mots de même racine indo-européenne, la *materia* étant la substance dont est faite la *mater*, c'est-à-dire le tronc de l'arbre producteur de rejetons.

Le yoga (commme le tantrisme) est, en un sens, dualiste. Ce dualisme est celui du masculin et du féminin et non, comme dans le christianisme, celui de l'âme et du corps. Car, pour les yogin, le physique et le psychique sont inséparables. La *kundalinî* est ainsi une énergie sexuelle féminine qui court de bas en haut de la colonne vertébrale (dont les courbures évoquent les ondulations du serpent)

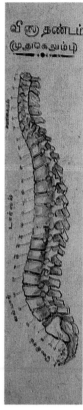

Dans la médecine indienne, l'énergie sexuelle court le long du corps de l'homme à travers des canaux qui suivent le trajet de la colonne vertébrale, épine dorsale du bien-être. À la différence du taoïsme chinois qui privilégie les points (d'acupuncture), le yoga indien insiste sur les «cercles» (*chakra*) d'où rayonne cette énergie. Celle-ci circule de bas en haut, de la sphère génitale à la masse cérébrale. Loin d'être une cause de «bassesse morale», le bas du tronc procure une bonne assise à la vie spirituelle et sensorielle que développent les postures. L'anatomie traditionnelle est au service d'une théologie du corps et de l'âme.

et prend naissance derrière les organes génitaux, dans cette région que l'anatomie occidentale nomme tantôt sacrée (vertèbres sacrées) tantôt honteuse (grand nerf honteux). Cette énergie remonte le long de l'épine dorsale jusqu'à la tête et traverse six *chakra* («cercles») où le physique et le psychique se rejoignent dans une lente progression à travers le système neuro-végétatif.

La «trame» du masculin et du féminin

Le tantrisme théorise et divinise cette énergie féminine et fait du culte de Shakti le centre de la religion, que celle-ci se rattache à l'hindouisme ou au bouddhisme tibétain. Un *guru* ou un lama enseigne à ses disciples à partir de la «trame» (*tantra*) des textes qui sont le tissu

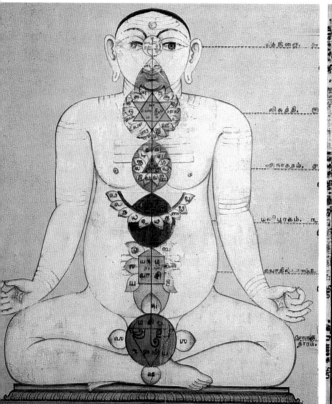

Les chakras du corps subtil reliés à l'épine dorsale et aux divinités, miniature, XIXᵉ siècle.

de la vie. Il apprend à visualiser des «instruments» (*yantra*) ou des cercles (*mandala*) symbolisant le cosmos, à prononcer des formules magiques (*mantra*) issues de la syllabe sacrée *om*. Le rôle du maître est alors essentiel : qu'il soit *guru* («homme de poids») en Inde ou lama («celui qui se tient plus haut») au Tibet, l'enseignant en impose à ses élèves par sa possession d'une connaissance non diffusée dans le grand public car jugée trop dangereuse pour être répandue sans discernement. Et son prestige est rehaussé par ce savoir ésotérique.

Une part de ce savoir est d'ordre sexuel et, pour certains tantristes, la pédagogie doit être réaliste : il ne saurait y avoir de transmission du savoir sans

Sri yantra (ou sri shakra),
le plus important
des yantra,
école du tantra kerala.
Miniature indiennes,
Alwar, XVIIIe siècle.

intromission du sexe dans des rapports de couple voire
de groupe. Ce tantrisme est dit de la «main gauche»
(*Vâmachâra*) car, en sanskrit, le même signifiant (*vâma*)
désigne tantôt le plaisir, la beauté
et l'harmonie, symboles de Shiva
ou de Kâma, tantôt ce qui est
gauche, cruel, obstiné et
disgracieux. L'ambiguïté de ce
terme (qui s'explique, peut-être,
par le croisement de deux racines
homonymes) ne facilite pas
la compréhension, par les
Occidentaux, de ces pratiques
sexuelles où il s'agit, pour l'homme
et la femme, de maîtriser leurs
énergies par le contrôle du désir
et d'équilibrer leurs humeurs par
le partage du plaisir. Par rapport
au bouddhisme primitif, le
changement est sensible : au lieu
de faire barrage aux écoulements
impurs, il s'agit de maîtriser
les fluides de l'extase. Cet usage
de l'énergie sexuelle, reliée aux

énergies cosmiques, a pu inspirer la doctrine de la bioénergie du psychanalyste autrichien Wilhelm Reich qui, lui aussi, tenta une fusion entre le principe du plaisir et l'énergie vitale.

Le tantrisme de la «main droite» (*Dakshinâchara*) est aussi celui de la droiture morale, la droite (*dakshinâ*, de la même racine que le latin *dexter* et le français «droite») étant le côté de la main généreuse (celle qui tend les offrandes) et loyale (celle qui signe les contrats). L'union sexuelle y est représentée symboliquement et non physiquement. Cette mystique érotique, qui peut faire songer au *Cantique spirituel* entre l'âme et Jésus-Christ son époux de saint Jean de la Croix, insiste sur la purification morale et la discipline spirituelle, la *shakti* étant envisagée moins comme une épouse que comme une mère.

Dans ce mariage du corps sexué avec l'âme divine, le tantrisme, en sa forme bouddhique, manifeste une étonnante proximité avec les traditions taoïstes du grand voisin de l'Inde : la Chine.

Une gymnastique du sexe au service du bien-être corporel et spirituel, tel est le tantrisme dans son aspect réaliste. Mais, dans sa dimension contemplative, il est aussi une école de méditation et utilise des supports (*yantra*) de visualisation : en fixant une image de l'ordre divin, l'homme se détourne du désordre humain, et des passions contraires. Mieux se concentrer pour moins s'égarer en d'épuisantes envies, telle est cette vie méditative qui, par les «véhicules» du bouddhisme, sera largement exportée dans toute l'Asie de l'Est.

11 Les Véhicules du bouddhisme

TROIS VÉHICULES POUR TROIS DIRECTIONS : AU SUD, LE PETIT VÉHICULE PAR LA VOIE MARITIME ; AU NORD, LE GRAND VÉHICULE PAR LA ROUTE DE LA SOIE, AU CENTRE, LE VÉHICULE DE DIAMANT PAR LES COLS HIMALAYENS. MAIS LES CHEMINEMENTS GÉOGRAPHIQUES ET THÉOLOGIQUES DU BOUDDHISME FURENT SOUVENT PLUS COMPLEXES QUE NE LE LAISSE APPARAÎTRE LA RÉPARTITION ACTUELLE DE SES ÉCOLES.

Double page précédente :
Repas au monastère
de Song Gwang (Corée).

Stupa de Bodnath,
près de Katmandou
(Népal).

Statue de Maitreya,
Mae Sai (Thaïlande).

Les Véhicules du bouddhisme

Les principales divisions du bouddhisme sont nées sur le sol de l'Inde, dans la vallée du Gange, non loin des lieux où avait prêché le Bouddha historique, sur le territoire de l'actuel État du Bihâr, mot qui signifie d'ailleurs «monastère» (bouddhique). Quand des moines et des laïcs quittèrent le sol indien pour diffuser la pensée de l'Éveillé, ils prêchaient déjà des doctrines différentes. Il y a là une différence importante avec le christianisme dont les coupures initiales (comme l'hérésie arienne), nées au Proche-Orient, se sont progressivement réduites alors que les fractures actuelles se sont produites très loin des lieux où Jésus avait enseigné : le schisme entre Rome et Constantinople fut consommé à distance de Jérusalem et Luther a déclenché la Réforme en Allemagne, fort loin de la Palestine.

Aux dissidences apparues en Inde s'ajoutèrent des variantes issues de cultures autochtones, si différentes les unes des autres qu'il serait plus juste de parler des bouddhismes que du bouddhisme. Pouvait-il en être autrement dès lors que l'expansion du bouddhisme s'est produite en une région du monde, l'Asie de l'Est, abritant la moitié de la population mondiale, au temps du Bouddha comme au nôtre? Ce foisonnement d'écoles bouddhistes répond à la richesse de civilisations hétérogènes et à l'absence d'unité politique du continent asiatique : le bouddhisme ancien n'a pas connu, comme le christianisme primitif,

Bouddha Maitreya (Thaïlande). Drapeaux de prières flottant au-dessus de Leh (Ladakh).

des facteurs de cohésion comparables à la pensée grecque ou au pouvoir romain.

Le bouddhisme a toujours été confronté à la diversité des États et des options religieuses de leurs dirigeants : le principe *cujus regio, ejus religio* s'est aussi appliqué en Asie où la religion du prince fut celle de ses sujets. Il serait toutefois excessif de considérer l'adoption de telle ou telle école bouddhiste comme un simple caprice du monarque : bien souvent, celui-ci fixait son choix sur une forme de religion qui semblait appropriée aux particularités du pays et de l'époque tout en bénéficiant déjà d'un certain soutien populaire. Un tel choix relevait plus de l'opportunisme que de l'arbitraire : quand les circonstances changeaient, le monarque, ou son successeur, adhérait à une autre école au risque de transformer une vérité «éternelle» en religion d'un règne.

Omniprésents dans les régions himalayennes, les drapeaux de prière sont d'origine animiste. Ils symbolisent les différents éléments de la nature (le vert pour l'herbe, le bleu pour l'eau, le blanc pour la neige, le jaune pour la terre et le rouge pour le soleil) et flottent au vent qui transporte les esprits. Ils s'intègrent aussi à la pensée bouddhiste pour laquelle la vie spirituelle n'a pas de substance car elle est aussi fluide que l'air.

Enfin, à la différence du christianisme et de l'islam, qui ont la Bible et le Coran, le bouddhisme ne dispose pas d'un livre sacré unique reconnu par toutes ses tendances. La Triple Corbeille (*Tripitaka*) des écritures bouddhiques (le *Vinaya* ou Discipline des moines, les *Sûtra* ou sermons du Bouddha, l'*Abhidharma* ou Doctrine suprême) diffèrent sensiblement d'un Véhicule à l'autre. Ce pluralisme scripturaire joint à l'extrême diversité des langues et des écritures asiatiques (posant de difficiles problèmes de traduction) ne pouvait que renforcer les tendances centrifuges du bouddhisme qui n'est pas une religion «du Livre» mais des Livres.

La religion des moines

Où donc trouver les facteurs d'unité du bouddhisme? D'abord dans le Troisième «Joyau» (*ratna*) ou Refuge (*sharana*) du bouddhisme : la communauté (*sangha*) des moines. Paradoxalement, né d'une réaction contre les brahmanes, le bouddhisme devint la religion la plus cléricale du monde, les moines remplaçant les prêtres.

L'Asie se couvrit de monastères, parfois gigantesques. Alors que les abbayes des pays chrétiens ne dépassaient pas quelques centaines de moines (sauf en Irlande), des monastères bouddhistes, notamment en Birmanie (pays du Petit Véhicule) et au Tibet (pays du Véhicule de Diamant), groupaient plusieurs milliers de moines et novices. Le record a été probablement détenu par la ville-monastère de Drepung (près de Lhassa) qui, avant 1950, comptait 10000 moines!

L'Asie de l'Est fut gagnée par cette vague safran, symbole de sagesse, couleur de l'or et, avec bien des

L'empreinte des pieds du Bouddha et l'impression d'un livre sacré. Étrange rapprochement qui souligne le problème des traces laissées par le Bouddha historique : il n'a pas écrit une seule ligne et n'a foulé le sol que d'une petite région représentant moins d'un pour cent du territoire de l'Inde. Mais ses disciples, par la marche et l'écriture, ont propagé son message dans toute l'Asie.

Le bouddhisme n'a pas le monopole des moines-mendiants : Franciscains et Dominicains devaient aussi, à leurs débuts, quêter leur nourriture. Mais le bouddhisme du Petit Véhicule a fait de cette mendicité un rite social qui marque la vie quotidienne : chaque matin, la quête des moines anime les rues et les fidèles remercient les religieux de leur offrir cette occasion d'acquérir des mérites. Pour les familles pauvres, et souvent nombreuses, confier un enfant au monastère, c'est aussi avoir la certitude qu'il sera gratuitement nourri et entretenu.

nuances, du vêtement monastique dans le bouddhisme du Sud. Revêtir la robe, pour toute la vie ou pour le temps d'une retraite, devint l'objectif des hommes, surtout de condition modeste. En Inde, au VIIe siècle apr. J.-C., le bouddhisme aurait déjà compté 250000 moines, répartis également entre le Petit et le Grand Véhicule. Ce chiffre ne cessa de croître au fil de l'expansion bouddhiste en Asie et, au plus fort de celle-ci, au XIXe siècle, le *sangha* compta une dizaine de millions de moines, effectif dix fois supérieur à celui des pasteurs, moines et prêtres chrétiens de l'époque. Le record se situa, une fois de plus, au Tibet qui, avant 1950, comptait 500000 moines représentant le tiers de la population masculine du pays et l'équivalent du nombre de prêtres et de religieux catholiques du monde entier !

L'un des 84000 blocs de bois gravé constituant les écritures sacrées du *Tripitaka*, temple Haein («Sceau de l'Océan») (Corée du Sud). Jeunes moines bouddhistes mendiant leur nourriture (Birmanie).

Des statues du Bouddha par dizaines de milliers : l'image du sage indien, qui ne voulait pas qu'un culte lui soit rendu, est omniprésente en Asie. Elle forme un catéchisme de pierre, chaque geste ou *mudrâ* ayant une signification théologique que même les illettrés peuvent comprendre. Ici, le geste du don de la pluie est particulier au Laos et au nord de la Thaïlande : il témoigne d'une transformation du Bouddha en divinité bienfaisante. Et la statue d'un grand-maître tibétain faisant le geste de l'enseignement de la doctrine montre à quel point, dans le bouddhisme himalayen, le lama est lui-même un Bouddha.

L'image du bouddha

Le deuxième facteur d'unité, dans la diffusion du bouddhisme, fut la prolifération d'images du Bouddha et de monuments contenant ces images. Cette «iconolâtrie», qui évoque le culte des icônes dans l'Église orthodoxe, fit du bouddhisme une religion très visuelle où les laïcs, même illettrés, trouvent dans les statues du Bouddha et dans ses diverses postures (*mudrâ*), une véritable catéchèse du regard en même temps qu'une source de mérites, le don

de statues étant une forme de dévotion.

Cette dévotion s'illustra dans l'aménagement de grottes, naturelles ou artificielles, remplies de milliers de statuettes achetées par des fidèles ou décorées de fresques représentant le Bouddha en ses diverses postures et à différents moments de sa vie. Dans toute l'Asie, à Ajantâ et Ellora en Inde, Dambulla à Ceylan, Pindaya en Birmanie, Pak Ou au Laos, Longmen, Datong ou Mogao en Chine, comme dans des milliers de sites moins connus, des grottes bouddhiques (voisinant parfois avec des cavités dédiées à d'autres cultes) furent aménagées pour la prière.

À la fois refuges contre les pluies de mousson, le soleil du désert, les grottes (ou les temples rupestres) représentent aussi une sanctification du monde souterrain, ce lieu inférieur et infernal soumis aux forces du désir et habité par le démon Mâra, vaincu par le Bouddha lors de son Illumination. Cavité féminine et utérine par sa forme en creux, la grotte bouddhique symbolise également, dans une interprétation tantrique, l'apprivoisement des forces obscures et des angoissants mystères par où naît la vie charnelle ou spirituelle. Selon la tradition, c'était d'ailleurs dans une grotte que le Bouddha historique avait pratiquée, durant six ans, l'ascèse et la méditation avant de connaître l'Illumination.

Statues du Bouddha dans la grotte de Pindaya (Birmanie).
Statue d'un grand-maître faisant le geste de l'enseignement de la doctrine du Bouddha, Drepung (Tibet).
Statue du Bouddha faisant le geste du don de la pluie (Laos).

Les reliques des stûpa

À l'inverse de la grotte creusée dans la terre, le *stûpa* est tourné vers le ciel. Ce «chignon» proéminent, de forme souvent arrondie, évoque la protubérance crânienne (*ushnîsha*) qui est l'un des trente-deux

Site de Pagan (Birmanie). Pierres gravées de prières et *chörtens* (Ladakh).

signes distinctifs des Bouddha dans l'iconographie et rappelle le chignon des ascètes indiens. Appelé *dagoba* en cinghalais, *chörten* en tibétain ou *chedi* en thaï, le *stûpa* bouddhique est devenu le monument-signal en Asie de l'Est comme le clocher des églises en Europe. Et sa reproduction à l'infini, comme celle des statues du Bouddha, défie l'imagination : le seul site de Pagan, en Birmanie, comprend treize mille *stûpa* de toute taille, construits par des rois et

Du IIe au XIIIe siècle, des milliers de *stûpa* furent érigés à Pagan, l'un des deux sites religieux (avec Angkor) les plus étendus au monde. Chaque famille faisait construire son monument, plus ou moins important selon ses moyens financiers.

des nobles qui obtenaient ainsi des mérites en vue
du *nirvâna*. À l'origine monument funéraire contenant
une relique réputée avoir appartenu au Bouddha
historique ou à un saint, le *stûpa* est devenu le symbole
de la «présence» du Bouddha auquel on rend un culte
en faisant le tour du monument dans le sens

Des pierres gravées
de formules sacrées,
des reliquaires (*chörten,*
nom tibétain du *stûpa*)
dans la montagne.

des aiguilles d'une montre (c'est le signe du temps
qui passe) ou en méditant devant lui. Des petits *stûpa*
contiennent les ossements ou les cendres de fidèles
défunts : alors que le christianisme a honoré ses morts
sous terre, souvent dans les cryptes d'églises,
le bouddhisme a rendu hommage aux siens dans
la verticalité d'un édifice ostentatoire qui suscite
la prière : il s'agit aussi, en édifiant des pierres,
d'élever l'esprit.

Sur les routes
himalayennes, près
des villages, chaque
voyageur et chaque
habitant est ainsi
rappelé aux principes
fondamentaux
du bouddhisme.

La voie du Sud

Si, avec des variantes locales, une véritable civilisation bouddhiste s'est construite dans toute l'Asie autour des monastères, de la statuaire et des *stûpa*, des facteurs historiques et géographiques ont profondément divisé cette civilisation.

La voie du Sud, principalement maritime, a conduit le Petit Véhicule (*Hînayâna*), probablement dès le IIIᵉ siècle av. J.-C., dans l'île de Sri Lanka où les Cinghalais bouddhistes cohabitèrent (difficilement) avec les Tamouls hindouistes. De cette île, le bouddhisme gagna la Birmanie, la Thaïlande, le Laos, le Cambodge et le sud du Viêt-nam. Mais les dates de ces dernières migrations sont parfois mal connues, d'autant qu'elles furent souvent précédées d'incursions plus ou moins durables du Grand Véhicule (*Mahâyâna*), parfois par des voies terrestres partant du nord-est de l'Inde.

La rivalité des deux Véhicules ou «moyens de progression» (spirituelle) a donc marqué l'histoire de ces pays tout au long du règne de monarques qui se ralliaient à l'une ou l'autre forme du bouddhisme. Ces rois pieux devenaient des *chakravartin*, terme désignant ceux qui «font tourner la roue» de la Loi (*Dharma*), c'est-à-dire de l'enseignement du Bouddha. Le souverain était ainsi sacralisé voire déifié, devenant une sorte de roi-soleil (le disque solaire a la forme de la roue) tandis que le Bouddha devenait un personnage royal puisqu'il était le premier à avoir mis en mouvement cette roue. Dans la civilisation d'Angkor, entre le IXᵉ et le XIVᵉ siècle, se développa même une théocratie, centrée sur le culte du *devaraja*, le «dieu-roi» (ou le roi déifié), figure composite formée du monarque, du Bouddha et même du dieu Shiva.

Moine bouddhiste temple du Bayon, Angkor (Cambogde).
Statue du temple du Bayon, Angkor (Cambogde).

L'influence de l'Inde

Cette dernière référence à une divinité hindoue ne doit pas surprendre : le bouddhisme du Sud n'a jamais rompu avec la civilisation indienne dont l'influence s'est fait sentir jusqu'en Indonésie et dans le sud de

Accorder des pouvoirs à une divinité, est-ce déifier le pouvoir? La question traverse tout le site d'Angkor où les cultes furent souvent syncrétiques et toujours politiques. Cette statue, reproduite à deux cents exemplaires sur le temple du Bayon, pourrait représenter le *bodhisattva* de la Compassion dont la vénération fut répandue par le roi Jayavarman VII. Entre mondes céleste et terrestre, la divinité est un intercesseur et le monarque un trait d'union.

l'ancien Viêt-nam. Fréquemment, les statues du Bouddha voisinent avec des fresques illustrant les épisodes des grandes épopées indiennes du *Râmâyana* et du *Mahâbhârata*. Il existe aussi de nombreuses représentations du barattage de la mer de lait, ce mythe indien dans lequel les dieux et les démons forment un couple de forces antagonistes qui fait tourner le mont Meru (pivot imaginaire du monde) dans les océans de la terre afin d'obtenir la liqueur d'immortalité (*amrita*).

Temple Pule, temple
bouddhiste de «la Joie
éternelle» (Chine).
Esprits de la ville
de Luang Prebang (Làos).

Un *linga* (le phallus
du dieu indien Shiva)
devant un temple
bouddhique chinois :
étrange alchimie
tantrique d'une religion
– l'hindouisme –
exaltant le désir
(*kâma*) et d'une autre
– le bouddhisme –
prêchant la maîtrise
de ce désir. Dans
le tantrisme (méthode
spirituelle présente
dans certaines écoles
hindouistes et dans le
bouddhisme himalayen),
la contradiction n'est
qu'apparente.
Le Bouddha possède,
lui aussi, un corps
de jouissance qui est
celui de son éternelle
béatitude ou *nirvâna*.
Le plaisir sexuel,
surtout prolongé
et retenu grâce à des
exercices de contrôle
de soi, est un avant-
goût de ce ravissement,
un «septième ciel»
qui relève autant
de la mystique que
de l'érotisme.

Un tel récit est bien éloigné des enseignements
du Bouddha qui cherchait moins l'immortalité que
la cessation du mal de vivre. C'est pourtant un thème
fréquent de l'art khmer, représenté sur des temples
bouddhiques où il semble aussi surprenant qu'un
épisode de l'*Iliade* ou de l'*Odyssée* sur les vitraux d'une
église chrétienne. De même, le syncrétisme entre
shivaïsme (un culte centré sur le phallus ou *linga* de

Shiva) et bouddhisme (une religion qui rejette le désir sensuel ou *kâma*) peut étonner : il est pourtant présent à Bali où, dans les cérémonies religieuses, officient des brahmanes de Shiva et des «prêtres» du Bouddha.

Le culte des Esprits

À ces références indiennes, s'ajoutent des emprunts aux religions locales. Nulle part au monde, le bouddhisme n'a été religion unique, à la fois parce que, centré sur le salut individuel (la cessation de la spirale des renaissances par l'obtention du *nirvâna*), il semblait laisser à d'autres cultes le souci de la vie collective et parce que, tolérant et ouvert aux autres doctrines, il n'a jamais réclamé le monopole de la foi.

Le bouddhisme du Sud n'a donc pas éradiqué les vieilles croyances animistes : appelés *nat* en Birmanie, *phi* en Thaïlande et au Laos ou *neak ta* au Cambodge, ces génies locaux veillent sur les villages et les familles qui les honorent en installant devant chaque demeure une petite «maison des esprits». Des anciens du village, sortes de chamans de ces cultes, peuvent même présider des cérémonies diverses (en cas d'épidémie, de sécheresse, avant un voyage ou un mariage, etc.) sans que les moines de la pagode s'en offusquent. C'est un peu comme si les Églises chrétiennes avaient laissé les druides celtes officier.

Ce mélange d'une religion de salut (le bouddhisme) et d'un culte des esprits, en équilibrant ascèse et magie, se révéla d'une remarquable stabilité : les pays du bouddhisme du Sud n'ont connu que très peu de conversions au christianisme dont les ministres du culte ne peuvent remplacer à la fois les chamans et les moines. L'avenir du bouddhisme du Sud est d'ailleurs principalement lié au sort des monastères : comment

Le culte des esprits permet de maintenir les traditions religieuses locales sans pour autant nuire au bouddhisme, religion importée. Ici, les génies tutélaires sont ceux de la ville laotienne de Luang Prebang (inscrite par l'UNESCO sur la liste du Patrimoine de l'humanité) qui compte plus de trente monastères et plus de mille moines pour seize mille habitants : chaque famille a son moine et chaque ville son génie.

des institutions religieuses polyvalentes, qui furent à la fois écoles, pagodes et hôpitaux, peuvent-elles s'adapter à une civilisation modernisée et laïcisée?

Le seul et important échec du bouddhisme en Asie du Sud se situe en Indonésie où, après avoir supplanté l'hindouisme, il fut à son tour, à partir du XIIIᵉ siècle, progressivement remplacé par l'islam. Le bouddhisme indonésien appartenait au Grand Véhicule (*Mahâyâna*) qui sera également confronté à la religion musulmane, et souvent évincé par elle, tout au long de son principal axe de progression : la voie du Nord ou «route de la soie».

Royaume indo-grec, né de l'expédition d'Alexandre le Grand, le Gandhâra, situé à l'ouest de l'actuel État du Pakistan, a vu le développement d'un art de synthèse qui hellénise les traits du Bouddha. Il a aussi vu le passage de nombreux marchands et pèlerins qui propagèrent le bouddhisme en Chine.

Les routes de la soie

Cette «route» reliait les cités du Proche-Orient à la vallée du fleuve Jaune (qui fut le berceau du bouddhisme chinois) en passant par les plateaux d'Asie centrale. Il s'agissait, en fait, d'un ensemble de pistes dont les différentes branches véhiculèrent marchandises et idéologies nouvelles, notamment l'islam, le nestorianisme (courant chrétien qui refusait à la Vierge Marie le titre de Mère de Dieu, conféré par le concile d'Éphèse en 431 apr. J.-C.) et le bouddhisme du Grand Véhicule.

Celui-ci, né comme les autres Véhicules dans la vallée du Gange, s'était implanté au Cachemire et en Bactriane (nord de l'actuel Afghanistan) dans les royaumes indo-grecs issus de la brève conquête d'Alexandre le Grand. Sa marche vers l'Ouest fut freinée par la résistance de l'Empire perse, probablement assez fidèle à la religion iranienne (issue de la réforme de Zarathoustra) pour ne s'ouvrir que très partiellement à une spiritualité étrangère à ses traditions et hostile aux prêtres, qu'ils soient brahmanes en Inde ou mages en Perse. L'islamisation de l'Iran, au VIIᵉ siècle apr. J.-C., barra définitivement au bouddhisme la route de l'Ouest.

Staue du Bouddha,
art du Gandhâra, Vᵉ siècle.
Représentation
d'Amitâbha, peinture.

Le culte d'Amitâbha s'est developpé dans toute l'Asie de l'Est jusqu'en Chine et au Japon. Il est le maître du Paradis de l'Ouest qui n'est pas un lieu géographique mais un espace de bien-être, une Terre pure (il en existe une infinité, chacune étant habitée par un Bouddha). Amitâbha promet à tous les hommes qui l'invoquent une béatitude éternelle sans passer par le long cycle des renaissances. Cette voie directe vers la félicité, inconnue du bouddhisme primitif, est très populaire, notamment chez les laïcs qui comptent moins sur leurs propres mérites que sur cette intercession miséricordieuse.

En revanche, vers le nord, moines et marchands bouddhistes rencontrèrent de vastes étendues peuplées de semi-nomades et dépourvues d'État structuré où ils purent diffuser leurs produits et leurs idées, acclimatés aux cultures locales. Ainsi, le bouddhisme d'Asie centrale développa le culte d'Amitâbha, le Bouddha de la «Lumière infinie» qui a pu subir l'influence d'Ahura Mazda, le dieu iranien de la Lumière tandis que Maitreya, le Bouddha «aimant» était peut-être influencé par Mitra, dieu indo-iranien de l'amitié et des contrats. Mais ce bouddhisme des steppes recula progressivement sous la poussée de l'islam et disparut vers le XIᵉ siècle.

La religion de Fo

Le bouddhisme du Grand Véhicule connut un sort plus enviable en Chine, où il pénétra dès le Ier siècle apr. J.-C, et connut une rapide expansion, entre le IIIe et le VIe siècle, alors que l'Empire chinois s'était morcelé en royaumes rivaux et que cet affaiblissement le rendait réceptif aux doctrines étrangères comme l'Empire romain en crise s'ouvrait à la même époque aux religions orientales et, notamment, au christianisme.

Montagnes de Huang shan (Chine). Le nom du Bouddha, Fo, en chinois.

Le bouddhisme du Grand Véhicule emprunta principalement la route terrestre du Nord et secondairement la voie maritime du Sud. Celle-ci fut suivie, également, par le bouddhisme du Petit Véhicule qui ne parvint pas à s'installer durablement dans le pays. Sans doute son exigence ascétique et sa simplicité métaphysique (en principe, seul le Bouddha historique fait l'objet d'un culte) s'harmonisaient mal avec l'art de vivre des Chinois et leurs foisonnements de divinités.

Au contraire, le panthéon du *Mahâyâna* pouvait s'accorder avec les êtres célestes du taoïsme, religion chinoise aux multiples personnages surnaturels. Les traductions de la Triple Corbeille du sanskrit en chinois utilisèrent le vocabulaire religieux taoïste et contribuèrent à siniser le bouddhisme autant que la statuaire chinoise, bien différente de son homologue indienne. Cette acculturation fut poussée si loin que lorsqu'au XVIᵉ siècle les missionnaires européens abordèrent les côtes chinoises, ils ne reconnurent pas dans Fo (nom chinois du Bouddha historique) le Bouddha représenté par l'art indien et certains Occidentaux crurent que la religion de Fo n'était pas le bouddhisme.

La sinisation du bouddhisme s'est exprimée, dans la dévotion populaire, par un culte des montagnes, partagé avec le taoïsme. S'il n'est pas spécifique de la Chine (il exista aussi au Cambodge), il se manifesta en ce pays avec une ampleur particulière. On recense, en effet, 349 montagnes sacrées chinoises. Le bouddhisme s'en attribua cinq principales, aux cinq points cardinaux du pays (le centre du pays formant le cinquième point) tout en sacralisant de nombreuses collines secondaires. S'agit-il de rendre un culte au Bouddha sur la montagne ou à la montagne bouddhéisée? Les deux explications peuvent se rejoindre : une fusion d'animisme et de bouddhisme permet aux Chinois de concilier une éthique importée (le bouddhisme) avec une nature idéalisée. Il n'est d'ailleurs pas rare de rencontrer, sur des pics bouddhiques, des temples taoïques voire confucéens, les distinctions confessionnelles s'effaçant devant cette religion chinoise de la nature.

Des montagnes pointues sur une mer de nuages : la montagne est masculine (*yang*) et la mer féminine (*yin*). Un tel paysage symbolise, pour les Chinois, l'harmonie des contraires et fait l'objet de pèlerinages qui transcendent les frontières confessionnelles. Ici, le Huang shan est un

La genèse du zen

La rencontre du bouddhisme avec les religions chinoises favorisait d'ailleurs certains rapprochements doctrinaux au point qu'en ses débuts, le bouddhisme chinois fut parfois considéré, dans les milieux populaires, comme une variante du taoïsme : le premier donnait en modèle la contemplation des moines tandis que le second prêchait la non-intervention (*wuwei*) dans le cours du monde. Le bouddhisme croyait en la «vacuité» (*sûnyatâ*) de toute chose et le taoïsme

pic taoïque mais il n'est pas loin de Siuhua shan, montagne bouddhique. La spiritualité chinoise fond les diverses croyances dans un même culte de la nature.

dans le «vide jaillissant» (*zhenjing*). Un peu à
la manière de l'Ecclésiaste (un sage de la Bible) voyant
l'activité de l'homme comme une «vanité des vanités»
(au sens d'une futilité des ambitions terrestres)
par rapport aux données essentielles de la vie et de
la mort, bouddhisme et taoïsme ont pu prêcher
la méditation contre l'agitation.

L'exemple le plus achevé en est le mouvement
chan (en sanskrit *dhyana*) prônant la «concentration»
(on peut aussi traduire *dhyana* par «méditation»,
«contemplation» ou «recueillement») comme voie
unique de l'Illumination. Introduit en Chine au
VIᵉ siècle par le moine indien
Bodhidharma («la Loi de
l'Illumination») dans des
circonstances mal connues, le *chan*
promet l'Illumination soudaine
grâce à des exercices de méditation
qui rendent inutile le long détour
par les Écritures et les dizaines de
milliers de pages des textes
canoniques bouddhiques.

Cet idéal extatique sera
rapproché, notamment par le
moine Huineng, sixième patriarche
du *chan* (638-713), de la «clarté»
(*ming*), forme taoïste de
l'Illumination, obtenue par le saint
qui retrouve la simplicité, l'unité et
la vacuité de la Voie (*Tao*) des êtres.
Introduite au Japon sous le nom
de *zen*, cette voie mystique et
psychique s'éloignera
progressivement du bouddhisme
orthodoxe, jugé trop préoccupé
par l'observation d'une règle
(monastique) et l'apprentissage
de la Loi (du Bouddha). Le primat
de la sensation sur la discipline et
de l'intuition sur le raisonnement

Bodhidharma traversant
le Yang Tsé pour apporter
la doctrine de son maître
en Chine.
Maître des Neuf Montagnes
en méditation, monastère
des Vastes Pins (Corée).

lui donnera parfois une connotation anti-intellectuelle qui, au XXᵉ siècle, croisera les aspirations d'élites occidentales, fatiguées des théories et des idéologies.

Terre pure et plate-forme céleste

Si le *chan* est une voie directe vers l'Illumination, la Terre pure est une «voie facile» vers le Paradis de l'Ouest, habité par le Bouddha Amitâbha («Lumière infinie»). L'école de la Terre pure ou amidisme se développa en Chine (à partir du Vᵉ siècle) puis au Japon et rencontra un vif succès pour deux raisons principales. D'une part, elle substituait à l'exigence

Bodhidharma est un personnage mystérieux et dont la légende amplifie ou reformule certaines réalités historiques, et surtout, géographiques. Ayant fait le voyage de l'Inde vers la Chine, il est un trait d'union entre les spiritualités de ces deux pays. Ayant mis l'accent sur la méditation, il est à l'origine des écoles *chan* (en Chine) et *zen* (au Japon) qui ont privilégié la concentration mentale par rapport à l'effort intellectuel et l'Illumination intérieure par rapport à l'étude des Écritures : l'influence du taoïsme a encore éloigné le *chan* puis le *zen* de l'enseignement du Bouddha historique, imprégné de philosophie indienne. Toutefois, l'effort de concentration de la pensée et de visualisation d'une image mentale était déjà connu des spiritualités indiennes.

de l'ascèse la toute-puissance de la foi : il suffit d'invoquer sincèrement Amitâbha, de croire en lui et de le vénérer pour obtenir le salut, que l'on soit moine ou laïc.

D'autre part, elle faisait précéder le lointain et abstrait *nirvâna* par un paradis concret, terre pure des bienheureux (*sukhâvati*), rempli de fleurs, de fruits et de parfums, propre à séduire un peuple de paysans. Ce paradis abolit les différences de classes et de sexes, les femmes y renaissant en hommes. En ce paradis, chaque être possédera un corps vêtu des «trente-deux signes distinctifs de la perfection» (*Dvâtrim shadvara-Lakshana*) du Bouddha historique (et reproduits sur leurs statues) dont

le plus surprenant et le mieux caché est un sexe dépourvu de prépuce que personne ne verra jamais puisqu'il est interdit de représenter nu le Bouddha.

Un tel idéal de corps glorieux (comparable à la mystique du corps glorieux du Christ dans la théologie chrétienne) étend à tous les hommes les qualités attribuées au Bouddha historique. L'école «de la Plate-forme céleste» ou *Tientai* (cette allusion aux cieux ou *tien* est un emprunt au vocabulaire taoïste) fait de chaque humain un Bouddha virtuel. L'école de *Tientai* voit dans chaque homme une «nature de Bouddha» (*Buddhatâ*), qualité qu'il partage même avec tous les êtres, animaux voire végétaux ou minéraux. Ce panthéisme bouddhique s'accorde bien avec les religions traditionnelles (taoïsme et shintoïsme) de la Chine et du Japon, d'origine animiste. En affirmant la possibilité d'un salut universel, il se situe aux antipodes du bouddhisme du Petit Véhicule (*Hînayâna*) qui laisse espérer aux saints (*arhat*) l'accès au *nirvâna*.

Cette doctrine du salut universel se trouve explicitée dans un texte essentiel du bouddhisme chinois et

Si chaque école du bouddhisme a tendance à privilégier un *sûtra*, le *sûtra* du Cœur est récité par la plupart des moines bouddhistes chinois et japonais. Il formule ainsi le concept de vacuité (*shûyata*), essentiel au bouddhisme : «La forme n'est que vide. Le vide n'est que forme.» La vraie nature du monde est donc inaccessible à l'homme et les spéculations métaphysiques sont vaines. La perception immédiate et intuitive visant l'Illumination est préférable aux raisonnements trop réducteurs.

jap............otus de la Bonne Loi. Selon
le ....iren (1222-1282), il suffit
de ....on la formule «Honneur
au ....Bonne Loi» pour obtenir
imm............le Bouddha, exactement comme
pou............e pure, il suffit d'invoquer
sincè............pour être admis au paradis.
Nich............magique le fondement
d'un............ddhique (et d'un nationalisme
nipp............installation, au Japon, d'un
roya............rayonnant sur toute la terre.

Le B

Mais............onnement d'écoles rivales,
le b............s et japonais retrouve une
cert............dévotion populaire à l'égard
de deux personnages omniprésents dans la statuaire.
Le premier est Maitreya (en japonais Miroku),
«Celui qui aime», incarnation de l'amour universel
et Bouddha des temps futurs. Seul *bodhisattva*
(«être sur la voie de l'Éveil») reconnu par toutes
les écoles du bouddhisme,
y compris celle du Petit
Véhicule, Maitreya, vénéré
à l'égal du Bouddha
historique, qui possède

Sûtra du Cœur, calligraphié
sur feuilles de banian,
dynastie Ming.
Bouddha Maitreya.

Déjà connue en Inde,
la dévotion à Maitreya
prit un grand essor en
Chine, au Japon et au
Tibet. Elle évoque
les cultes messianiques
puisque Maitreya vit
actuellement dans
le Ciel des Satisfaits
(*Tushita*), ceux qui
n'ont plus qu'à renaître
une seule fois pour
obtenir le *nirvâna*.
Maitreya, tel un *avatâr*,
va donc redescendre
sur terre pour présider
à une ère de bonheur.
Loin des ascèses du
Bouddha jeûneur, son
ventre rebondi montre
qu'il sait profiter de
la vie et qu'il fera
partager sa satisfaction.

un nom dérivé de celui de Mitra. En Chine et
au Japon, considéré comme la divinité du bonheur,
Maitreya est souvent représenté sous la forme d'un
Bouddha souriant au ventre rebondi, ami des enfants
et gardien de la fortune (c'est le patron des bijoutiers).
Parfois confondu avec Amitâbha, Maitreya fait l'objet

d'un culte assidu
et de multiples légendes.
Selon l'une d'entre elles,
il se serait volontairement
enlaidi parce que, trop
beau dans sa jeunesse,
il risquait de séduire
les pieuses fidèles lors
de sa tournée matinale
avec son bol à aumônes.

À l'inverse de Maitreya,
Guanyin (en japonais
Kannon), «celui qui est
attentif aux appels», est
représenté sous une forme
gracieuse, avec des traits souvent féminins, version
chinoise d'Avalokiteshvara, «seigneur qui regarde
en bas» et *bodhisattva* de la miséricorde, Guanyin
a probablement subi des influences taoïstes
(*kuan*, signifiant «regarder», est aussi le terme
désignant un monastère taoïste) et tantriques.
Représenté dans l'art khmer sous le nom de
Lokeshvara («seigneur du monde») et adoré au
Viêt-nam sous le nom de Quan Am, la déesse aux
mille bras (pour secourir les fidèles), Guanyin est
l'incarnation de la bonté compatissante, intercédant
pour les humains, et son culte a souvent évoqué, pour
les Occidentaux, celui de la mère de Jésus : «C'est
une vierge qui tient un enfant comme Marie»,
écrivait Montesquieu (*Geographica*).

Le culte de Guanyin
représente une
évolution considérable
dans le bouddhisme.
Alors que le Bouddha
historique est un homme
et que les femmes
doivent, en principe,
renaître en hommes
avant de pouvoir
accéder au *nirvâna*,
Guanyin est
représentée sous des
traits féminins. Comme
le culte de la Vierge
Marie dans le
christianisme, la
dévotion à l'égard de
Guanyin est une sorte
de «super culte»
(hyperdulie) qui tend
à ériger ce *bodhisattva*
en véritable déesse.
Invoquée par les
femmes désirant
un enfant, Guanyin est
souvent représentée
avec une branche de
saule pleureur (pour
effacer les larmes) et
un vase contenant un
nectar d'immortalité.

Guanyin à l'Enfant,
temple de Helsei (Chine).
Le Dalaï Lama s'entretenant
avec le Tulku Kalou
Rinpoche (8 ans)
et sa famille.

Le Véhicule de Diamant

Cette mystique de la compassion joue également
un rôle important dans le bouddhisme himalayen, celui

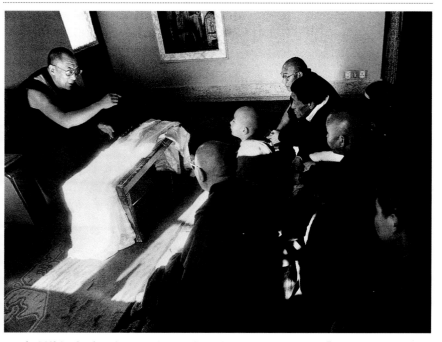

du Véhicule de Diamant (*Vajrayâna*) dans lequel le Dalaï-Lama est une réincarnation d'Avalokiteshvara (dont l'énergie féminine est vénérée sous la forme des déesses Târâ) tandis que le Panchen-Lama, autre vénérable tibétain, est une réincarnation d'Amitâbha. Ce système de réincarnation de grands maîtres ou de divinités dans le «corps de transformation» (*tulku*) d'enfants ayant reconnu des objets leur ayant appartenu (et donc gardant le souvenir de ces existences antérieures) est propre au bouddhisme himalayen. Il permet de garder une certaine continuité politique dans l'administration des écoles monastiques et d'éviter les conflits de succession puisque les futurs dignitaires sont connus longtemps à l'avance et restent, durant leur éducation, sous l'étroit contrôle d'un collège de régents. Vénérer un enfant pour évincer des adultes, telle est la méthode dynastique de cette monarchie élective qui exalte la mémoire des traditions pour éviter l'étalage des ambitions.

Le *tulku*, propre au bouddhisme himalayen, est ignoré des autres formes de bouddhisme dans lesquelles le pouvoir spirituel incombe à des «vénérables», comparables aux «anciens» (*presbutéroï*, dont dérive le mot «prêtre») qui dirigeaient les premières communautés chrétiennes. Désigner comme successeur d'un grand lama un enfant étranger à sa propre famille évite le clergé héréditaire et le népotisme, pratique fréquente dans le bouddhisme chinois et dans le catholicisme du Moyen Âge.

Ce mode particulier de transmission, qui ne date
que du XIIIᵉ siècle, est lié à l'histoire complexe
et mouvementée du bouddhisme himalayen qui est
un syncrétisme de bouddhisme, d'hindouisme et
de vieux cultes animistes locaux appelés *bön* au Tibet.
Et si ce bouddhisme est essentiellement d'inspiration
mahayaniste, il emprunte au courant hinayaniste
certaines de ses caractéristiques, notamment
l'importance de la vie monastique qui lui vaut son nom
de lamaïsme, le lama («celui qui se tient plus haut»),

Au monastère de Sera,
près de Lhassa (Tibet).
Statuette de
Padmasambhara (Tibet).

Les grands monastères
tibétains, comme celui
de Sera, près de Lhassa,
comprennent une cour
des débats théologiques,
sortes de joutes oratoires
fort «musclées». Un jeu
de questions-réponses
se déroule entre
moines qui doivent
réciter par cœur les
leçons reçues de leurs
maîtres. Ce système
(qui évoque d'ailleurs
l'ancien catéchisme
catholique, rédigé sous
forme de questions et
de réponses) fait une
large place aux gestes
impératifs et ressemble
à un art martial visant
à développer les
arguments sans
répliques, au détriment
du doute ou de l'esprit
critique.

équivalent du gourou indien, étant un responsable de monastère (parfois un laïc) auquel son rayonnement spirituel vaut de nombreux disciples.

Toute la vie du bouddhisme himalayen, et même de la société civile, est organisée autour d'un monastère-forteresse (*dzong*) qui tient lieu à la fois d'école, d'abri et de temple. Haut lieu spirituel et place forte séculière, le *dzong* joue un rôle défensif dans la préservation de traditions locales et la lutte contre les influences étrangères, souvent celles des vallées voisines.

Car l'histoire du bouddhisme himalayen, parvenu au Tibet au VIIIᵉ siècle et choisi comme religion officielle par les rois de ce pays, comprend de fréquentes querelles monastiques, tantôt apaisées par des efforts œcuméniques tantôt contrôlées par des moines-policiers (*bop bop*). Même les simples débats théologiques donnent lieu à des joutes oratoires inspirées des arts martiaux. Au cours des siècles, le bouddhisme himalayen s'est donc divisé en quatre écoles principales, les trois premières étant qualifiées de «bonnets rouges» en raison de la couleur de la coiffe des moines tandis que ceux de la quatrième arborent des «bonnets jaunes».

La plus ancienne, l'école Nyingmapa, privilégiant la méditation et l'érémitisme ainsi que les pratiques tantriques (récitation de formules sacrées, rituels magiques), s'est maintenue jusqu'à nos jours au Sikkim et au Bouthan. L'école Kagyupa ou «lignée de transmission orale», importée d'Inde au Tibet vers le XIᵉ siècle, et divisée en de nombreuses branches rivales, met l'accent sur l'enseignement initiatique de maître à disciple plutôt que sur l'étude des livres. Elle demeure bien implantée au Bhoutan, pays qui fut une théocratie dirigée par l'école Drukpa (une subdivision

Padmasambhara, moine du VIIIᵉ siècle, est l'un des introducteurs du bouddhisme au Tibet. Considéré comme une émanation du bouddha Amitâbha, il est ici représenté avec un demi-crâne contenant l'élixir d'immortalité. Son sceptre porte trois crânes, symboles de la maîtrise des trois canaux subtils de la physiologie tantrique, qui irriguent le corps humain.

des Kagyupa) avant l'instauration de la monarchie en 1907. À l'inverse, l'école Sakyapa, plus centrée sur l'exégèse des textes, exerça une grande influence dans le Tibet du Sud où elle joua un rôle politique important.

L'«Océan de sagesse»

Elle dut partager ce rôle avec la quatrième école, celle des Gelugpa («vertueux»), qui insiste sur la discipline et le célibat des moines (d'autres écoles tolèrent les moines mariés). Fondée au XIVe siècle, son rayonnement spirituel lui donna un grand rôle social et, en 1578, le roi mongol Altan Khan se convertit au bouddhisme (et entraîna la conversion des Mongols) tout en accordant au chef de l'école Gelugpa le titre de Dalaï-Lama («Océan de sagesse»), titre qui sera confirmé, au XVIIIe siècle, par les empereurs de Chine, nouveaux suzerains du Tibet et, pour certains d'entre eux, fervents bouddhistes lamaïstes.

Ce titre, conféré par une puissance étrangère, accordait à un chef d'école spirituelle les pouvoirs d'un chef d'État temporel lui permettant de fonder une théocratie (les dalaï-lamas jouant le rôle des anciens rois tibétains) et d'unifier le pays malgré ses discordes monastiques. Adoubés par les empereurs de Chine, les dalaï-lamas connaîtront deux siècles de paix relative jusqu'à ce que le quatorzième d'entre eux, Tenzin Gyatso, soit conduit, en 1950, à l'exil, les nouveaux occupants de la Cité interdite revenant sur les engagements de leurs prédécesseurs.

Car si le bouddhisme himalayen reçut de l'Inde ses fondements doctrinaux, c'est à la Chine qu'il doit

Comme les morts zoroastriens (d'Iran ou de Bombay) exposés sur les «tours de silence», les défunts tibétains sont souvent livrés aux vautours sur des rochers sacrés. Le manque de bois interdit de généraliser les crémations et seuls les malades ou les brigands sont enterrés pour que leur âme emprisonnée ne se réincarne pas.

son organisation politique. La *pax sinica* fut pour lui l'équivalent de la *pax romana* pour le christianisme primitif : un facteur d'unité et une source d'oppression.

Ce bouddhisme himalayen a pu pénétrer jusqu'à Pékin, où le temple des Lamas témoigne de l'influence tibétaine sur la capitale de l'empire. Il doit cette percée au patronage de certains empereurs mandchous, mais aussi à des caractéristiques (accent mis sur les rites magiques, les techniques de l'extase et la phytothérapie) qu'il partage avec la religion chinoise dominante : le taoïsme.

Table d'exposition des morts près de Drigung (Tibet central). Moulins à prières dans le monastère tibétain de Labrang (Chine).

Qu'est-ce que le Tibet? Aucune définition géographique de ce pays n'est irréfutable : entre le Tibet administratif (1,2 million de km²) et le Tibet culturel (3,5 millions de km²), l'écart est aussi important qu'entre la France et les pays de la francophonie. Le Tibet culturel se caractérise par une relative unité de langue et de religion (mélange d'animisme et de bouddhisme). Il englobe le versant indien de l'Himalaya et certaines zones des provinces chinoises du Yunnan, du Sichuan, du Qinghaï et de Gansu. Ici, le monastère de Labrang, l'un des plus importants de l'école des Gelugpa, se trouve à mi-chemin entre Lhassa et Pékin et à 2000 km de routes ou de pistes de chacune de ces deux villes. Entre la Chine et le Tibet, il y a moins une frontière nette que des limites floues aux abords desquelles plusieurs cultures coexistent.

12 La voie de l'immortalité

LE CHEMIN DES IMMORTELS EST LA VOIE DE LA SANTÉ.
C'EST LE SAVOIR DE LA MÉDECINE CHINOISE
ET LA SAGESSE DU CÉLESTE EMPIRE.
TELLE EST L'ÉTRANGE ALCHIMIE DU TAOÏSME
QUI EXERÇA SUR L'EXTRÊME-ORIENT UNE INFLUENCE
PROFONDE PAR LES VERTUS DU VIDE.

Double page précédente :
Site des Trois Pics,
Kyongsang Pukto (Corée).

Jardin du Maître des Filets,
Suzhou, Jiangsu (Chine).

Pèlerins dans les montagnes
sacrées de Hua Shan,
Shaanxi (Chine).

La Voie
de l'immortalité

«Gouverner un grand pays, c'est comme faire cuire de petits poissons.» Telle est la surprenante recette politique de la religion de la «Voie» (*Tao*) qui se veut une méthode globale du bonheur des individus et de la prospérité du peuple.

«La Voie est vide», si l'on en croit le livre de la *Voie et de la Vertu* (*Tao-tö-king*), texte fondateur du «taoïsme» (ce terme, comme celui d'hindouisme, est une appellation occidentale datant du XIXe siècle) et ouvrage attribué à Lao-Tseu, personnage énigmatique qui aurait vécu au VIe siècle av. J.-C. De ce vide, assez semblable à la vacuité bouddhique, il faut savoir se servir et faire des lacunes de la vie une source de plénitude. «La faiblesse est la méthode de la Voie», affirmait Lao-Tseu, un peu comme saint Paul disait se glorifier de sa faiblesse. La vertu orgueilleuse est néfaste car les saints (ou les sages) sont «inhumains» : ils «traitent le peuple comme chiens de paille».

Il faut se tenir bas pour être grand : «Bon patron d'hommes se met au-dessous d'eux». Comme Jésus lavant les pieds de ses disciples, le Sage doit, en ses paroles, se mettre au-dessous du peuple car, «ce par quoi le fleuve et la mer peuvent être rois de cent vallées, c'est leur faculté d'être plus bas que celles-ci». Comme le fleuve abreuve le pays en creusant sa gorge (notamment le fleuve Bleu, dans les Trois Gorges, un des sites chinois les plus célèbres), le Sage nourrit l'âme en creusant le sens au point de ne rien dire et de ne pas agir. Comme l'eau «sans substance» envahit tout, comme «la chose la plus noble du monde» submerge «ce qui est dur et fort», le Sage taoïste comble le tréfonds de l'être dans la rhétorique du silence et la pratique de la méditation : comme son homologue bouddhiste, des exercices de contemplation et de concentration le conduiront à l'Illumination qui est la parfaite connaissance de la Voie.

Cette recherche d'une plénitude née de la vacuité et d'une tension de l'être venue d'un relâchement du corps se trouve dans le creux du ventre (le «Sage s'occupe du ventre et non de l'œil») et les sages taoïstes (comme les bouddhas chinois du Futur) sont

Symbole taoïste du *yin* et du *yang* sous forme de poissons. Statue de Lao Tseu, Fujian (Chine).

Lao-Tseu signifie en chinois «ancien maître». De sa vie, on ne sait rien de sûr et son existence historique a été mise en doute. On raconte qu'il aurait rencontré Confucius et le Bouddha mais cet épisode est surtout l'occasion de comparer les grandes doctrines des maîtres de la spiritualité asiatique. Représenté avec de longues oreilles, symbole de longévité, Lao-Tseu est élevé au rang de divinité et passe pour le fondateur du taoïsme philosophique. Mais sous sa forme populaire, le taoïsme est un ensemble de croyances et de pratiques dont l'élaboration s'étend sur de nombreux siècles.

首隊如來一鑑
意為亡弟知珠三七
齋畫造庚讚供卷

Symbole de la puissance masculine, malfaisante ou protectrice, le tigre est le gardien des points cardinaux de la Chine. Ici, il accompagne un pèlerin qui arpente les montagnes sacrées. Les pèlerins ont joué un rôle essentiel dans la diffusion des idées religieuses en Chine et, notamment, dans l'importation du bouddhisme venu de l'Inde.

souvent représentés bedonnants.
Le creux du ventre plein, c'est un vide de désirs car «il n'y a pas de plus grande faute que d'approuver les désirs». Même si, selon la Tao-tö-king, le Sage connaît sans voyager, les voyageurs chinois en Inde ne manqueront pas de faire le rapprochement entre bouddhisme et taoïsme, deux religions qui prêchent le non-désir et le non-agir, non par un culte du néant mais par crainte des actions néfastes. Car le taoïsme, qui recommande la confession des péchés, élabora

Pèlerin accompagné d'un tigre, Dunhuang, peinture sur soie.
Figurines des Huit Immortels, protecteurs du taoïsme, Ba Xian (Chine).

au VIIIe siècle, sous l'influence du bouddhisme, tout un code des mauvaises actions conduisant aux enfers et de bonnes actions les annulant.

Les Huit Immortels

Par son éthique de la modération et de la tranquillité, le taoïsme ressemble à la «Voie du milieu» (entre ascèse et jouissance) prêchée par le Bouddha et commune à bien des sagesses humaines, y compris à la morale épicurienne. «Conserver le juste milieu» est un adage taoïque évoquant aussi le proverbe latin *In medio stat virtus* («le courage se situe dans la position médiane»).

Il n'est donc pas étonnant que se soit développé un syncrétisme entre la doctrine attribuée à Lao-Tseu et celle du Bouddha : les Huit Immortels (héros ayant su trouver la Voie de la longévité) sont parfois assimilés aux saints du bouddhisme tandis que Guanyin, le *bodhisatva* de la miséricorde, est représenté tenant

Le bouddhisme a ses cinq cents saints (*arhat*) qui montrent la voie du *nirvâna*. Le taoïsme a ses Huit Immortels (*Hsien*) qui montrent la Voie (*Tao*) de l'immortalité. Chacun incarne une condition d'existence différente : jeunesse, vieillesse, richesse, pauvreté, roture, noblesse, féminité, masculinité. Comme la plupart des êtres merveilleux du taoïsme, ils correspondent en partie à des personnages historiques dont la légende a embelli les traits pour rendre leur vie exemplaire.

dans sa main la «rosée céleste» ou nectar d'immortalité. Comme la religion grecque ou romaine assimilait les divinités proche-orientales (Ishtar, déesse babylonienne de la fécondité devenant Aphrodite en Grèce ou Vénus à Rome, etc.), la religion chinoise faisait siennes les divinités du bouddhisme.

Mais le taoïsme repose aussi sur une conception spécifiquement chinoise de l'âme et du corps. Issu de vieux cultes agraires des paysans chinois, le taoïsme exaltera la dimension physique de l'expérience religieuse, en cherchant à harmoniser les forces de la nature et l'énergie de l'homme. Le mariage des contraires et l'art des paradoxes sont à la source de cet équilibre vital qui unit le repos au mouvement, la «tranquillité rigoureuse» à la «floraison des êtres».

L'âme (*qi*) est double, corporelle et spirituelle. L'âme corporelle (*p'o*), présente dans le fœtus, est issue de l'union charnelle des parents. Elle est de nature *yin* (féminine) et d'essence matérielle. À la mort, elle retrouvera la terre féminine et maternelle (l'association mère-matière, comme dans les mots latins *mater* et *materia*, est commune à de nombreuses civilisations) alors que l'âme spirituelle (*houen*) montera au ciel qui est de nature masculine (*yang*). L'âme spirituelle commence à la naissance lorsque le père, riant et faisant rire l'enfant, lui communique son souffle en lui donnant un nom. Cette identification de l'âme au souffle n'est d'ailleurs pas uniquement chinoise puisqu'en latin (*anima*), en grec (*pneuma*), en sanskrit (*âtman*) et en hébreu (*ruah*), l'âme est un principe aérien qui fait vivre l'homme jusqu'à son dernier souffle.

Comme le yoga hindou, les postures du taoïsme ne séparent pas l'âme du corps : la frontière entre prière et relaxation, mystique et gymnastique n'existe pas. La théologie est

ici inséparable de l'anatomie : comme le yoga s'appuie sur la médecine ayurvédique, la gestuelle du taoïsme est liée à la médecine chinoise et à sa théorie des énergies.

Les méridiens du «qi»

Le *qi* est une énergie vitale qui se concentre dans le *qihai*, vaste «océan du souffle» où s'accumule l'énergie vitale. Il est situé près du «champ du cinabre» inférieur, à deux ou trois doigts sous le nombril et cet «océan» est aussi un réservoir de sang menstruel et de liquide spermatique. Cette localisation rappelle d'ailleurs celle du premier *chakra* («cercle»), situé entre les organes génitaux et l'anus, par où passe l'énergie subtile du corps de l'homme, selon les yogis indiens. Elle évoque aussi la région qualifiée de sacro-honteuse (vertèbres sacrées, grand nerf honteux, etc.) par la médecine occidentale et qui entoure les organes de la génération et de l'excrétion.

Le «souffle» du *qi* circule dans le corps humain le
long de «méridiens» et irrigue l'organisme comme les
canaux d'une rizière. Ce fluide circulant risque de voir
son cours interrompu par des maladies. Pour rétablir
la communication vitale, il faut toucher le méridien
aux points d'acupuncture, sorte de nœuds vitaux pour
les flux organiques. Le «souffle» est donc aussi un
courant : il est pneumatique et hydraulique, synthétise
deux états de la matière (gazeux et liquide) qui
s'expriment dans l'air respiré («souffle externe») et

Le *qi* (prononcer «chi»)
est une énergie vitale
qui circule dans le
corps. Entre minuit et
midi, quand le ciel et
la terre «inspirent»,
s'étend la période du
qi vital. Entre midi et
minuit, quand le ciel
et la terre «expirent»,
vient la période du *qi*
mort. C'est pourquoi
les différentes formes
de gymnastique chinoise
ne peuvent se pratiquer
que le matin quand
on peut absorber en
soi de l'énergie.

Pratique de l'extase taoïque,
époque Ming (Chine).
Moine pratiquant le contrôle
du *qi*, ermitage du Lotus
bleu, monastère de Pomosa
(Corée).

les humeurs émises, tels le sperme et la salive («souffle interne»). Quant aux méridiens, ils recouvrent deux réseaux sous-cutanés : les trajets nerveux et la circulation sanguine. Qu'ils les concentrent ou les confondent est un véritable objet de débat, celui qui sépare la médecine «occidentale», distinguant les éléments, de la médecine chinoise, visant un équilibre global.

Symbole en bois du *yin* et du *yang*. Représentation des Cinq Éléments.

Le «yin» et le «yang»

Cet équilibre est celui du *yin* (féminin) et du *yang* (masculin), couple d'énergies contraire dont la mise en œuvre combinée enfanta l'univers et engendre le changement (les «Mutations»). *Yin* et *yang* sont les deux aspects du *Tao*, les deux forces originelles, «poutres faîtières» (*taiji*), du monde, que restitue la gymnastique chinoise, ou *tai-qi quan* (ou *tai-chi chuan*, pratiquée seulement le matin, durant la période du «*qi* vivant», quand le ciel se remplit de jour comme un poumon s'emplit d'air.

Le *yin* féminin symbolise la terre et le *yang* masculin le ciel, selon une bipolarité que l'on retrouve dans de nombreuses mythologies où le mariage sacré d'un dieu céleste et d'une déesse terrienne (en Grèce, celui d'Ouranos et de Gaïa) unit ces deux éléments. Le *yin* exprime aussi le froid, l'humidité et le sombre, tandis que le *yang* est chaud, sec et lumineux. Les pictogrammes antiques de ces deux éléments décrivaient une montagne avec ses deux versants. Car le contraste entre le *yin* et le *yang* est celui des versants nord et sud des collines cultivées (le taoïsme s'inspire de vieux cultes agraires) ou des montagnes sauvages : ils correspondent à ce qu'on nomme ubac et adret dans les Alpes ou ombrée et soulane dans les Pyrénées. De même que le mont Blanc de Saint-Gervais et le Weisshorn de Zermatt ont une face neigeuse blanche et une face rocheuse noire, le *yin* et le *yang* visualisent les deux facettes de la vie, les deux points de vue de l'existence qui habitent le couple fécond et l'individu équilibré.

Cette visualisation, essentielle dans le taoïsme (comme dans le bouddhisme *chan* ou *zen*), se distingue de la contemplation chrétienne en ce que la première est un regard sur soi-même dans l'univers (une introspection à la dimension cosmique) alors que la seconde est un regard sur l'Autre (le Christ) détaché du monde qui nous entoure. La visualisation taoïque correspond aussi à une civilisation où l'écriture est un dessin et où la grammaire n'a pas de genres.

Le féminin et le masculin affectent non des mots mais des images associées à des objets : aux mots de genre masculin, le chinois substituait un objet de nature *yang*. Le *yin* et le *yang* ne s'excluent pas en chaque humain : il y a une part de féminin en chaque homme et une part de masculin en chaque femme et, sur ce point, le taoïsme professe une doctrine qui peut évoquer la théorie freudienne de la bisexualité originelle.

Cette alternance de *yin* et de *yang* se combine avec «Cinq Éléments» (*Wuxing*), appelés eau, feu, bois, métal et terre, et qui correspondent à des saisons, des couleurs, des goûts et des organes. La médecine taoïste se fonde, notamment, sur une diététique et une chronobiologie restaurant l'harmonie entre ces Cinq Éléments.

Chacun des Cinq Éléments a sa place dans un ensemble : le propre de l'eau est de mouiller et de couler, celui du feu de monter et de chauffer, celui du bois de plier et de se redresser, celui de la terre de recevoir la semence puis le fruit, celui du métal d'épouser différentes formes. L'eau éteint le feu qui naît du bois qui pousse sur la terre qui contient le métal. L'interactivité des Cinq 2léments et la complémentarité du *yin* et du *yang* ont fortement influencé le psychanalyste suisse C. G. Jung (1875-1961) qui élabora une alchimie du conscient et de l'inconscient et une théorie de l'*anima* (féminin) et l'*animus* (masculin).

«Tai-qi quan» et acupuncture

Cette dimension thérapeutique et mystique du taoïsme, mariant médecine et religion, semble déroutante pour un observateur occidental qui a oublié les antiques liens entre les deux disciplines : Hippocrate exerçait au nom d'Apollon et la *thérapeia* fut, pour les Grecs, d'abord le service des dieux avant de devenir les soins aux hommes. De même, le taoïsme rapproche l'humain du divin afin de conjuguer santé et sainteté.

Où se situe la limite entre anatomie du corps et théologie de l'être? La pensée occidentale a soigneusement séparé les fonctions du prêtre et celle du médecin. Le taoïsme, au contraire, cherche à conjuguer l'aspiration au bien-être physique et la recherche d'une énergie vitale à la fois cosmique et somatique. S'agit-il de science ou de magie? L'acupuncture fait une percée en Occident et les massages chinois (ou thaïlandais) traditionnels, fondés sur la pression en des points précis du corps, connaissent un renouveau : le stress de la vie moderne semble appeler des remèdes ancestraux.

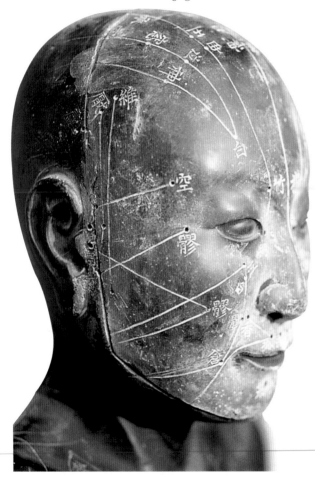

Figurine de bronze indiquant les points d'acupuncture, Changdok Palace, Séoul (Corée). Carte d'acupuncture. Enseigne d'un salon de massage traditionnel, Chiang Mai (Thaïlande).

De même que les Grecs venaient se faire guérir dans le sanctuaire d'Asclépios (Esculape), les malades chinois consultaient dans des temples taoïstes qui possèdent une pharmacie délivrant remèdes et ordonnances. Mais alors que la médecine occidentale s'est progressivement séparée de la religion (surtout à partir de la Renaissance), la médecine chinoise a longtemps conservé sa dimension culturelle. La coupure entre théologie et physiologie ne l'atteignit véritablement qu'au XIXe siècle avec l'arrivée de la colonisation européenne.

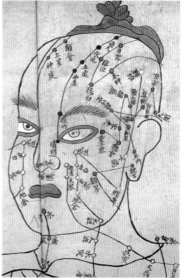

Elle s'illustra, en 1912, avec l'installation au poste de président de la nouvelle République chinoise du Dr Sun Yat-sen, chirurgien chrétien, formé à des méthodes occidentales bien éloignées des pratiques médico-religieuses du taoïsme. Mais si celles-ci pouvaient alors être tenues pour un reliquat archaïque de la Chine traditionnelle, elles connurent un certain renouveau durant la révolution culturelle : le président Mao, qui avait fait fermer toutes les facultés enseignant la médecine occidentale, remit en honneur l'acupuncture (notamment comme méthode anesthésique) et les plantes médicinales pour que la médecine chinoise puisse fonctionner en autarcie. L'actuel intérêt manifesté, dans le monde entier, pour l'acupuncture et la gymnastique du *tai-qi quan* montre que l'idéal taoïque n'est pas mort. Il tend même à gagner de nouveaux adeptes en Occident où il apparaît comme une médecine alternative, une voie du bien-être physique et psychique de l'homme.

La semence du «jing»

Le renouveau du taoïsme, comme celui du tantrisme auquel il s'apparente parfois, est également lié à l'intérêt porté par la sexologie occidentale à l'harmonie sexuelle. Cette harmonie résulte, selon la médecine chinoise taoïque, d'un échange entre les sécrétions masculines (*jing*) et féminines. De jeunes et belles partenaires peuvent aider l'homme à bénéficier

Scène érotique chinoise, carreau de faïence. Statue de l'empereur de Jade, temple taoïste, Shanghai (Chine).

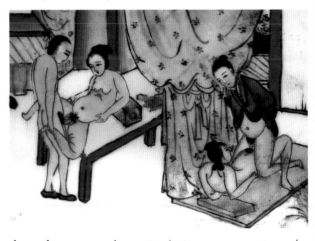

Des peintures très réalistes servent de traités d'éducation sexuelle selon les principes de la médecine chinoise d'inspiration taoïque. S'il semble curieux, d'un point de vue occidental, de mélanger la religion à l'érotisme, cette synthèse permet d'obtenir à la fois le bien-être sensoriel, une jeunesse prolongée et une descendance programmée. Tel est, du moins en théorie, l'idéal d'une spiritualité qui ne sépare jamais l'âme du corps.

de ces humeurs revigorantes (cette croyance est, aussi, l'une des causes de la prostitution de très jeunes filles en Asie) mais il est aussi possible d'augmenter sa quantité de *jing* par une étreinte réservée et ce *coïtus interruptus*, outre ses vertus contraceptives, permet de concentrer l'énergie masculine. Ainsi l'homme peut-il «faire remonter sa semence» (*huanjing*) vers son cerveau en fortifiant son organisme et en conservant sa fécondité. Car le *jing* est le germe de vie comme le rappelle son idéogramme qui comporte le signe du riz.

L'empereur de Jade

Il paraît surprenant qu'une religion aussi centrée sur le bien-être individuel ait pu également engendrer un idéal de vie collective et une méthode de cohésion sociale. Historiquement, cette évolution est probablement liée à la rencontre d'un culte populaire, attribuant un caractère magique aux événements du pays, avec une idéologie officielle soucieuse de trouver des bases surnaturelles aux ordres des dirigeants.

Le culte de l'empereur de Jade ne date que du XIᵉ siècle et fut popularisé par un empereur de la dynastie Song soucieux

Ainsi, dans le premier des trois Ciels taoïstes, le Ciel de Pureté de jade, se tient le Vénérable céleste du Commencement originel, un dieu créateur qui commande une administration céleste. Ayant abdiqué, selon certaines traditions, en faveur de son adjoint, l'empereur de Jade (Yuhuang), celui-ci fut investi de tous les pouvoirs de son prédécesseur et se trouva à la tête d'une immense bureaucratie céleste, reflet de la bureaucratie terrestre, dévouée au monarque régnant sur le pays.

Entre les deux monarques et leurs services, les relations demeurent étroites. Ainsi, chaque haut fonctionnaire céleste rend compte de son activité une fois par an et l'empereur de Jade lui accorde une promotion ou une punition qui fait varier sa position sur l'échelle hiérarchique du panthéon chinois.

Dans les faits, cette punition, précédée d'une mise en garde, était décidée par l'empereur terrestre et infligée par ses collaborateurs : le sort de ceux-ci était lié à celui de leurs correspondants célestes qui, d'ailleurs, étaient parfois les reflets d'anciens dignitaires, «panthéonisés» après leur mort, un peu

de donner une dimension surnaturelle à son pouvoir, alors très affaibli par les révoltes.

comme dans les pays occidentaux l'ombre des grandes figures nationales semble planer sur les générations suivantes. En cas de malheur (épidémie, sécheresse, défaite militaire, etc.), la sanction s'abattait sur le ministre céleste mais son homologue terrestre partageait sa disgrâce.

Les ministres du Ciel

Le même système s'appliquait aux titulaires divins et humains des portefeuilles de la Guerre, de la Littérature, des Épidémies, etc. Ce mécanisme de châtiments et de récompenses avait pour but de promouvoir la responsabilité administrative tout en encourageant l'obéissance populaire : le mauvais ministre était licencié mais le bon ministre devait être obéi puisque, par délégation de l'empereur, il tenait son autorité du Ciel (*Tien*).

Bûcher de faux billets de banque, fête taoïste de Daaberba au temple de Matsu, Luermen, près de Tainan (Taiwan).

Cette ingénieuse méthode a d'ailleurs une origine historique puisque le culte de l'empereur de Jade date du XIᵉ siècle, une époque où l'empereur terrestre (de la dynastie des Song) voyait son autorité mise en cause par un traité humiliant signé avec un de ses vassaux révoltés. Se poser en correspondant permanent de l'empereur de Jade revenait à légitimer un trône ébranlé. De fait, cette monarchie de droit divin s'est maintenue au pouvoir pendant mille ans, jusqu'à la révolution de 1911.

De même que Bossuet affirmait que «les princes agissent comme ministres de Dieu, et ses lieutenants sur terre» (*Politique tirée des propres paroles de l'Écriture sainte*), la religion chinoise enseignait que l'empereur avait un mandat du Ciel : ne pas lui obéir, à lui ou à ses ministres, revenait à enfreindre l'ordre du monde et à encourir les châtiments célestes appliqués par les tribunaux impériaux.

Ce système présentait aussi quelques avantages aux yeux d'un peuple croyant : les ministres célestes pouvaient servir d'intercesseurs. On leur demandait un avantage matériel (dégrèvement fiscal, sursis militaire, pension de retraite, etc.) tout en formulant la même requête auprès du ministre terrestre, les deux démarches étant souvent appuyées par des gratifications diverses, offrandes aux temples et pots-de-vin aux fonctionnaires. Ainsi, la bureaucratie taoïste faisait-elle preuve d'une certaine mansuétude, nécessaire au maintien de la paix civile. À la différence de théories plus «machiavéliques» de l'exercice du pouvoir (telle celle de l'école des légistes qui, au IIIe siècle av. J.-C., prônait une soumission absolue à la Loi), la métaphysique taoïste relativisait l'autorité des détenteurs de la loi (à l'exception notable de l'empereur) dont le pouvoir hiérarchique, céleste ou terrestre, n'était jamais définitif. Cette humanisation de la justice transcendantale, dans un but de tranquillité publique et de cohésion sociale, rapproche le taoïsme d'une autre idéologie chinoise basée sur la recherche de l'harmonie sociale : le confucianisme.

Le feu joue un rôle essentiel dans le culte taoïste car les fumées élèvent vers le Ciel les pensées et les actions des hommes. Des brûle-parfum font monter les vapeurs d'encens vers les divinités. Des prières sont écrites sur des papiers qui, en brûlant, parviendront à leurs destinataires. Des papiers monnaie représentant les fonctionnaires divins sont brûlés durant des cérémonies d'offrandes : ils alimenteront ainsi une «trésorerie céleste», sorte de correspondant religieux du trésor public. Le feu assure, entre le monde d'en bas et celui d'en haut, une liaison qui ne doit jamais s'interrompre sous peine de malheurs.

**«ECOLE DES LETTRÉS» ET DOCTRINE DES ÉLITES,
L'ENSEIGNEMENT DE CONFUCIUS ET DE SES DISCIPLES FUT
L'IDÉOLOGIE OFFICIELLE DE L'ADMINISTRATION CHINOISE
ET DEMEURE UNE RÉFÉRENCE MORALE DANS TOUT L'EXTRÊME-ORIENT.
MAIS EST-CE UNE RELIGION?**

Double page précédente : École confucéenne, village de la Grue bleue (Corée).

Lettré confucéen, peinture, XIXe siècle (Corée).

Le maître d'école du village de la Grue bleue (Corée).

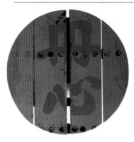

L'harmonie confucéenne

Dans la Chine pré-impériale, vivait un philosophe nommé Kongzi (551?-479 av. J.-C.) dont la renommée lui valut d'être appelé «maître Kong» (Kongfuzi), nom qui, au XVIIᵉ siècle, fut latinisé par les Jésuites sous la forme de Confucius.

Si, tout comme Jésus (nommé «rabbi» par ses disciples), Confucius fut appelé «maître», il doit cet honneur à l'extrême déférence de ses compatriotes pour ce maître à penser dont les idées ont profondément pénétré les sociétés extrême-orientales. Comme celui de Jésus, son enseignement se voulait destiné à tous les hommes, sans distinction d'origine sociale. Comme Jésus encore, Confucius fut enfanté par une jeune femme de quatorze ans (et conçu en un lieu-dit «Colline de la Vierge»).

Mais aussi révéré soit-il, Confucius, ne fut pas divinisé. Et bien que sa philosophie se veuille universelle, son rayonnement ne dépassa guère les limites des pays influencés par la civilisation chinoise, Corée et Japon compris. En cela, le confucianisme est plus une sagesse extrême-orientale qu'une religion missionnaire et le désintérêt manifesté par l'empire du Milieu à l'égard des civilisations extérieures n'a pas facilité l'exportation de cette doctrine en dehors de l'Asie de l'Est. Il s'agit là d'une différence importante par rapport au bouddhisme qui s'est facilement adapté à la diversité des cultures asiatiques.

Idéogrammes chinois sur une porte de sanctuaire confucéen (Corée). Statue de Confucius, Qufu (Chine).

Le Mandat du Ciel

Car le confucianisme est inséparable de l'histoire
de la Chine. Au VIᵉ siècle av. J.-C., le futur empire du
Milieu était divisé en royaumes dont l'un, celui de Lu
(dans l'actuelle province du Shandong), vit naître
Confucius, qui aurait été haut fonctionnaire avant
de quitter la Cour, dégoûté par la corruption ou écarté
par des intrigues. Selon la tradition, il aurait
démissionné parce que le prince de Lu avait délaissé
le gouvernement pour s'occuper de quatre-vingts
«danseuses». Il aurait alors proposé ses services à
d'autres rois puis diffusé ses idées parmi les lettrés.

Si ses propositions de réformes furent refusées par
les souverains, elles passionnèrent ses auditeurs, qui,
à sa mort, mirent par écrit ses leçons (les *Entretiens*).

Qufu, ancienne
capitale du royaume
de Lu, vit naître
Confucius, le «Maître
des Dix Mille
Générations». Celui-ci
ne fonda aucune
religion mais il fut
vénéré dans
d'innombrables
temples dont il ne reste
plus, depuis les
destructions de la
Révolution culturelle
(1966-1973), que
quelques exemplaires.
Adversaire résolu de
la Chine (qu'il n'avait
jamais visitée),
Montesquieu écrivait :
«les législateurs de la
Chine confondirent la
religion, la loi et les
mœurs». Il ajoutait que
les disciples du Maître,
les lettrés, «sont à
proprement parler
athées ou spinozistes».
Mais cet amalgame de
morale et de spiritualité,
d'administration du
pays et de vénération
du Sage a profondément
influencé l'Asie de l'Est
pendant des millénaires.

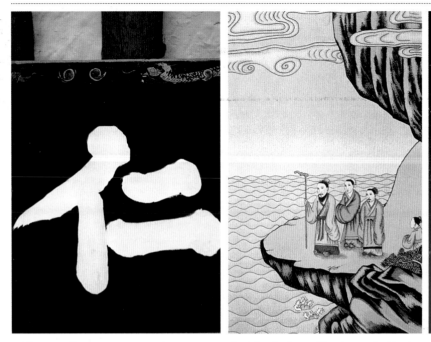

Comme Socrate, son quasi contemporain, Confucius n'a donc lui-même rien écrit. Comme ceux de Jésus et de Bouddha, son enseignement ne fut connu que grâce à ses disciples et chaque paragraphe des *Entretiens* comprend la formule «le Maître a dit» comme chaque parabole des Évangiles commence par «Jésus dit à ses disciples» et chaque sermon du Bouddha par «alors le Bienheureux dit».

Les *Entretiens* du Maître sont dominés par le souci de restaurer l'esprit public et de fonder la légitimité morale de tout pouvoir sur une transcendance. Si, selon Confucius, «le Ciel ne parle pas» (le confucianisme ne peut donc être considéré comme une religion «révélée»), il confie un Mandat (*Ming*) à chaque humain. Et le Mandat de Confucius, sa mission céleste, était précisément de rappeler à chaque responsable ses devoirs afin que le peuple l'imite et se perfectionne à son tour : une dynastie (et tout père de famille en fonde une) ne peut survivre que si

Pour la pensée chinoise, le cours de l'eau, sinueux et turbulent, est le parcours de la vie que l'on aime admirer sur des sites grandioses comme les Trois Gorges du fleuve Chang jiang. Par sa permanence et sa variabilité, l'eau courante représente l'immortalité et l'imprévisibilité de la nature. Dominer les eaux pour dompter leurs humeurs est la tâche première des empereurs et des fonctionnaires qui doivent éviter les inondations et la sécheresse en disciplinant les riverains et en coordonnant leurs travaux.

chacun pratique des «vertus supérieures» fondées sur des «intentions sincères» et si personne ne vient contester la légitimité du successeur désigné (les crises dynastiques furent nombreuses dans l'histoire impériale).

L'harmonie sociale résulte du bon fonctionnement de cinq relations naturelles (prince-sujet, père-fils, aîné-cadet, mari-femme, amis). Ces relations fondent une hiérarchie nationale et familiale mais, contrairement à l'école des légistes prônant la soumission aux autorités, même indignes, Confucius fonde la légitimité du dirigeant sur la rectitude morale, la bienveillance et la bonne éducation. Si la langue chinoise ne distingue pas toujours les notions de droit et de pouvoir (le terme *quànli* peut avoir les deux significations), la sagesse confucéenne fait du prince le serviteur de la loi et de la loi la voie du «souverain bien» : il faut se corriger soi-même pour corriger les autres et fonder le droit sur la droiture en fuyant le mensonge et en veillant «attentivement sur ses intentions et pensées secrètes».

Dans une optique confucéenne, il y a deux extrêmes à fuir : l'arbitraire de la loi et l'anarchie du pays. Le premier trouvera ses partisans chez les «légistes» qui, au IIe siècle av. J.-C., feront brûler les œuvres de Confucius. Le second aura son époque privilégiée durant le Moyen Âge chinois qui, du IIIe au VIe siècle, verra s'opposer les dynasties rivales et les royaumes concurrents en une époque où furent délaissées les œuvres de Confucius et où prospéra le bouddhisme, religion plus centrée sur le salut individuel que sur le culte de l'État.

Idéogramme de la bienveillance, école confucéenne de la montagne de Jade (Corée). «Réflexion philosophique de Confucius contemplant le cours d'un fleuve», gravure, XIXe siècle. Texte sur la piété filiale, estampage de pierre, époque Tang (Chine).

«Je transmets mais ne crée point, car j'aime les anciens et crois en eux», disait Confucius (*Entretiens*, 7, 1). Tout l'enseignement de Confucius est fondé sur la transmission d'une génération à une autre, de maître à disciple et de père à fils. «Être loué pour sa piété filiale par le clan, pour sa déférence à l'égard des aînés par les gens de son village» permet de mériter le nom de Lettré (*Entretiens*, 13, 20). L'éducation exalte le respect des géniteurs mais aussi les devoirs des parents : «le père protège son fils et le fils son père» (*Entretiens*, 13, 18). Le sort des mères et des filles n'est en revanche pas précisé.

Pour éviter ces débordements, «l'homme d'une vertu supérieure persévère invariablement dans le milieu» et fuit les sentiments excessifs. Cette éthique de la modération rappelle la «voie du milieu» prêchée par le Bouddha et explique en partie comment le bouddhisme a pu s'acclimater dans la culture chinoise imprégnée de confucianisme. Cette retenue doit se manifester dans la vie privée et les affaires publiques. Elle vise à maintenir une «tranquillité parfaite» où la sérénité de l'âme induit la paix civile et où «le bon ordre dans la famille» renforce la stabilité de l'État. Et le pire désordre serait que le fils prenne la place du père avec la complicité de la mère. Cet Œdipe chinois, transgresserait l'ordre social et familial majeur, celui de la transmission et de la rénovation des pouvoirs et des savoirs d'une génération à une autre.

Représentation d'une fête mortuaire tirée du «Livre des Rites», peinture, XIXᵉ siècle (Chine).

La «querelle des Rites»

Mais le confucianisme, dont l'interprétation a beaucoup varié selon les siècles et les écoles, n'encourage pas la nostalgie rétrograde ou la politique archaïque. Tout en se méfiant du changement (dans les cérémonies, la législation, les idéogrammes), il condamne celui «qui retourne à la pratique des lois anciennes, tombées en désuétude ou abolies» et affirme que «les lois, les règles d'administration des anciens temps, quoiqu'excellentes, n'ont pas une autorité suffisante, parce que l'éloignement des temps ne permet pas d'établir convenablement leur authenticité». Ce souci d'une gestion actualisée des affaires publiques, appliquant des principes éternels aux réalités de l'époque, a rencontré un vif intérêt dans l'Europe des Lumières, d'autant que Confucius exalte «le principe lumineux de la raison» reçue du Ciel en des termes qui ont pu évoquer parfois le culte de la Raison et de l'Être suprême chez des philosophes voire des révolutionnaires de l'Europe du XVIIIᵉ siècle. Voltaire

admirait d'ailleurs dans le confucianisme un déisme sans dogmes, une religion sans prêtres, une morale sans Église dont la principale maxime enseigne «qu'il ne faut pas faire à autrui ce que nous ne voulons pas qu'on fasse à nous-mêmes».

On pourrait même nier la dimension religieuse de la doctrine de Confucius si celui-ci n'avait pas insisté sur l'utilité des rites (*li*), conformément à la tradition chinoise qui accorde une grande importance aux cérémonies au cours desquelles l'individu communie avec le groupe dans un même idéal.

Comme l'hindouisme prescrivant au fils aîné d'allumer le bûcher funéraire de son parent défunt, le confucianisme confie un rôle essentiel dans les obsèques au plus âgé des enfants mâles. Il conduit le deuil de son père, anime la cérémonie mortuaire et, ultérieurement, le culte des ancêtres. La famille chinoise est une société dirigée de père en fils. Elle est aujourd'hui bien perturbée par la politique de l'enfant unique, imposée par le gouvernement dans les villes, qui conduit parfois à l'avortement de fœtus féminins par un usage perverti de l'échographie. Comment se fera l'insertion sociale de ces trois cents millions de «petits empereurs» ou de «soleils», astres uniques, vénérés dans leurs familles? C'est une des questions majeures de la Chine de demain.

C'est d'ailleurs la «querelle des Rites» qui, en 1715, mit un terme aux progrès du christianisme en Chine. Les missionnaires jésuites avaient, en effet, admis, et même pratiqué, certains rites chinois comme le culte des ancêtres, considéré comme un équivalent des prières pour les défunts, ou les hommages à Confucius, tenu pour un apôtre de certaines vertus chrétiennes. Car Jésus avait, lui aussi, ordonné à ses disciples : «Tout ce que vous voulez que les hommes fassent pour vous, faites-le vous-mêmes pour eux»

(Matthieu 7,12). Mais, dénoncés à Rome par leurs adversaires dominicains, les Jésuites durent renoncer aux «rites chinois» et aux titres mandarinaux qui leur avaient été accordés par des lettrés confucéens. En effet, contrairement à Montesquieu qui se méfiaient de l'«État despotique» de la Chine et du «brigandage des mandarins», les Jésuites avaient vu dans l'institution mandarinale une organisation confucéenne digne de leur «société de Jésus» par ses qualités morales et ses vertus intellectuelles.

Les concours de mandarins

Le confucianisme est inséparable des mandarins, ces hauts fonctionnaires qui administrèrent l'Empire chinois jusqu'en 1911. Le mot «mandarin» a été créé par les missionnaires portugais à partir du malais *mantari*, dérivé du sanskrit *mantrin* désignant, soit un magicien (dans le bouddhisme, le *mantra* est une formule sacrée orale, aux pouvoirs magiques) soit un conseiller du prince : en Inde comme en Chine, l'administration profane avait, en effet, des pouvoirs et un prestige de nature religieuse. On ne peut donc séparer les dimensions spirituelles et intellectuelles chez ces mandarins dont le nom contient la racine indo-européenne *men* que l'on retrouve, notamment, dans les mots français «mental» et anglais *mind* («esprit»).

Pendant quinze cents ans, de la dynastie des Tang (618-907) à celle des Qing (1644-1911), les mandarins furent recrutés, aux niveaux local, régional et impérial par un système de concours (c'est-à-dire d'examens avec un nombre de places limité et fixé à l'avance). Les épreuves étaient en majorité littéraires et portaient principalement sur les œuvres de Confucius et de son disciple Mencius (370-290 av. J.-C.) ainsi que sur quelques ouvrages

Mandarins attendant l'arrivée de l'empereur Yong zhen venu rendre hommage au dieu de l'Agriculture, peinture (Chine).
Retour triomphal des examens impériaux, xylographie (Chine).

Un mélange harmonieux de bureaucratie et de théocratie, tel était le régime impérial et mandarinal combinant le confucianisme des lettrés et le taoïsme des prêtres. L'empereur rend ici hommage au dieu de l'Agriculture pour le remercier des bonnes récoltes ou lui en demander de meilleures tandis que les travaux agronomiques et hydrauliques seront menés sous la direction des mandarins. Les fonctionnaires ont donc, par délégation de l'empereur, un mandat céleste et sont responsables devant le Ciel comme devant le Fils du Ciel. Leur autorité sur le peuple comporte aussi cette double nature et ne possède guère de limites : faute de séparation des pouvoirs (ce que leur reprocha Montesquieu), les fonctionnaires chinois cumulaient des attributions administratives et judiciaires.

attribués à ces maîtres ou commentant leur pensée et promus au rang de livres «classiques». Les candidats reçus, surtout au niveau impérial, suscitaient un profond respect : leurs noms étaient gravés sur des stèles et, lors de la publication des résultats, des officiants rendaient un «culte du diplôme».

Le mandarinat est le premier exemple au monde d'administration recrutée sur le seul critère du mérite et plusieurs de ses principes sont encore appliqués sur toute la planète dans des concours : anonymat des copies, double correction à l'aveugle, interdiction d'introduire des documents dans la salle d'examen, etc. Et si les fils de mandarins disposaient d'un avantage culturel certain, des classes préparatoires furent ouvertes à tous les adolescents et des bourses d'études offertes aux candidats de condition modeste. Cette promotion sociale par l'étude, comparable à celle des clercs dans l'Europe chrétienne, permettait au régime d'obtenir des collaborateurs compétents et dévoués. Car tout lauréat ayant obtenu un poste (de niveau variable selon son rang) devenait un défenseur zélé des institutions impériales et de la doctrine confucéenne mais aussi un rival des prêtres taoïstes et des moines bouddhistes, eux aussi d'origine souvent modeste.

Ce primat du mérite sur la naissance, de la vertu sur l'héritage et de la compétence sur l'hérédité était d'autant plus important que les dynasties impériales eurent une histoire mouvementée comprenant

Loge officielle lors de l'ouverture du Festival international de Confucius, Qufu, 1994.
Grue blanche, insigne pour fonctionnaire civil de 1ʳᵉ classe (Corée).

des révolutions de palais, des périodes de régence et des rivalités entre prétendants au trône : les hauts fonctionnaires assuraient une continuité intellectuelle, spirituelle et administrative malgré les interruptions de la lignée impériale.

La «secte des lettrés»

Le système des concours civils et militaires (ces derniers, orientés vers l'art de la guerre), maintes fois réformé, recelait des défauts qui n'échappèrent pas à Montesquieu. Celui-ci affirmait qu'en Chine, «l'autorité du prince est sans bornes, il réunit la puissance ecclésiastique avec la séculière, car l'empereur est chef

Vilipendé par les gardes rouges de Mao comme une survivance de la pensée féodale, le confucianisme connaît aujourd'hui un regain d'intérêt en Chine et en Asie : il participe aux «valeurs asiatiques» fondées sur la primauté du groupe à l'égard de l'individu et sur la recherche de l'harmonie sociale au détriment des libertés individuelles.

de la secte des lettrés» (*Geographica*). Le conformisme des candidats, joint au ritualisme des épreuves, tendait à sacraliser les ouvrages «classiques», à étouffer l'esprit critique et à empêcher l'ouverture de la Chine aux techniques modernes venues d'Occident. La révolution de 1911 emporta donc simultanément l'Empire et ses concours tandis que les études confucéennes disparaissaient des programmes officiels.

Mais les concours avaient auparavant fourni la preuve de leur utilité en tant que mode de sélection des administrateurs, et les mandarins jésuites firent connaître ce système en Europe où leurs collèges jouaient un grand rôle dans la formation des élites. Au milieu du XVIIIe siècle, la monarchie française décida de recruter ses fonctionnaires par des concours et des grandes écoles, à l'issue d'épreuves organisées, corrigées et notées selon des méthodes proches de celles utilisées en Chine. Mais au lieu de privilégier la formation littéraire, la monarchie puis la république françaises firent une large place aux enseignements techniques et scientifiques et favorisèrent les disciplines nouvelles souvent négligées par les universitaires, d'ailleurs qualifiés de «mandarins» par leurs adversaires.

Qu'un même système de recrutement ait inspiré l'enseignement et l'administration de deux pays très éloignés géographiquement ne doit pas étonner : la France jacobine et la Chine impériale partageaient le même souci de cohésion intérieure et la même crainte des forces séparatistes. Or, le régime du concours favorise à la fois le centralisme du recrutement et le loyalisme des fonctionnaires. Cette bureaucratie terrestre confucéenne, symétrique de la bureaucratie céleste taoïste, était entièrement dévouée au Fils du Ciel auquel tout le peuple rendait un culte. Ce mélange de sacralisation du pouvoir et de culte impérial se retrouve dans un pays fortement influencé par la religion chinoise : le Japon.

Critiqué par Montesquieu mais approuvé par Voltaire, Diderot et les Jésuites, curieusement réunis dans une même admiration des institutions chinoises, le système des examens mandarinaux inspira les concours des grandes écoles françaises. Durant le protectorat français sur l'Annam et le Tonkin (actuel Viêt-nam), les mandarins continuèrent à passer leurs examens, reçurent leurs diplômes au temple de la Littérature de Hanoï et servirent dans l'administration locale de la IIIe République.

14 La Voie des dieux

CULTE DE LA NATURE ET HYMNE À LA NATION,
RITE IMPÉRIAL ET RELIGION POPULAIRE,
LE SHINTOÏSME EST UNE «VOIE DES DIEUX»
AUX SENS MULTIPLES OÙ SE RETROUVE L'ÂME DU JAPON.

Pages précédentes :
Jardin *zen*, Daisen-in, Kyôto.
Paysage peint sur fond
de feuilles d'or, paravent
japonais, XVIIe siècle.

Danse Nanjo à l'occasion
de la fête de la récolte,
Yamagushi (Japon).

Escalier du temple
bouddhiste de Hasedera,
près de Nara (Japon).

La Voie des dieux

Kami japonais.
Vue du mont Fuji, estampe.
Cinquième station
sur le chemin de pèlerinage
au mont Fuji (Japon).

Le Japon demeure le seul grand pays de la planète dont la religion principale puisse être qualifiée d'animiste. Le *shintô* (du chinois *shen*, «esprit» ou «divinité», et *tao*, «voie») est le nom chinois (le chinois était alors la langue savante du Japon comme le latin en Europe) du *Kami no michi* ou «voie des *Kami*». Celles-ci sont des puissances sacrées présentes dans tout l'univers (il y en aurait huit cents millions), surtout dans la nature : chaque roc, lac, mer, arbre ou bête est susceptible d'être *Kami*. Comme dans les tribus indiennes nord-américaines (une très lointaine parenté, due à la migration des Sibériens via le détroit de Behring n'est pas impossible), tout représentant du règne minéral, végétal ou animal peut devenir sacré.

Les forces de la nature

La persistance de cette sacralisation des forces de la nature est en partie liée à la géographie très particulière de l'archipel nippon : découpé en de nombreuses îles, cloisonné par des montagnes (les «Alpes» japonaises), il dresse de nombreux obstacles à la vie humaine, concentrée sur d'étroites plaines côtières. Éruptions volcaniques, tremblements de terre et raz de marée viennent ajouter des risques naturels aux difficultés de communication. Dompter la nature en apaisant les dieux apparaît alors comme une nécessité vitale qu'aucun progrès technique ne rend tout à fait obsolète.

Au Japon, comme en Chine, la spiritualité est d'abord un culte de la nature mêlant l'eau et la montagne. Entouré de cinq lacs, le mont Fuji marie les contraires : la neige sur ses flancs et le feu en son cratère qui, en 1707, projeta des cendres jusqu'à Edo (Tokyo). Aujourd'hui apaisé, le volcan reçoit la visite de millions de pèlerins qui dorment dans des refuges et marchent vers

Le plus important pèlerinage du Japon est celui du Fuji Yama (ou Fuji San) que des millions de fidèles marcheurs gravissent chaque année : ce volcan, encore en activité au XVIIIᵉ siècle, est la demeure de Fuchi, déesse du feu, du foyer et des volcans, l'équivalent du dieu Vulcain des Romains. De nombreux autres cratères, comme ceux des monts Aso ou Ontake, possèdent leurs divinités locales, souvent associées à Dainichi, le grand Bouddha solaire. Shintoïsme et bouddhisme se rejoignent alors dans le culte du feu naturel et la quête de la lumière intérieure.

L'eau, aussi vénérée que le feu, est une autre énergie à apprivoiser. Le sanctuaire de Nikko, édifié près de cascades, de forêts et de sources thermales, illustre

le sommet d'où ils contemplent le lever du soleil. Cône presque parfait, le Fuji illustre, par la pureté géométrique de ses lignes, une esthétique de la simplicité qui inspira de nombreux artistes.

ainsi les vertus énergétiques, agronomiques et
thérapeutiques des eaux courantes. Là encore,
le shintoïsme intègre le bouddhisme en faisant
des *Kami* de Nikko des manifestations du Bouddha.
D'autres sanctuaires shintoïstes, faisant aussi leur place
aux bouddhas, rendent hommage aux eaux de mer,
comme à Miyajima («l'île-sanctuaire») où il est interdit
de naître et de mourir pour ne pas polluer le lieu,
délimité, comme tout sanctuaire shintoïste, par
un *torii*, portique séparant l'espace sacré du monde
profane.

L'âme des jardins

L'apprivoisement des forces naturelles par des activités
rituelles produit une symbiose entre nature et culture
qui culmine dans l'art des jardins. Mêlant pierres

Face à la ville
industrielle
d'Hiroshima, l'île
de Miyajima est un
sanctuaire de la nature
organisé autour du
contraste entre la mer
et la montagne.
Le portique (*torii*)
marque l'entrée dans le
domaine des divinités,
qui comprend des salles
de prière et des
belvédères, d'où l'on
peut contempler les
arbres et les daims qui
vivent dans les collines.

et plantes, en référence à un animisme minéral et végétal, ces jardins exigent à la fois des soins minutieux, quasi rituels, et des espaces sauvages, figurés à une échelle réduite sous la forme d'îlots, de petits lacs, de forêts naines et de monticules.

Les jardins japonais reproduisent fréquemment des sites shintoïques célèbres comme les 260 îlots de Matsushima (un archipel en miniature) ou la lagune d'Ama no Hashidate, minuscule symbole de l'insularité nippone, si importante aux yeux des Japonais en tant que facteur d'identité nationale (les ports japonais furent souvent interdits aux navires étrangers). Et ce goût pour la petite dimension (une nécessité dans ce pays surpeuplé) s'exprime aussi par les bonsaïs, importés de Chine au XIIIᵉ siècle en même temps que le bouddhisme *zen* dont les temples-jardins abritent nombre de ces arbustes.

Autant que les jardins, la rizière est le lieu de célébration du couple nature-culture. La vie rurale est rythmée de *matsuri*, fêtes rituelles célébrées en fonction du calendrier agricole. Repiquage et récolte du riz sont des occasions privilégiées pour ces cultes agraires qui sont aussi des rites de fertilité. Car si le shintoïsme rural est une «morale du riz» où la cohésion et la purification du village sont les garanties de bonnes récoltes, la fécondité humaine n'est jamais absente de ses purifications.

Torii de Miyajima, près d'Hiroshima (Japon). Fête du riz au Japon.

Entre semailles, repiquage et récolte, le cycle du riz symbolise le renouvellement du temps et la reproduction des espèces. La petite graine plantée en terre marque l'union du masculin et du féminin et les femmes participent activement au repiquage, sorte

de transplantation d'embryon dans le ventre de la terre. Les fêtes du riz célèbrent aussi la fécondité du pouvoir familial, régional ou national : du chef de famille ou de village à l'empereur, personne ne pourrait maintenir son autorité sans de bonnes récoltes.

La maîtrise de la reproduction

La graine de riz est le symbole de la reproduction de toute espèce vivante dont la croissance est liée au respect de la nature. La célèbre méthode Ogino de contrôle des naissances, fondée sur l'observation

du cycle de la femme, est la traduction d'une méfiance
à l'égard des modifications chimiques des processus
naturels, telles que celles induites par la pilule
contraceptive. Le recours massif aux préservatifs, dont
le Japon est le premier producteur mondial, en est
une autre illustration, le latex, suc de l'hévéa, étant
considéré comme plus «naturel» que la pilule.

Mais cette contraception ayant une efficacité limitée,
les avortements sont fréquents et l'âme des fœtus
est confiée à Jizô, *bodhisattva* protégeant les humains,
notamment les enfants, des tourments de l'enfer.
Cet «embryon de la terre» (c'est le sens de Kshitigarbha,
bodhisattva indien dont le culte de Jizô s'est inspiré),
bien que d'origine bouddhiste, se trouve en parfaite
communion avec le naturalisme du shintoïsme.
Les Japonais ont d'ailleurs l'habitude de combiner
harmonieusement ces deux religions, en confiant
les rites de la mort au bouddhisme et ceux de
la naissance ou du mariage au shintoïsme dont
le souci de la fécondité s'exprime parfois au travers
de cultes phalliques.

La naissance de la nation

La naissance du Japon est elle-même sacralisée au
moyen d'un mythe à portée politique. Issu d'un chaos
océanique (la mer est omniprésente au Japon),
le dieu Izanagi et sa sœur Izanami forment un couple
primordial qui engendre les multiples îles du pays.
Devenu veuf, Izanagi enfante à lui seul le dieu-lune
Tsuki-yomi et la déesse solaire Amaterasu :
la mythologie japonaise, contrairement à celle de
la plupart des pays, possède une lune masculine
et un soleil féminin.

Amaterasu aurait eu pour arrière-arrière-petit-fils
Jimmu, premier empereur nippon. Cette mythologie,
tardivement fixée par écrit (l'écriture a été introduite
au Japon, à partir de la Chine, au IVe siècle apr. J.-C.
un peu avant le bouddhisme), apparaît ainsi
comme une légitimation et une sacralisation
de la lignée impériale. Le shintoïsme joue ici un rôle

Cérémonie shinto de
bénédiction d'un chantier
de construction (Japon).

politique qui ne pouvait être dévolu au bouddhisme, religion importée, plus «républicaine» que monarchique en ce qu'elle met l'accent sur la communauté (*sangha*) des moines et des laïcs sans désigner de hiérarchie : la plupart des monarchies asiatiques, de la Thaïlande à la Chine et au Japon, ont dû chercher ailleurs que dans le bouddhisme les fondements sacrés de leur régime.

La bénédiction des chantiers de construction, notamment des tunnels et des ponts, illustre la «nature merveilleuse et rebelle» du Japon (J. Pezeu-Massabuan). Entre risques sismiques, peur des volcans et crainte des inondations, les Japonais ont vécu dans la hantise d'une nature qu'ils vénèrent. La technologie moderne représente à la fois une victoire sur les contraintes naturelles (notamment le cloisonnement extrême du pays entre montagnes et îlots) et une menace de dommages écologiques (le Japon fut l'un des premiers pays à prendre conscience des dangers de la pollution). Les rites shintoïstes viennent ici exorciser les peurs et apprivoiser la nature.

Le gouvernement du cloître

Le shintoïsme, influencé par la religion chinoise, attribua à l'empereur un «mandat du ciel», correspondant à son ascendance solaire et comportant l'accomplissement de rites saisonniers : le monarque est un maître de cérémonies, un organisateur de fêtes sacrées (*matsuri*) dont le nom servait même, au Vᵉ siècle de l'ère chrétienne, à désigner le gouvernement du pays.

Mais ce pouvoir «festif» et sacré fut progressivement confiné à une fonction honorifique par la montée en puissance, vers le XIIIᵉ siècle, des *samouraï* («ceux qui servent»), soldats dirigeant les affaires militaires du pays. Cette «voie des guerriers» (*Bushidô*) ou «gouvernement de la tente» (*Bakufu*) était dirigée par un «général en chef contre les barbares» dont le titre abrégé, celui de *shogun*, finit par désigner le régime du pays. L'empereur était ainsi cantonné, par cette noblesse d'épée, à un rôle secondaire et promis, dans sa vieillesse, à une fonction de moine : retiré dans un monastère, il y exerçait un «gouvernement du cloître» (*Insei*), sorte de magistrature morale.

Cette curieuse dyarchie de la tente et du cloître était donc un frein au pouvoir impérial, privé de la force

Entre guerre et paix, *samouraï* et moines guerriers, arts martiaux et postures *zen*, la civilisation et la religion japonaises tentent d'harmoniser défense de la cité et maîtrise de soi, pulsions agressives et sérénité intérieure. Dans le christianisme du Moyen Âge, les moines-soldats des ordres hospitaliers (chevaliers du Saint–Sépulcre, etc.) jouaient un rôle comparable en mettant leur force au service du «bien».

L'aristocratie guerrière des *shogun* a, du XIIIᵉ au XIXᵉ siècle, gouverné le Japon en ne laissant à l'empereur qu'un rôle religieux, celui de symbole sacré de l'unité nationale, légitimant le pouvoir des grandes familles d'administrateurs, civils et militaires.

militaire et policière. Elle était aussi un obstacle à la modernisation du pays car les *shogun* redoutaient l'influence occidentale au point d'interdire les livres étrangers susceptibles d'importer l'esprit de la Renaissance européenne dans le Japon féodal.

L'Honorable Fils du Ciel

Mais cette autarcie intellectuelle et spirituelle (le christianisme fut interdit au Japon de 1587 à 1873) provoqua une crise sociale et économique qui entraîna, en 1867, l'abolition du shogunat. L'empereur quitta Kyôto (la «ville capitale») pour Tokyo (la «capitale de l'Est»), abolit la féodalité et modernisa le pays sur le modèle occidental. Cette ère Meiji (1868-1912), celle du «gouvernement éclairé», fut donc une grande époque impériale qui se trouva une mystique ancienne pour légitimer sa politique audacieuse.

La religion chinoise put alors servir de référence. Comme le taoïsme avait évolué des pratiques animistes aux cultes administratifs (avec leurs bureaucrates célestes), le shintoïsme compléta ses vieilles croyances naturalistes par une adhésion aux valeurs impériales : l'empereur, le «souverain céleste» (*tennô*), exerçant désormais la réalité du pouvoir, avait besoin d'une obéissance sans faille. Ce shintoïsme

Cérémonie shinto à Aichi, le jour du nouvel an. Pèlerin tatoué d'un samouraï, Tokyo. Famille de *shogun*, peinture.

d'État fit de la famille impériale le modèle de toutes
les familles japonaises et de l'empereur le patriarche
de la nation.

L'«Honorable Fils du Ciel» (qualité déjà reconnue
à l'empereur de Chine) était une personne sacrée
et inviolable : il était sacrilège de l'appeler par
son vrai nom ou de croiser son regard. Il possédait
l'unique cheval blanc
du pays et dessinait
l'image du chrysanthème
sacré à six pétales
(l'équivalent de la fleur
de lys pour la monarchie
française).

Cimetière d'Hiroshima
au mois d'août.
Construction d'une nouvelle
pagode bouddhiste, Tokyo.

Ni le Japon ni l'Asie
n'ont oublié le double
drame d'Hiroshima

Le soleil atomique

Mais le «soleil»
atomique atteignit le
descendant de la déesse
du Soleil : après les
terribles explosions
d'Hiroshima et de
Nagasaki, l'empereur
perdit son ascendance
divine. Car il dut
annoncer à la radio
la défaite du Japon
(pour la première fois,
le peuple entendait sa voix) et accepter, en 1946, une
constitution laïque, inspirée par l'occupant américain
et dépourvue de référence à la monarchie sacrée.

La fin du *shintô* d'État en tant que religion officielle
n'entraîna pas, pour autant, la mort du shintoïsme.
Celui-ci revint à sa fonction première, celle d'un culte
de la nature qui imprègne l'«âme japonaise» et
comprend de nombreuses écoles de spiritualité,
parfois qualifiées de «sectes» en Occident, mais unies
par une même dévotion aux forces naturelles garantes
de la destinée humaine. Les nombreux problèmes
de pollution du Japon contemporain et de

et de Nagasaki :
les Américains auraient-
ils déchaîné l'horreur
atomique contre
des hommes blancs?
Cette question amplifie
le deuil impossible
des villes martyres.
Les figurines de *Kami*
viennent ici symboliser
l'attachement aux
traditions de la
mémoire populaire.

ses mégapoles n'ont fait que renforcer ce besoin de protéger la nature en la sacralisant : la plupart des grands sanctuaires shintoïstes sont devenus des parcs nationaux.

Mais la disparition du *shintô* d'État et l'occidentalisation du pays ont créé, dans la société japonaise, un vide spirituel comblé par les «nouvelles

Les destructions de la Seconde Guerre mondiale puis la fièvre des bâtisseurs du Japon industriel auront eu au moins le mérite de faire émerger un art sacré moderne. Contrairement à

religions» ainsi que par la renaissance du bouddhisme. En tant que religion étrangère, celui-ci avait été combattu durant la révolution nationale de l'ère Meiji qui visait à «la séparation du *shintô* et du bouddhisme» et interdisait le syncrétisme entre les deux cultes. Les deux guerres sino-japonaises (1894 et 1931) avaient renforcé cette suspicion à l'égard d'une religion importée de Chine. Au contraire, le retour de la paix favorisa le bouddhisme, porteur de valeurs non violentes tandis que la prospérité économique permit de financer et de restaurer de nombreux monastères.

d'autres pays asiatiques, le Japon ne s'est pas cantonné au pastiche des vieilles pagodes : les nouvelles ont souvent des formes audacieuses montrant que l'Asie peut créer autant qu'imiter.

Les nouvelles religions

Les «nouvelles religions» tentent de refonder un bouddhisme moderne et national, inspiré des enseignements du moine Nichiren, de sa dévotion au Bouddha de la lumière infinie (Amitâbha) et à

son texte de prédilection, le *sûtra* du Lotus. Et comme l'école de Nichiren, les «nouvelles religions» visent à l'établissement d'une société bouddhique, construite sur le modèle japonais mais rayonnant sur toute la terre. Cet universalisme explique le développement de ces spiritualités dans la diaspora japonaise (notamment aux États-Unis) mais aussi parmi des Occidentaux séduits par la culture nippone.

Certains de ces mouvements néo-bouddhistes, telle la Sôka-gakkai («Association d'études pour la création de valeurs»), entretiennent des rapports étroits avec des partis politiques et jouent un rôle économique important en mettant l'accent sur les relations entre dévotion et prospérité. En paraphrasant Max Weber, on pourrait dire qu'elles visent à promouvoir l'éthique bouddhiste et l'esprit du capitalisme.

Mais le shintoïsme a aussi engendré ses nouveaux cultes sous la forme d'écoles diverses s'efforçant de concilier la mystique traditionnelle avec la philosophie occidentale. Au total, le ministère de l'Éducation nationale recense 184000 groupements religieux, parfois de modestes associations locales. Ce foisonnement peut faire penser à un phénomène sectaire et certaines communautés comme la Aum Shinri-kyo ou «religion de la vérité» (connue pour ses attentats au gaz dans le métro de Tokyo) se sont révélées fort dangereuses.

Mais la multiplicité de ces écoles s'inspire aussi du concept le plus ancien des religions chinoises et

Contrairement au bouddhisme du Petit Véhicule où, parmi dix-huit écoles, une seule, celles des Anciens (*Theravâda*), a survécu, le bouddhisme du Grand Véhicule a laissé coexister plusieurs tendances spirituelles. Au Japon, cette diversité n'a jamais cessé : des écoles ésotériques (ici, le Shingon ou «Vraie Parole») ont toujours côtoyé un bouddhisme populaire ouvert à tous les croyants.

Le moine Genzo de la secte
ésotérique bouddhiste
Shingon, VIIIe siècle.
Torii du sanctuaire de
Fushimi, Kyoto.
Stand de *Kami*.

L e sanctuaire de
Fushimi, dédié à Inari,
déesse du riz, comprend
dix mille portiques
(*torii*) offerts par
des donateurs. La piété
populaire à l'égard
des divinités (*Kami*)
ne s'est jamais
démentie et n'exclut
pas une dévotion pour
le bouddhisme. Celui
du Grand Véhicule
postulant une infinité
d'êtres promis à l'Éveil,
chaque *kami* peut être
assimilé à un bouddha.
Ce syncrétisme permet,
par exemple, de faire
coïncider les fêtes en
l'honneur des divinités
du riz avec les rites du
nouvel an bouddhique.

japonaises, celui de «Voie» (*dô* ou *tô*
en japonais, *dao* ou *tao* en chinois) :
comme les alpinistes empruntent
plusieurs voies pour atteindre un
même sommet, les croyants peuvent
suivre plusieurs itinéraires pour
gagner les mêmes hauteurs
spirituelles. Cette diversité des voies
vers un objectif unique, la lutte
contre l'adversité par la maîtrise
de soi, est aussi le principe majeur
des très nombreuses spiritualités
unissant le corps et l'esprit :
les arts martiaux.

EXERCICES DE L'ÂME ET DU CORPS, ÉCOLES DE MÉDITATION
ET DISCIPLINES SPORTIVES, LES ARTS MARTIAUX SEMBLENT DÉFIER
LES CLASSIFICATIONS OCCIDENTALES ET PROVENIR D'UNE ANTIQUE
SPIRITUALITÉ ASIATIQUE. ILS ONT POURTANT PROFONDÉMENT ÉVOLUÉ
AU COURS DE CE DERNIER SIÈCLE ET DOIVENT BEAUCOUP
À LA MONDIALISATION DES ÉCHANGES CULTURELS ET SPORTIFS.

Double page précédente :
Exercices
de prêtres japonais,
jardin du temple de Kyôto.

Sumô japonais.

Entraînement de judo.

Les mystiques de combat

L'expression «arts martiaux» est la traduction de l'anglais *martial arts*, néologisme forgé vers 1933 et désignant des techniques de combat japonaises à une époque où le militarisme nippon était à son apogée. L'adjectif «martial» est, pourtant, une référence à Mars, dieu romain de la guerre. Donner une dimension religieuse à des techniques de combat n'est pas une spécificité extrême-orientale. La lutte, le pugilat et le pancrace («force totale», discipline ressemblant à notre catch) figuraient au programme des Jeux olympiques antiques où les combattants invoquaient Zeus avant leurs assauts. La mythologie y était très présente et les Grecs attribuaient l'invention du pancrace à Thésée luttant contre le Minotaure ou à Héraclès affrontant le lion de Némée.

Le christianisme refusa ces jeux «païens» (l'évêque Ambroise de Milan fit interdire les Jeux olympiques par l'empereur Théodose en 393 apr. J.-C.) et donna à la lutte une dimension plus mystique et moins physique : «combats le beau combat de la foi», ordonne saint Paul (I Timothée, 6, 12). Opposant les vains lauriers de la gloire sportive à la «couronne impérissable» des athlètes de Dieu, l'«apôtre des gentils» affirmait : «Je boxe ainsi, je ne frappe pas dans le vide» (I Corinthiens, 9, 26). Dès lors, luttant contre les tentations grâce à une ascèse de champion, le croyant doit «revêtir l'armure de Dieu» face «aux manœuvres du diable», avoir «la vérité pour

Dans l'Antiquité, chaque pays avait ses sports de combat : en Grèce, lutte, pancrace et pugilat étaient au programme des Jeux olympiques, qui se déroulaient sous le regard de Zeus. La Perse avait ses arts martiaux pratiqués dans des «maisons de force» (*zur-khâne*) où les athlètes (*pahlavân*) devaient faire preuve de qualités physiques et morales. Les royaumes indo-grecs, nés de l'expédition d'Alexandre le Grand ont contribué à la diffusion et à la rencontre de techniques de lutte d'origine géographique différente.

ceinturon», «la justice pour cuirasse», recevoir «le casque du salut et le glaive de l'Esprit», prendre «le bouclier de la foi» pour arrêter les «projectiles enflammés du Malin» (Éphésiens 6,10-17).

La christianisation de l'Occident a donc remplacé les joutes sportives par le combat spirituel. Même si, au Moyen Âge, les tournois chevaleresques ont esquissé une synthèse entre ces deux types de luttes, l'âme et le corps n'ont pas durablement trouvé un terrain d'entente pour unir leurs efforts, la mortification de la chair succédant à l'exaltation du corps. Pour retrouver cette synthèse, il faudra attendre la fin du XIXᵉ siècle et le rétablissement des Jeux olympiques, proposé par un religieux dominicain (le Père Didon) et effectué grâce à un aristocrate français (le baron de Coubertin).

Tenue de kendo.
Bas-relief représentant des lutteurs, art du Gandhara, Peshawar (Pakistan).

Le Malabar est une région côtière du sud de l'Inde qui a probablement donné leur nom aux «malabars», des marins rompus aux techniques de combat qui avaient impressionné les navigateurs occidentaux. Ces marins naviguèrent sur toutes les mers d'Asie et ils ont contribué à propager l'islam en Indonésie et en Malaisie.

Les deux novateurs n'opposaient pas les dimensions physique et psychique de l'être humain qui se conjuguent dans la réalisation de soi-même comme dans l'affrontement avec autrui.

Les méthodes de concentration

Cette conjugaison de l'âme et du corps a toujours été présente dans la pensée indienne et se manifeste dans les arts martiaux du sud de l'Inde, tel le *kalaripayat*, technique de combat bimillénaire des guerriers du Kérala. Cette technique comporte déjà un grand nombre de traits communs aux arts martiaux asiatiques : enseignement par un maître (*guru*), connaissance des centres vitaux et des points vulnérables du corps, maniement d'armes diverses (arc, lance, sabre, bâton, etc.), respect des traditions, humilité de l'élève, estime de l'adversaire, etc.

Entraînement d'hommes au *kalaripayat*, Calicut, côte de Malabar. Entraînement de femmes au Kalaripayat, Kerala.

Oscillant entre la danse sacrée et les gestes guerriers, les arts martiaux indiens supposent une connaissance du corps humain qui relève de la médecine traditionnelle (ayurvédique) et de la pratique du yoga, ce «joug» entre l'âme et le corps. Toutes les techniques de combat asiatiques privilégient une telle union et font de la méditation un procédé de concentration préalable aux entraînements.

La pensée occidentale avait forgé un même lien puisque le verbe latin *meditari* («méditer») désignait primitivement le soin mis à s'exercer mentalement ou physiquement. Mais le dualisme platonicien de l'âme et du corps puis le dualisme chrétien de l'esprit et de la chair tendront à opposer des principes que les philosophies asiatiques n'ont jamais cessé d'unir à travers les notions de *dhyâna* (en Inde), de *chan*

Comme les *samouraï* japonais, les guerriers du sud de l'Inde avaient leurs techniques de combat, mises en œuvre sous la direction d'un maître et les auspices d'une divinité (Kâli, la «Noire», forme terrible de Pârvatî, sœur de Vishnou et épouse de Shiva, symbole

(en Chine) et de *zen* (au Japon). Cette progression transasiatique des méthodes de recueillement et de concentration, qui suit la diffusion du bouddhisme, serait due au moine indien Bodhidharma, un fils de roi ou de chef de clan qui, au VIe siècle apr. J.-C., aurait séjourné à Shaolin, haut lieu des arts martiaux chinois.

de destruction). Les combats de femmes perpétuent cette idée d'une énergie féminine (*shakti*) incarnant la force de l'esprit.

Les arts de la guerre

De même que Bodhidharma fut probablement un personnage semi-légendaire, Shaolin est devenue une ville quasi mythique pour les adeptes du *kung-fu* («Effort méritoire»), l'un des nombreux «arts de la guerre» (*Wushu*) chinois. Popularisée par les films de Bruce Lee, acteur américain né à Hongkong,

Comme la plupart des arts martiaux chinois, le *kung-fu* est une discipline d'inspiration variée, mêlant des éléments du bouddhisme (transmis par les moines de Shaolin) et du taoïsme (contrôle du souffle

cette technique, maintes fois modifiée et codifiée, est issue des méthodes de défense élaborées, à partir du VIIe siècle, par les religieux du monastère de la Petite Forêt (Shaolinsi) en butte aux attaques des pillards. Ces moines bouddhistes, exerçant une légitime défense compatible avec la «non-nuisance» (*ahimsâ*) ou non-violence de leur religion, mirent leurs compétences au service des armées impériales et auraient même participé à des guerres à une époque où l'Occident chrétien avait aussi ses moines-soldats.

ou *qi*). La connaissance du corps, nécessaire au meilleur usage de l'énergie physique et mentale comme à la neutralisation de l'adversaire par la frappe de points précis, est issue de la médecine traditionnelle chinoise.

Les utilisations politiques des arts martiaux furent contradictoires. Dans un sens répressif, ils serviront à mater des émeutes paysannes, les moines mettant leur science pugilistique au service du maintien de l'ordre. Dans un sens libertaire, ils furent utilisés par les révolutionnaires chinois (luttant contre le pouvoir impérial puis contre les colonisateurs européens), notamment ceux de la secte (ou école) des Turbans jaunes (184 apr. J.-C.), du Lotus blanc (1774), des Taiping (1850) et des «Boxers» (1900) : ces derniers avaient reçu leur surnom des Anglais, les révoltés donnant à leur mouvement le nom de *quàn* («poing», «boxe»), un terme servant à désigner de nombreux arts martiaux. En 1999 encore, l'école du Falun Gong («méthode de la Roue de la Loi»), rassemblant des adeptes de la gymnastique traditionnelle du *quigong*, a provoqué, à Pékin, des manifestations contre le gouvernement.

Les voies du corps

Les guerriers (*bushi*) japonais mirent au point des nombreuses techniques (*jutsu*) de combat utilisant diverses armes de poing ou de jet. Pour les guerriers désarmés, il restait le *jû-jutsu* (ou *jiu-jitsu*), «technique de la souplesse» permettant de se défendre à mains nues contre un adversaire encore armé. Ces arts martiaux reposent sur la bonne utilisation du souffle énergétique (*ki* en japonais, *qi* en chinois, *prena* en sanskrit) qui, de l'Inde au Japon, est le principe de base des méthodes de concentration.

Le *sumô* est un art plus spécifiquement japonais, issu du shintoïsme et de ses rites de fertilité : le ventre rebondi des *sumôtori* et leur alimentation surabondante témoignent des bonnes récoltes de riz accordées par les divinités.

Enfants apprenant l'art du *kung-fu*, Fujian, Qanzhou. Les *sumôtori* Uzugafuchi Kan'dayù, Sekinoto Hachetoji et l'arbitre Kimura Shorosuke, estampe.

Le *sumô* symboliserait le combat de deux divinités pour la possession du pays mais aussi la lutte entre Japonais et Coréens pour la maîtrise des îles du Japon. Le *sumô* perpétue aussi des rites de fertilité shintoïstes pour l'obtention de bonnes récoltes de riz.

Les autres arts martiaux sont de date récente et d'origine civile : leur nom se termine généralement en *dô* («voie»), ce terme désignant une technique moins violente que le *jutsu*. Ces voies sont multiples : *jûdô* ou «voie de la souplesse», *kendô* ou «voie du sabre», *karate-dô* ou «voie des mains vides», *aikidô* ou «voie de l'harmonie du souffle», *taekwondô* (d'origine coréenne) ou «voie des pieds et des poings», etc. Le concept sino-japonais de «voie» trouve ici son application physique, les disciplines multiples s'inspirant d'un même principe psychosomatique où l'itinéraire du geste rejoint la démarche mentale.

Au XIXᵉ siècle, la rénovation des arts martiaux correspondait aussi à un souci des Japonais de compenser leur infériorité militaire face aux armes modernes des Occidentaux. Ce réarmement mental précède une réforme des armées japonaises qui aboutira à la double

Les armes de la paix

Il serait pourtant simpliste d'opposer les arts martiaux d'Extrême-Orient aux sports occidentaux, les premiers relevant du développement personnel et les seconds d'un culte de la performance. Car, sous leur forme actuelle, ces arts martiaux ne datent guère que de la fin du XIXᵉ siècle, c'est-à-dire de l'ère Meiji et de l'ouverture du Japon à l'Occident. Le *jûdô* a été créé dans un temple bouddhiste de Tokyo en 1882, au moment où, en Grande-Bretagne, le marquis de Queensberry (l'adversaire d'Oscar Wilde durant son célèbre procès) élaborait les règles (toujours en vigueur) de la boxe anglaise. Le *karaté* et l'*aikidô* se sont organisés vers 1920, après la Première Guerre mondiale qui, en raison de ses fréquents combats au corps à corps, accrut l'intérêt des militaires pour les méthodes de lutte à mains nues. Les arts martiaux s'efforcent, en effet, de compenser le dénuement technologique par un arsenal psychologique qui assure la victoire du faible

victoire du Japon contre la Chine (1895) et la Russie (1905). La technologie guerrière viendra alors s'ajouter à l'énergie psychique.

«La Voie du sabre», photographie de Beato Felice, 1867. Démonstration d'*aikidô* au temple Koranji.

sur le fort. De nombreuses techniques furent d'ailleurs élaborées par les paysans de l'île d'Okinawa auxquels les Chinois puis les Japonais avaient interdit, aux XVIᵉ et XVIIᵉ siècles, la possession d'armes de guerre.

Les périodes de paix furent mises à profit pour «civiliser» les arts martiaux et les exporter dans le monde entier. Kanô Jigorô, créateur du *jûdô*, rencontra le baron de Coubertin et obtint l'inscription de sa discipline au programme des Jeux olympiques. Cette inscription, retardée par la Seconde Guerre

L'*aikidô* se veut le moins guerrier des arts martiaux : voie de l'harmonie, il est défensif et se pratique à mains nues. Son créateur, Ueshiba Morihei (1881-1969), le décrivait comme une «voie de l'amour des hommes», utilisant le «sabre de l'esprit» pour extirper le mal

mondiale (Tokyo aurait dû accueillir les Jeux dès 1940), fut rendue effective en 1964 et vit la victoire de nombreux judokas occidentaux. En 1996, à Atlanta, la médaille d'or du Français Djamel Bouras, musulman pratiquant, montra combien un sport inspiré par les spiritualités extrême-orientales pouvait dépasser toutes les frontières géographiques et théologiques.

en l'homme. Mais l'*aikidô* a été élaboré (à partir de 1931) en plein nationalisme nippon et fut débarrassé de toute influence chinoise.

Le canal de l'énergie

Cette mondialisation des arts martiaux invite à s'interroger sur leur identité asiatique. Celle-ci réside-t-elle dans la fusion de techniques guerrières et de gestes sportifs? Faut-il chercher dans une vénération du corps l'originalité des arts martiaux? Si le véritable culte qui entoure les *sumôtori* japonais peut évoquer le prestige des dieux du stade dans la Grèce antique, il est vrai que la substitution des saints aux héros dans l'Occident chrétien ôta à l'athlète occidental sa référence religieuse. Et jamais, en Europe, on n'aurait pu transformer des monastères en centres d'entraînement comme ce fut le cas en Chine ou au Japon. Mieux, les compétitions sportives ont souvent restreint la place des offices religieux dans l'emploi du temps des Occidentaux, le jour du seigneur étant consacré aux matchs et les stades devenant les «cathédrales» du monde moderne.

Les arts martiaux ne se sont jamais inscrits dans cette opposition du profane et du religieux. Ils se sont développés dans des temples sans pour autant faire du *dôjô* (le «lieu de la Voie») un autel. Ils ont déployé des prodiges de force sans sacraliser le corps ni idolâtrer les champions, le maître étant toujours plus vénérable que l'élève. Ils ont parfois dévoyé leur pratique dans les agressions criminelles et les règlements de compte maffieux (ceux des *ninja* et des *yakusa* japonais) sans perdre leur honorabilité aux yeux du public.

Les classifications sont ambiguës: on appelle «art martiaux» la pacifique gymnastique chinoise (*tai-chi chuan*) et la redoutable boxe thaïlandaise (*muay thaï*). Dès lors, certaines pratiques des disciplines «douces»

La boxe thaïlandaise est issue du *krabi krabong* («arme courte, arme longue»), une technique de combat des tribus thaïs au temps (VIIIᵉ siècle apr. J.-C.) où elles habitaient le Yunnan chinois. Sport assez violent où les pieds et les mains sont utilisés pour parer les coups, la boxe thaïlandaise a été récemment occidentalisée avec l'adoption de gants et la division des combats en rounds.

Habitants de Pékin procédant à leur séance de gymnastique matinale. Entraînement de boxe thaïlandaise.

La matinée est le temps de la montée du soleil et de l'énergie. C'est donc le moment de l'emmagasiner par une gymnastique matinale. Cette pacifique habitude populaire s'était maintenue tout au long de l'époque maoïste, le pouvoir n'osant pas interdire une pratique ancestrale. L'utilisation de celle-ci par la secte du Falun Gong a remis en cause l'impunité de cette tradition, revigorée dans une optique antigouvernementale et anti-occidentale par des Chinois mécontents de l'évolution capitaliste du pays.

ont voulu prendre leurs distances par rapport aux sports «durs» en considérant leurs arts comme «énergétiques» et non martiaux. Ces arts énergétiques, à visée plus thérapeutique que sportive, se réfèrent généralement à la médecine chinoise d'inspiration taoïste et constituent une pratique «interne» en ce sens que l'énergie est canalisée dans le corps (l'image du canal est omniprésente dans ces régions de riziculture) et non projetée à l'extérieur.

La mesure de la violence

À l'inverse, les arts martiaux «externes», aux gestes plus rapides, tels le *karaté* ou le *kung-fu*, dirigent l'énergie vers un au-delà du corps, représenté par un autre être humain. Mais comme les coups peuvent être tantôt portés, tantôt retenus selon qu'il s'agit de guerre ou de sport, ces arts externes ne sont que potentiellement violents. Ils peuvent être utilisés comme moyens de survie ou méthode d'apaisement, neutralisation d'un ennemi ou contrôle de l'agressivité.

Entraînement de *karaté*. Art martial chez les moines disciples du maître Yang-ik, monastère du Lotus bleu (Corée).

Cette dernière alternance pose la question métaphysique des antagonismes humains : faut-il chercher l'adversaire en autrui ou en soi-même? Les arts martiaux dépassent ce clivage en visant à libérer des forces positives, à lever des inhibitions, à contrôler des agressions. Il ne s'agit pas d'annihiler des puissances démoniaques, dragons chinois ou diable chrétien, mais de détourner des pulsions parasites en développant des capacités enfouies au fond de chaque humain.

Malgré des dérives sectaires, les arts martiaux qui comptent, de par le monde, des dizaines de millions de pratiquants, tendent à se constituer en religion laïque transcontinentale où la spiritualité se détache de la croyance et où le surnaturel est un dépassement de la nature par l'entraînement et non une recherche du merveilleux par l'irrationnel. Mais cet ambitieux programme, qui fait de la connaissance de soi-même la suprême vérité et de la découverte de son potentiel la révélation ultime, pose, à l'Extrême-Orient comme à l'Occident, des questions portant sur la nature même de l'expérience religieuse. Si celle-ci commence dans la gymnastique matinale ou les clubs de *jûdô*, la religion a-t-elle encore son espace propre? Si les barrières se lèvent entre le profane et le sacré, où se situe le domaine du divin? Et si les leçons du sport sont les suprêmes références, peut-on faire d'un physique idéal un critère spirituel? Quand le champ de l'entraînement sportif recoupe celui du développement spirituel, l'Extrême-Orient, comme la Grèce antique, unit les soins du corps à ceux de l'âme.

«Art des mains», le *karaté* est une technique de combat à mains nues, inspirée de la boxe chinoise et mise au point par les Japonais. Dans sa version guerrière, le *karaté* se développe en liaison avec le nationalisme nippon du début du XXe siècle. Mais dans sa version pacifique, il acquit une valeur pédagogique et s'implanta dans les salles de sport occidentales.

Les combats de moines surprennent parfois un public occidental qui confond bouddhisme et non-violence. Les moines-guerriers ont pourtant été nombreux dans le monde chinois et tibétain. À la différence des moines-soldats chrétiens qui entreprenaient des expéditions lointaines (comme les croisades), leurs homologues bouddhistes pratiquaient une défense territoriale, protégeant leur région et leur monastère contre les bandes armées. Leur science du combat a souvent été mise au service des armées royales ou impériales des différents pays asiatiques.

Annexes

■ Le monothéisme en chiffres ■

Le Croissant fertile ne connut pas seulement les premières écritures. Il fut aussi la terre des premiers nombres, des *calculi*, ces petits cailloux qui servaient à compter. Les lettres sont historiquement inséparables des chiffres et elles le demeurèrent dans l'actualité des religions. Si l'on se doit d'étudier ensemble les trois confessions se réclamant d'Abraham, dont les textes sacrés sont relativement proches, il ne faut pas oublier les données chiffrées qui aident à évaluer la portée de leurs messages religieux.

Le judaïsme

Quantitativement, c'est une religion affaiblie par les persécutions du XXe siècle et par les conversions au christianisme, souvent liées à des mariages mixtes : le nombre de juifs dans le

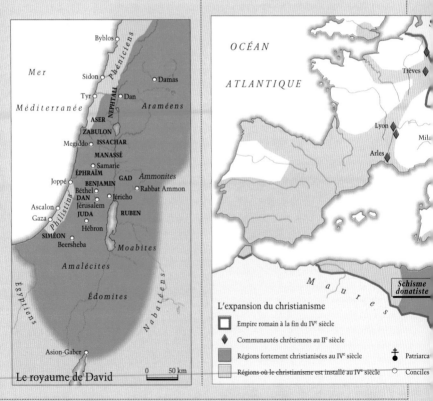

Le royaume de David

L'expansion du christianisme

☐ Empire romain à la fin du IVe siècle

◆ Communautés chrétiennes au IIe siècle

■ Régions fortement christianisées au IVe siècle

☐ Régions où le christianisme est installé au IVe siècle

✝ Patriarca

○ Conciles

Schisme donatiste

0   50 km

monde (environ 14 millions) n'a augmenté que de 20 % depuis 1911 alors que, dans le même temps, la population mondiale était multipliée par trois.

Les pogroms d'Europe centrale puis le génocide nazi ont entraîné une forte émigration vers l'Amérique : le pays ayant la plus importante communauté juive du monde était, en 1911, la Russie. Ce sont, aujourd'hui, les États-Unis (5,8 millions) : ils précèdent même Israël (4,3 millions) et la première ville juive du monde est New York (1,7 million). La France, grâce à l'afflux des rapatriés d'Afrique du Nord en 1962, est la troisième nation juive du monde (0,6 million).

A ne considérer que les chiffres bruts, il y a moins d'un juif dans le monde pour cent chrétiens, mais la comparaison n'est pas entièrement pertinente puisque le christianisme est une religion universelle et le judaïsme la religion d'un peuple. Enfin, l'avenir du judaïsme dépend essentiellement de sa vitalité démographique qui, comme pour toutes les religions, est forte dans les milieux orthodoxes. C'est aussi un motif de préoccupation pour le judaïsme libéral.

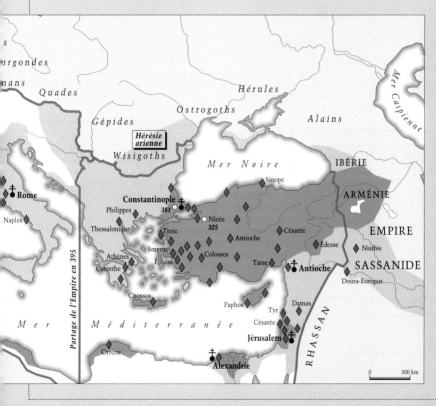

Le christianisme

Contrairement au judaïsme, c'est une religion en pleine expansion numérique : avec 1,8 milliard de baptisés, elle est, de loin, la première religion du monde et compte presque autant de membres que ses deux suivantes (l'islam et l'hindouisme) réunies. Le pourcentage des chrétiens dans la population mondiale reste stable depuis un siècle (comme celle des musulmans et des hindous), la baisse relative des Européens étant largement compensée par la hausse des Américains et des Africains, voire des Asiatiques.

Cette révolution géographique est impressionnante : «Dieu a changé d'adresse», pourrait-on dire en consultant les statistiques. En 1939, les trois premiers pays catholiques du monde étaient l'Allemagne (englobant alors l'Autriche), l'Italie et la France. Aujourd'hui, ce sont le Brésil, le Mexique et les Philippines.

La moitié des catholiques du monde habitent sur le continent américain, qui connaît lui-même des évolutions rapides. Naguère principalement protestante, l'Amérique du Nord s'ouvre largement au catholicisme : les Etats-Unis sont le quatrième pays catholique du monde grâce, notamment, à l'immigration des Latinos. Inversement, l'Amérique latine, naguère presque exclusivement catholique (et animiste), possède aujourd'hui de nombreuses églises protestantes, souvent d'inspiration politique conservatrice, qui se situent à l'opposé de la théologie de la libération des années soixante, issue du progressisme catholique.

Si les Etats-Unis demeurent le premier pays protestant du monde, on trouve à la deuxième place, à peu près à égalité, le Royaume-Uni, l'Allemagne (réunifiée) et... le Nigeria. Ce dernier pays nous rappelle que l'Afrique chrétienne comporte une légère majorité de protestants. Plus surprenant encore : la majorité des anglicans sont des Noirs (africains ou américains). L'anglicanisme, né des problèmes conjugaux d'un roi d'Angleterre (Henri VIII), est devenu une religion mondiale grâce aux missionnaires de sa Gracieuse Majesté et, en Afrique

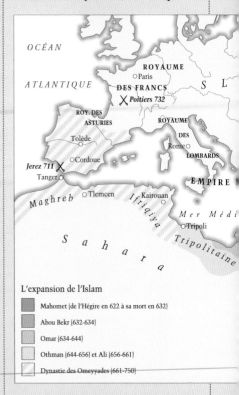

L'expansion de l'Islam

- Mahomet (de l'Hégire en 622 à sa mort en 632)
- Abou Bekr (632-634)
- Omar (634-644)
- Othman (644-656) et Ali (656-661)
- Dynastie des Omeyyades (661-750)

du Sud, l'un des leaders de la lutte contre l'apartheid fut Mgr Desmond Tutu, un évêque noir et anglican.

L'Asie réserve aussi bien des surprises aux statisticiens des religions : la Corée compte ainsi autant de chrétiens (majoritairement protestants) que de bouddhistes. L'Inde dispose d'autant de jésuites en activité que toute l'Europe et le taux de pratique religieuse hebdomadaire des chrétiens y avoisine 80 %. Car, si, en Europe, les églises semblent parfois peu fréquentées, en Asie, il n'est pas rare que l'on y installe des haut-parleurs, voire des circuits de télévision pour que les fidèles puissent suivre l'office depuis le parvis. Si l'Occident connaît une vague bouddhiste, l'influence chrétienne ne cesse de croître en Extrême-Orient.

Reste le cas très particulier de l'orthodoxie, l'une des deux grandes religions (avec le bouddhisme) à avoir connu un déclin numérique relatif au XXe siècle. Dans les deux cas, la cause principale est à rechercher dans l'installation de régimes marxistes qui, en Russie comme en Chine, ont fait de l'athéisme militant un des piliers doctrinaux

de leur pouvoir. L'ouverture du rideau de fer a vu un retour du religieux en Europe de l'Est, mais souvent au profit d'Eglises ou de sectes occidentales qui concurrencent les vieilles églises nationales orthodoxes. L'orthodoxie étant une confession qui préfère la tradition à la mission, elle n'a pu, à la différence du catholicisme et du protestantisme, s'implanter largement sur de nouveaux continents, d'autant que ses pays d'origine (la Grèce et la Russie) n'ont jamais été de grandes puissances coloniales.

L'islam

Avec 1,1 milliard de musulmans, c'est une religion dont l'importance numérique comparée reste stable alors que son rôle stratégique semble croître. Cette contradiction est liée à la fois au durcissement doctrinal d'une partie de l'islam (phénomène intégriste) età l'apparition d'importantes communautés musulmanes dans les pays occidentaux. Quand, en France, l'islam est devenu la deuxième religion, il est difficile de ne pas le considérer comme une religion en progrès. Et ce progrès peut être perçu comme menaçant (le «péril vert» venant se substituer au «péril jaune» du début du XXe siècle) dès lors que le christianisme est considéré, localement, comme une religion en déclin.

Les mutations géographiques de l'islam sont tout aussi spectaculaires que celle du christianisme. Les quatre premiers pays musulmans du monde sont l'Indonésie, le Pakistan, le Bangladesh et l'Inde : plus de la moitié des musulmans du monde vivent à l'est de l'Indus. Le continent asiatique, qui concentre 60 % de la population mondiale (un pourcentage stable depuis deux mille ans), demeure plus que jamais une terre de mission, et de tensions, où toutes les grandes religions du monde prospèrent et rivalisent. Par ailleurs, les deux premiers pays chiites du monde sont l'Iran et l'Irak, situés de part et d'autre de la frontière conflictuelle entre populations arabes (sémitiques) et persanes (indo-européennes).

Chiffres et interprétations

Ces données chiffrées sont à interpréter avec prudence tant les critères d'appartenance à une religion sont divers. Si l'on est juif ou musulman de naissance (juif par la mère, musulman par le père), on devient chrétien par le baptême, démarche nécessaire (avoir des parents chrétiens n'entraîne pas automatiquement une appartenance à une confession chrétienne) et définitive (le baptême est donné pour toute la vie à la différence de la «prise de refuge» dans le bouddhisme sur laquelle on peut revenir à tout moment).

Le fait d'«appartenir» à une religion n'implique aucune appréciation sur le degré de pratique religieuse ni de conviction personnelle. Freud pouvait, à bon droit, se dire juif athée et Maurras se réclamer du catholicisme en tant que facteur d'ordre social et non comme religion révélée. Nombre de juifs, de chrétiens ou de musulmans ne croient pas en une vie éternelle. L'existence d'Abraham, la résurrection du

Christ ou l'ascension de Mahomet suscitent de nombreuses interrogations et interprétations même chez les plus «fidèles» des croyants : le doute fait partie de la foi et les statistiques religieuses, du moins à l'échelle mondiale, peuvent difficilement sonder les cœurs sans entrer dans des considérations trop subjectives pour être traduites en chiffres bruts.

Où se situe la frontière entre croyants, agnostiques et athées? Sépare-t-elle radicalement les individus ou passe-t-elle à l'intérieur des mêmes personnes? Des pasteurs ont enseigné la théologie de la «mort de Dieu», des moines ont connu la «nuit de l'âme» sans cesser d'apparaître comme croyants. De même, les périmètres des religions sont parfois flous : faut-il compter les témoins de Jéhovah et les mormons parmi les protestants? La réponse est plutôt négative, les premiers étant généralement considérés comme une «secte» et les seconds comme une nouvelle religion. Mais les druzes sont souvent comptabilisés parmi les musulmans, alors qu'ils croient à la réincarnation.

Parmi tous ces questionnements, une certitude demeure : la moitié des habitants de la planète se rattachent à une religion dont les origines se situent dans le Croissant fertile : les cultes les plus suivis sont issus des plus vieilles cultures. En sera-t-il de même dans l'avenir? Toute projection en ce domaine relève du jeu de hasard. Les prévisions, en matière religieuse, sont régulièrement démenties par les faits, comme l'avait déjà relevé André Malraux. Nul ne peut prévoir l'avenir des «enfants d'Abraham» ni l'émergence de nouveaux

▪ Les spiritualités indiennes en chiffres ▪

Le sous-continent indien compte environ 1,3 milliard d'habitants et a connu, au vingtième siècle, une rapide croissance démographique. Celle-ci explique l'importance numérique de l'espace indien dans les religions mondiales.

Avec huit cents millions de fidèles, l'hindouisme est la troisième religion du monde, après le christianisme et l'islam. Les neuf-dixièmes des Hindous habitent en Inde, les autres résident principalement au Népal, au Bangladesh, en Indonésie, au Sri Lanka et dans les communautés indiennes d'Europe et d'Amérique du Nord. Il est d'usage de classer l'hindouisme (comme le judaïsme) parmi les religions non universelles et, donc, non missionnaires : on naît hindou (ou juif), on ne le devient pas. Cette affirmation est à nuancer : de même qu'il y eut, dans l'histoire, des juifs convertis (prosélythes), de nombreux Hindous sont issus de tribus animistes, hindouisées de gré ou de force. La question des mariages mixtes se pose, également, avec beaucoup d'acuité dans l'hindouisme (comme dans le judaïsme). Il est donc difficile de prévoir, sur le plan des chiffres, l'avenir d'une religion dont le sort est principalement lié à un pays,

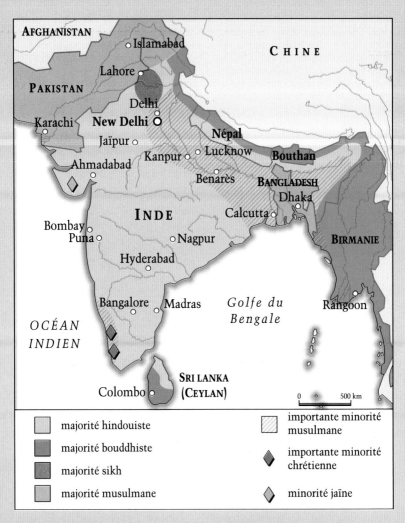

majorité hindouiste

majorité bouddhiste

majorité sikh

majorité musulmane

importante minorité musulmane

importante minorité chrétienne

minorité jaïne

l'Inde : sa politique religieuse varie beaucoup d'un gouvernement à l'autre et ses rapides mutations sociales perturbent l'ordre des castes, difficilement séparable de l'hindouisme.

Le Pakistan, le Bangladesh et l'Inde sont désormais les deuxième, troisième et quatrième pays musulmans du monde, derrière l'Indonésie avec respectivement 140, 120 et 115 millions de croyants. Les Sikhs sont environ 20 millions, principalement concentrés au Pendjab mais également représentés dans les communautés indiennes d'Europe, d'Amérique et d'Asie. Les jaïns sont à peu près 5 millions, nombreux et influents dans le Gujarat. Les bouddhistes seraient au nombre de 7 millions, habitant presque tous les régions himalayennes. Les *pârsî* (zoroastriens) ne seraient plus qu'une centaine de milliers, dans la région de Bombay.

Les animistes seraient environ 15 millions, représentés dans le nord-est de l'Inde et parmi les tribus semi-nomades. Beaucoup se convertissent au christianisme, religion qui aurait 20 millions de fidèles. Les chrétiens, présents surtout dans les régions côtières du sud de l'Inde, sont majoritairement catholiques mais il existe de nombreuses communautés protestantes et orthodoxes. Enfin, les Églises syro-malabars et syro-malankars, rassemblant les descendants des «chrétiens de Saint-Thomas», réuniraient 3 millions de fidèles. Certaines de ces Églises sont dites uniates, c'est-à-dire unies à Rome mais d'autres ont conservé leur indépendance hiérarchique et dogmatique.

▪ Les religions extrême-orientales en chiffres ▪

Si les religions extrême-orientales suscitent un intérêt grandissant dans les pays occidentaux, elles régressent en Asie, continent où vivent 98 % de leurs fidèles. Le bouddhisme est ainsi la seule religion au monde dont le nombre d'adeptes n'a pas augmenté au cours du vingtième siècle alors que, durant la même période, le nombre de chrétiens, de musulmans et d'hindous évoluait parallèlement à la population mondiale, c'est-à-dire était multiplié par 3,5.

Ce déclin relatif des religions extrême-orientales a une cause principale : le marxisme, doctrine athée. Le «rideau de bambou» a eu, en Asie, le même effet que le «rideau de fer» en Europe : la formation d'un bloc d'États hostiles aux religions. En Europe de l'Est, la principale victime en fut l'orthodoxie, religion autrefois majoritaire dans cette partie du continent. En Asie de l'Est, les régimes communistes luttèrent contre les principales religions chinoises et indochinoises : le bouddhisme, le taoïsme et le confucianisme.

Pour ces deux dernières, il est juste de constater que le déclin avait commencé dès la révolution chinoise de 1911. «La pensée taoïste ne semble plus animer la vie d'aucune secte», écrivait Marcel Granet juste avant la prise de pouvoir des communistes à Pékin (1949). Et le même auteur s'interrogeait : «Le culte de Confucius subsistera-t-il?».

Un demi-siècle plus tard, cette affirmation et cette interrogation seraient à reformuler. Le taoïsme a certes, semblé s'effacer devant la pensée occidentale : en tant que médecine traditionnelle, il n'a pu concurrencer les thérapeutiques modernes et en tant que culte national et populaire, il a été provisoirement supplanté par l'internationalisme prolétarien. Mais la fin du maoïsme a permis un certain renouveau du taoïsme qui, d'ailleurs, avait toujours conservé la ferveur des habitants de Taïman et de certains Chinois d'outre-mer. Il est à peu près impossible de mesurer cette adhésion et d'estimer le nombre de taoïstes qui, bien souvent, pratiquent aussi le bouddhisme.

La même remarque vaut pour le confucianisme. Si les «valeurs confucéennes», souvent interprétées dans un sens conservateur, demeurent une référence majeure dans toute l'Asie de l'Est, le culte de Confucius a presque disparu de la Chine continentale alors qu'il reste largement pratiqué en Corée et chez les Chinois d'outre-mer. Dénombrer les «fidèles» du confucianisme est une tâche presque impossible dès lors qu'il relève désormais plus de la tradition que de la religion.

La primauté du bouddhisme

Il est permis d'être plus précis à propos du shintoïsme qui fait l'objet de statistiques précises de la part de l'administration japonaise des cultes. Le shintô des sanctuaires, celui pratiqué dans les grands sites naturels et temples traditionnels du Japon, compterait environ cent millions de fidèles fréquentant quatre-vingt mille édifices cultuels. Le shintô des «nouvelles religions» d'inspiration shintoïque compterait une dizaine de millions d'adeptes. Enfin, le shintô de la Maison impériale est un ensemble de cérémonies commémoratives et traditionnelles auxquelles les Japonais peuvent témoigner un respect patriotique sans pour autant les considérer comme une véritable religion.

Mais la principale religion extrême-orientale demeure le bouddhisme dont les différentes branches sont d'importance et d'évolution très inégales. Le Petit Véhicule rassemble environ 130 millions de fidèles, principalement en Indochine et au Sri Lanka. Ses effectifs suivent à peu près l'évolution démographique et ses deux principaux pays sont donc les plus peuplés de la région : la Thaïlande et la Birmanie.

Au contraire, l'évolution quantitative du Grand Véhicule a été très contrastée, tout au long de l'histoire mouvementée de la Chine et du Japon. Le XXe siècle ne lui a pas été favorable, en raison des révolutions chinoises et indochinoises. Les bouddhistes seraient entre 50 et 150 millions en Chine, entre 40 et 100 millions au Japon, 30 millions au Vietnam et 18 millions en Corée du Sud. Il n'est guère possible d'être plus précis, la «religion chinoise» et la «religion japonaise» ayant un caractère syncrétique trop accentué pour qu'on puisse en isoler chaque culte.

Enfin, le Véhicule de Diamant rassemble seulement 6 millions de bouddhistes dont la moitié vit au Tibet. C'est dire que le Dalaï Lama n'a guère autorité que sur 1 % des 300 à 400 millions de bouddhistes du monde entier. Quant aux 5 millions de bouddhistes vivant en dehors de l'Asie de l'Est, ils appartiennent majoritairement à la diaspora chinoise ou indochinoise. Même si le bouddhisme suscite un intérêt grandissant en Europe de l'Ouest et en Amérique du Nord, il demeure une religion principalement extrême-orientale.

Odon Vallet

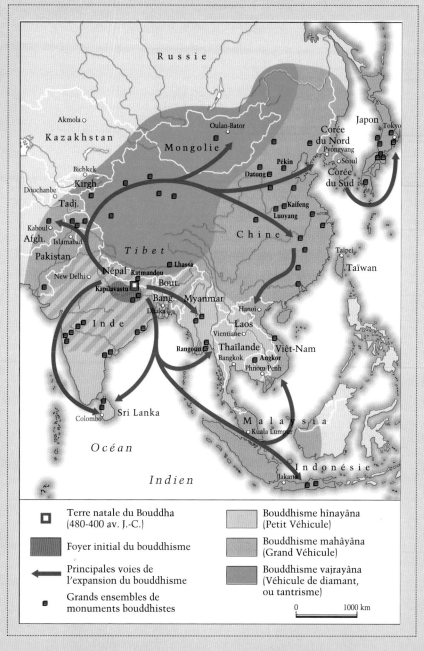

▫	Terre natale du Bouddha (480-400 av. J.-C.)		Bouddhisme hînayâna (Petit Véhicule)
▨	Foyer initial du bouddhisme		Bouddhisme mahâyâna (Grand Véhicule)
←	Principales voies de l'expansion du bouddhisme		Bouddhisme vajrayâna (Véhicule de diamant, ou tantrisme)
▪	Grands ensembles de monuments bouddhistes	0 1000 km	

Annexes

▪ Bibliographie ▪

• Akoun, A. (sous la direction de), *L'Asie, mythes et traditions*, Brepols, Paris, 1991.

• *L'Art de gouverner, Le livre des maîtres du Sud-de-Houai*, Calmann-Levy, Paris, 1999.

• *Arts martiaux, sports de combats* (ouvrage collectif), Les cahiers de l'INSEP, Paris 1996.

• Balazs, E., *La Bureaucratie céleste*, Gallimard, Paris, 1968.

• Bareau, A., *En suivant Bouddha*, Ph. Lebaud, Paris, 1985.

• Baudouin, B., *Le tantrisme*, Ed. de Vecchi, Paris, 1996.

• Beaude, P. M., *Premiers Chrétiens, Premiers Martyrs*, Découvertes Gallimard, Paris, 1993.

• Bechert, H. et Gombrich, R. (sous la direction de), *Le Monde du bouddhisme*, Thames et Hudson, Paris, 1998.

• Bessière, G., *Jésus, le dieu inattendu*, Découvertes Gallimard, Paris, 1993.

• Biardeau, M., *L'Hindouisme*, Champs-Flammarion, Paris, 1995.

• Blachère, R., *Le Coran*, PUF, «Que sais-je?», Paris, 1966.

• Boisselier, J., *La sagesse du Bouddha*, Découvertes Gallimard, Paris, 1993.

• Bottero, J., *La Plus Vieille Religion, en Mésopotamie*, Folio Gallimard, Paris, 1998.

• *Bouddhisme et culture locale* (ouvrage collectif), E.F.E.O., Paris, 1994.

• Braunstein, F., *Penser les arts martiaux*, P.U.F., Paris, 1999.

• Brown, P., *Genèse de l'Antiquité tardive*, Gallimard, Paris, 1983.

• Bultmann, R., *Jésus, mythologie et démythologisation*, Seuil, Paris, 1968.

• Chand, B. et Jain, S., *Mahâvîra. le «grand héros» des Jaïns*, Maisonneuve et Larose, Paris, 1998.

• Charlot, E et Denaud, P., *Les Arts martiaux*, Que sais-je?, P.U.F., Paris, 1999.

• Chen, A., *Histoire de la pensée chinoise*, Seuil, Paris, 1997.

• *Chine*, Guides bleus, Hachette, Paris 1999.

• Chouraqui, A., *Histoire du judaïsme*, PUF, «Que sais-je?» Paris, 1957.

• Cohen, D., *Dictionnaire des racines sémitiques*, Mouton, Paris, 1970.

• Confucius, *Entretiens avec ses disciples*, GF Flammarion, Paris, 1994.

• Confucius, *Les quatre livres*, Bibliothèque de la sagesse, France-Loisirs, Paris, 1994.

• Conze, E., *Le bouddhisme*, Payot, Paris, 1952.

• Dalaï-Lama, *Le Dalaï-Lama parle de Jésus*, Brepos, Paris, 1996.

• Daniélou, A., *Histoire de l'Inde*, Fayard, 1971.

• Daniélou, A., *Shiva et Dionysos*, Fayard, 1979.

• Daniélou, A., *Le Phallus*, Pardès Puiseaux 1993.

• Daniélou, A., *Mythes et dieux de l'Inde*, Champs-Flammarion, Paris, 1994.

• Delcambre, A.-M., *Mahomet, la parole d'Allah*, Découvertes Gallimard, Paris, 1987.

• Deliège, R., *Le système des castes*, PUF, Que sais-je?, Paris, 1993.

• Denzinger, H., *Symboles et définitions de la foi catholique*, Cerf, Paris, 1996.

• *Dictionnaire de la sagesse orientale* (ouvrage collectif), R. Laffont-Bouquins, Paris, 1986.

• *Dictionnaire encyclopédique du christianisme ancien*, Cerf, Paris, 1990.

• Dieguez, M. de, *Et l'homme créa son Dieu*, Fayard, 1984.

• Dolto, F., et Severin, G., *La Foi au risque de la psychanalyse*, Seuil, Paris, 1980.

• Dominger, W., *Siva, érotique et ascétique*, Gallimard, Paris, 1993.

• Droit, R.P., *L'oubli de l'Inde*, PUF, Paris, 1989.

• Dubois, abbé J.A., *Mœurs. institutions et cérémonies des peuples de l'Inde*, A.-M. Métailié, Paris, 1985.

• Duchesne-Guillemin, J., *Le Croissant fertile*, Maisonneuve, Paris, 1963.

• Dufour, X. L., *Dictionnaire du Nouveau Testament*, Points Seuil, 1975.

• Dumont, L., *Homo hierachicus, le système des castes et ses implications*, Gallimard Paris, 1966.

• Dupuis, S., *L'Inde, Kailash*, Paris, 1994.

• Elisseeff, V. et D., *La civilisation de la Chine classique*, Arthaud, Paris, 1987.

• Elisseeff, V. et D., *La civilisation japonaise*, Arthaud, Paris, 1987.

• Etiemble, *Confucius*, Folio-Gallimard, Paris, 1986.

• Faure, B., *Sexualités bouddhiques*, Le Mail, Paris, 1994.

• Faure, B., *La Mort dans la religion asiatique*, Dominos Flammarion, Paris, 1994.

• Faure, B., *Le bouddhisme*, Dominos Flammarion, Paris, 1996.

• Faure, B., *Le bouddhisme*, Liana Levi, Paris, 1997.

• Foucher, A., *La vie du Bouddha*, J. Maisonneuve, Paris, 1993.

• Frédéric, L., *Dictionnaire de la civilisation indienne*, R. Laffont-Bouquins, Paris, 1987.

• Frédéric, L., *Dictionnaire des arts martiaux*, Éd. du Félin, Paris, 1988.

• Frédéric, L, *Histoire de l'Inde et des Indiens*, Criterion, Paris, 1996.

• Gaudefroy-Demombrynes, M., *Mahomet*, Albin Michel, Paris, 1957.

• Gernet, J., *Le Monde chinois*, A. Colin, Paris, 1987.

• Gesenius, H. W. F., *Hebrew-Chalder Lexicon to the Old Testament*, Baker Book House, Grand Rapids, Michigan, 1979.

• Gillieron, B., *Dictionnaire biblique*, Editions du Moulin, Aubonne, Suisse, 1985.

• Granet, M., *La Pensée chinoise*, Albin Michel, Paris, 1968.

• Granet, M., *La Civilisation chinoise*, Albin Michel, Paris, 1969.

• Granet, M., *La Religion des Chinois*, Albin Michel, Paris, 1989.

• Guellouz, A., *Le Coran*, Dominos Flammarion, Paris, 1996.

• Guignebert, Ch., *Jésus*, Albin Michel, Paris, 1969.

• Guillon, E., *Les philosophes bouddhistes*, PUF, Que sais-je ?, Paris, 1995.

• Hadas-Lebel, M., *Le Peuple hébreu*, Découvertes Gallimard, Paris, 1997.

• Harshamada, S., *Les divinités hindoues et leurs demeures*, Dervy, 1986.

• Harvey, P., *Le bouddhisme*, Seuil, Paris, 1993.

• Hay, S. et Embree, A. T. (edited by), *Sources of indian tradition*, Columbia University Press, Paris, 1958.

• Hill, M. S., *Quest for Refuge : the Mormon Flight from American Pluralism*, Signature Books, Salt Lake City, 1989.

• *Israël, de Moïse aux accords d'Oslo* (collectif), Points Seuil, Paris, 1998.

• *Japon*, Guides Bleus, Hachette, Paris, 1989.

• Jeremias, J., *Jérusalem au temps de Jésus*, Cerf, Paris, 1980.

• Joshi, H. Ch., *Recherches sur les conceptions économiques et politiques de l'Inde ancienne*, Jouve, Paris, 1928.

• Jullien, F., *Le détour et l'accès, Stratégie du sens en Chine et en Grèce*, Grasset, Paris, 1995.

• Jullien, F., *Fonder la morale, Dialogue de Mencius avec un philosophe des Lumières*, Grasset, Paris, 1995.

• Kontler, Ch., *Sagesse et religion en Chine*, Bayard, Paris, 1996.

• Kontler, Ch., *Les voies de la sagesse : bouddhisme et religions d'Asie*, Ph. Picquier, Arles, 1996.

• Lagerwey, J., *Le Continent des Esprits, La Chine dans le miroir du Taoïsme*, Maisonneuve et Larose, Paris, 1993.

• Lebeau, R., *Une histoire des Hébreux*, Tallandier, Paris, 1998.

• Lewis, B. (éd.), *The World of Islam*, Thames and Hudson, Londres, 1976.

• Mazoyer, M. et Roudart, L., *Histoire des agricultures du monde*, Seuil, Paris, 1997.

• Mehl, R., *La Théologie protestante*, PUF, «Que sais-je?», Paris, 1967.

• Migot, A., *Le Bouhha*, Éd. Complexe, Bruxelles, 1990.

• Miles, A., *Le culte de Shiva*, Payot, 1935.

• *Le Monde de la Bible* (collectif) Folio Gallimard, Paris, 1998.

• *Le Monothéisme, mythes et tradition* (collectif), Brepols, Paris, 1990.

• Mordillat, G. et Prieur, J., *Corpus Christi*, Les Mille et Une Nuits, Paris, 1997.

• Moscati, S., *Histoire et civilisation des peuples sémitiques*, Payot, Paris, 1955.

• Nakamura, H., *Indian Buddhism*, Motilal Banarsidass, Delhi, 1987.

• *Nirvâna* (ouvrage collectif), L'Herne, Paris, 1993.

• *Petit Vocabulaire marial* (collectif), Desclée de Brouwer, Paris, 1879.

• Pimpaneau, J., *Chine, culture et traditions*, Picquier, Arles, 1990.

• Pritchard, J. B., *Ancient Eastern Texts Relating to the Old Testament*, Princeton University Press, 1969.

• Rachet, G. (Présentation et notes de), *Sagesse hindouiste*, France Loisirs, Paris, 1996.

• Rachet, G. (Présentation et notes de), *Zoroastre, Avesta*, Sand, Paris, 1996.

• Reig, D., *Dictionnaire arabe-français, français-arabe*, Larousse, Paris, 1983.

• Renan, R., *Vie de Jésus*, Michel Lévy, Paris, 1863.

• Renou, L., Nitti, L., Stchoupak, N., *Dictionnaire sanskrit français*, J. Maisonneuve, Paris, 1987.

• Renou, L., Filliozat, J., *L'Inde classique. Manuel des études indiennes*, J. Maisonneuve, Paris, 1985.

• Robert, J.N., *De Rome à la Chine*, Les Belles Lettres, Paris, 1993.

• Robinet, I., *Histoire du taoïsme, des origines au XIVᵉ siècle*, Cerf, Paris, 1991.

• Rops, D., *Jésus et son temps*, Fayard, Paris, 1945.

• Rousselle, A., *Porneia*, PUF, Paris, 1983.

• *Sagesse taoïste, Bibliothèque de la sagesse*, France-Loisirs, Paris, 1995.

• Schopenhauer, A., *Sur la religion*, GF-Flammarion, Paris, 1996.

• Schweitzer, A., *Les grands penseurs de l'Inde*, Payot, Paris, 1936.

• Sergent, B., *Genèse de l'Inde*, Payot, Paris, 1997.

• Silburn, L. (textes traduits et présentés sous la direction de), *Aux sources du bouddhisme*, Fayard, Paris, 1997.

• Sourdel, D., *L'Islam*, PUF, «Que sais-je?», Paris, 1949.

• Strickmann, M., *Mantras et mandarins*, Gallimard, Paris, 1996.

• Tardan Masquelier Y., *L'Hindouisme*, Bayard Editions, Paris, 1999.

• The Jesus Seminar, *The Five Gospels*, Macmillan, New York, 1993.

• Thierry, S., *Les Khmers*, Seuil, Paris, 1964.

• Toualbi, N., *La Circoncision*, Entreprise nationale du Livre, Alger, 1983.

• Trocmé, E., *L'Enfance du christianisme*, Noêsis, Paris, 1997.

• Turner, N., *Christian Words*, T. and T. Clark, Edinburgh, 1980.

• Vallet, O., *Jésus et Bouddha*, Albin Michel, Paris, 1996.

• Vallet, O., *Qu'est-ce qu'une religion?*, Albin Michel, Paris, 1999.

• Van Gulik, R., *La Vie sexuelle dans la Chine ancienne*, Gallimard, Paris, 1971.

• Van Neireynck, F. et Segbroeck, F., *New Testament Vocabulary*, Leuven University Press, 1984.

• Varenne, J., *Le tantrisme*, Albin Michel, Paris, 1997.

• Vernette, J., *La réincarnation*, PUF, Que sais-je ? Paris 1995.

• Walter, A., *Érotique du Japon classique*, Gallimard, Paris, 1994.

• Will, E., Orrieux, Cl., *Ioudaïsmos- Hellènismos, Essai sur le judaïsme judéen à l'époque hellénistique*, Presses Universitaires de Nancy, 1986.

▪ Table des illustrations ▪

▪ Index ▪